法に触れた少年の未来のために

内田博文

みすず書房

法に触れた少年の未来のために　目次

第七章　変質を迫られる担い手たち　186

第八章　求められる自力更生　224

第三部　子どもの未来は人類の未来

「子ども」「少年」「少女」「児童」「生徒」という用語の法律上の定義は、各法により大きく異なるが、本書では適宜、使い分けて用いた。

「子ども」は比較的、固まっており、「一八歳未満の者」を指すとされる。本書では「子どもの権利」が問題となる場面のほか、一般的な議論にも用いたが、その場合は「一八歳未満の者」に限定せず、「大人と子ども」というときに含意されるような意味で用いた。表記も「子供」ではなく「子ども」とした。

少年法や少年司法などに関わる場合は、女性をも含んだ意味での「少年」（満二〇歳未満の者）の用語を用い、「少年」のうち、女性に限定する場合は「少女」（同じく満二〇歳未満の者）を用いた。

児童福祉などに関わる場面では、児童福祉法などを念頭に、「児童」（「満一八歳に満たない者」）という用語を用い、学校教育などに関わる場合は、学校教育法などを念頭に、「児童」（小学校の課程、特別支援学校の小学部の課程に在籍して、初等教育を受けている者）のほか、「生徒」（中学校の課程、高等学校の課程などに在籍して中等教育などを受けている者）や「児童・生徒」を用いた。

日本政府の採用する「児童の権利条約」ではなく、「子どもの権利条約」という訳語を使用した。

はじめに

日本版刑罰国家のなかの「非行少年」

子どもの権利は戦後、日本国憲法や国際人権法などにより大きく前進することになった。日本もこれらの国際人権法を批准などしており、国内法に準じた規範的価値をもつことになった。しかし、今や時計の針を逆戻しさせる動きが世界的規模でみられる。アメリカで現出した刑罰国家が南アメリカ、ヨーロッパ、アフリカなどにも拡大しているからである。日本でも日本版刑罰国家への転換が急速に図られている。そのために最大限に利用されているのが少年非行・少年犯罪である。

少年院を一八、一九歳で出院した者が二五歳に至るまでに受けた最も重い刑事処分を見ると、約六割は刑事処分を受けないまま推移している。女子に限ると、刑事処分を受けた者は五・三％にとどまり、男子に比べて比率が顕著に低い。

少年の一般刑法犯（道路上の交通事故に係る危険運転致死傷を除く）検挙人員に占める再非行少年の比率は、一九九八（平成十）年以降毎年上昇しているが、それでも三一・五％にとどまっている。にもかかわらず、少年非行・少年犯罪の凶悪性が虚構され、強調されている。少年非行・少年犯罪への対策の柱が処罰に求められ、それが日本版刑罰国家の厳罰主義を牽引する役割を果たしている。少年への保護処分も保安処分化を強めている。そのための少年法の一部改正も相次いでいる。

とりわけ一九九〇（平成二）年以降の日本では、少年非行・少年犯罪と虐待などがマスメディアなどで大きく取り上げられるようになった。その取り上げられ方は、個人的な特異事象という理解から、事件本人の異常性に焦点があてられがちである。社会にとって危険な存在ないし行為だとして厳しい対応、厳罰を求めると同時に、国・自治体による安全・安心な社会の構築の強調を下支えしている。少年非行・少年犯罪と虐待の背景事情が掘り下げられることはほとんどない。弱肉強食社会の進展、格差の拡大などが地域・家族・子どもに深刻な影響を及ぼした結果であり、誤った国策などによって惹起されたものだというような分析がマスメディアに掲載されることはほとんどない。少年非行・少年犯罪は官民によって捏造された危機という面が強い。

本来、被害者であるはずの子どもが非行少年・犯罪少年という名の加害者に転化させられている。少年たちが被害者性を訴えることは反省がない証しだとされ、重罰化の理由の一つともされる。少年非行・少年犯罪は量的には減少傾向にあり、質的に見ても凶悪化も低年齢化もしていないのに、そこにスポットを当てることで、背後に伏在する日本社会の危機的状況が闇に置かれている。

真の危機の進行

捏造された危機の背後で真の危機が広く深く進行している。たとえば地域社会と家庭の崩壊、少子高齢化社会の進行、人間不信と草の根ファシズム・優生思想の台頭などである。

日本では毎日約七〇人もの人が自殺をしている。自動車交通事故死者数の約五倍で、自殺率は米国の二倍、英国の三倍ともいわれている。自殺未遂者はその十倍ともされる。高い自殺率にみられるように、競争社会の進展は人間関係を息苦しいものにしている。職場や学校ではこの息苦しさは深刻である。ある中学生は、この息苦しい人間関係を「教室はたとえて言えば地雷原」と表現している。

いじめ問題も深刻化している。企業でもセクシャルハラスメントやパワーハラスメントの問題は深刻なものがある。企業ではないが、たちかぜ自衛官いじめ自殺事件（二〇〇四年）といった痛ましい出来事も発生している。

優生思想も顕在化している。二〇一六（平成二十八）年七月二十六日午前二時頃、神奈川県相模原市緑区内にある県立の知的障害者施設「津久井やまゆり園」で殺人事件が発生した。いわゆる相模原事件である。園に侵入した男が約四五分間にわたり、入居者の首や胸を刃物で刺し、一九人が死亡し、二七人が重軽傷を負った。戦後の日本で発生した殺人事件では犠牲者の数が最も多いとされる。

日本の家族は今や核家族でさえもなくなりつつある。「単身世帯（ひとり家族）」が増加している。離婚率の上昇に伴い、母子世帯も増加している。死別世帯が減少する一方、生別世帯が増加しており、全体の約九割を占めている。

非正規雇用労働者の占める割合は年々上昇し、二〇〇二（平成十四）年からは三〇％台に、二〇一四（平成二十六）年には三七・四％に突入している。非正規労働者の大半は女性である。労働格差の背景には男女格差の問題が伏在している。日本は労働市場における男女格差がＯＥＣＤ加盟国の中で最も大きい国の一つであるとされ、ＯＥＣＤから格差是正が勧告されている。

いっしょに過ごせない親子も増えている。そのために、日本の若者が感じる家族といるときの充実感や家庭生活の満足度は諸外国と比較して相対的に低い。親等による児童虐待が急増している。

日本は戦後最大の貧困化社会を迎えている。高齢者の貧困と並んで深刻なのは子どもの貧困である。ＯＥＣＤのデータ（平成二十一年）によると、日本の子どもの相対的貧困率は一五・七％（ＯＥＣＤ加盟国三四か国中、二五位）で、ＯＥＣＤ平均の一三・三％をかなり上回っている。子どもがいる世帯の日本の相対的貧困率は、大人が一人の場合は五〇・八％で、ＯＥＣＤ平均の三一・〇％を大きく上回っており、データのある加盟国三三か国中、最下位となっている。

二〇一三（平成二十五）年五月二十四日、大阪市北区天満のマンションの一室で、二八歳と三歳の母子とみられる二人の遺体がみつかった。「最後におなかいっぱい食べさせられなくて、ごめんね」。部屋には、ガス料金の請求書の封筒に母親が書き残したとみられる、このような内容のメモが残されていたという。警察の検死結果などによると、二人は二月頃には死亡していたとみられる。部屋の中には食べ物がなく、食塩があるだけで、預金口座の残金は数十円で、電気やガスも止められていたという。餓死の可能性もあるとされる。発見されたとき、二人は布団の上に仰向けに倒れており、目立った外傷はなく、幼児には頭から毛布とバスタオルがかけられていたという。府警は幼児が亡くなった後、母親も間もなく死亡したとみているという（朝日新聞デジタル二〇一三年五月二十七日等を参照）。

排除・選別は子どもたちにも広がっている。学力の低下がよく話題に上るが、実際に起きているのは学力の二極化である。学力の二極化が進んでいると感じる人が三分の二にも達している。選別により振り分けられた下位層の者から教育の機会が奪われる結果、進学格差、就職格差を招いている。高校の段階ではすでに階層分解がみられるが、義務教育の段階でも階層分解が、それも国や自治体主導の下で進められている。高校はもとより小中学校でも、公立ではなく私立に通う生徒が増えている。

問題は生活保護家庭の子どもたちが大学に進学できないということである。時代錯誤だとして厳しく批判されているが、政府は一向に改めようとしていない。高校等に進学しても中途退学せざるを得ない生徒も少なくない。

ガラス細工の自尊感が崩れたとき

今なお日本の若者の意識の特徴として特筆されるのは自尊感の欠如である。『平成26年版　子ども・若者白書』によると、日本の子どもの自己肯定感は諸外国と比べて低い。アメリカ八六・〇％、イギリス八三・一％、フランス八二・七％、ドイツ八〇・九％、スウェーデン七四・四％、韓国七一・五％に対して、四五・八％となっている。

暴力も自尊感の欠如に由来するものの一つである。抑圧されたつらい心の集積が無意識のいらだち、怒りとなり、暴力となって表出される。自尊感の欠如が、弱者への暴力の行使による疑似的な自尊感の一時的な覚醒に向かわしめているといえよう。

しかし、この疑似的な自尊感と真の自尊感との間には天と地ほどの差がある。暴力による支配・服従と自尊感とはそもそも両立不可能で、暴力で他者の自尊感を侵害するということはブーメランのように、いずれ自己に対しより深い自尊感の毀損という形でフィードバックされてくる。にもかかわらず、このような疑似的な自尊感の一時的な覚醒に頼らざるを得ないほどに、子どもたちは追い込まれている。私たちは支配＝服従型の人間関係しか築けない、あるいは人間関係をそもそも築けない子どもたちを日夜、つくり続けていないか。

法に触れた子どもの社会復帰

法に触れた子どもの社会復帰という場合、それが単に犯罪・非行を繰り返さないことをいうのか、より積極的な意味を持たせるのかという問題がある。子どもの権利という観点からは、もちろん、より積極的な意味で理解されるべきであろう。

少子化、核家族化、情報化、さらには経済的不安定による格差社会が到来するなかで、子どもを取り巻く環境は劇的に変化している。一元的に集約できない問題を抱えた非行少年に対しては、福祉・教育・少年保護司法が連携した多元的なアプローチが最も効果的であり、複雑なケースほど、その長期的な支援体制の構築が重要になってくる。少年の生活環境にとって最も身近である地方自治体による立ち直り支援施策や子ども・若者育成支援といった長期的な支援を視野に入れる施策が、既存の非行少年への対応システムとより連結していくことが求められている。

非行少年立ち直り支援センターが多くの自治体でも設置され、立ち直り支援が開始されているが、警察主導という面が強い。

積極的な意味での社会復帰を図るには、就労によって、犯罪・非行をした者の経済的、個人的、社会的側面を充足させ、安定した生活を確立することがもっとも有効な手段だといわれている。就労支援を行うには、①民間の協力が不可欠、②稼働能力が必要、③就労先の確保が困難、④就労は継続しなければならない、⑤就労支援事業が持続可能なものでなければならない、などの困難な問題に取り組まなければならない。

就労してからの訓練を可能にする就労先の確保が大事であり、社会的企業の設立が期待される選択肢のひとつである。ただ、これまで設立されてきた社会的企業は、障がい者が対象であるものや地域での雇用創出を目的としたものが多く、犯罪・非行をした者を対象とする社会的企業については、まだ数が多いとは言い難いのが現状である。

元少年たち自身による取り組み

社会復帰の困難さを身をもって知る元非行少年たちによって、再非行防止サポートセンターも各地で設立されている。「NPO法人再非行防止サポートセンター愛知」もその一つである。同センターのHPによると、スタッフのプロフィールが次のように紹介されている。


一九八三年六月十一日生まれ。

二十四歳まで、広島市で育ちました。

二人の愛娘がいます。

とても情けない話しですが、僕は、十三歳から非行少年となり、二十四歳までの約十一年間、非行・犯罪を重ねてきました。

保護観察、鑑別所、少年院、暴走族、刺青を経験してきました。

二十四歳の時に、自分が父親になること、妻の支え、父・母・弟がいつまでも僕の生き直しを願っていてくれたおかげで、生き直しの決意・行動をすることができました。

自分の経験の中で、非行・犯罪とは、誰にとっても悲しきことしか生まないことを痛感しました。

僕の母は、僕が非行真っ盛りの時には、『僕を殺して自分も死のう』と、いつも思い詰めていたということを、最近教えてくれました。

非行からの生き直しは、一人ではできないし、家族だけでも難しいと思います。

非行のことで、人に相談することは、苦渋の作業だと思います。

でも、ご相談いただきたいと思います。

そして、ベストの道を、一緒に考えさせてください。

本書のねらい

このように小さな一歩だが、希望へ確かな歩みが各地で散見される。本書では、この点に注目し、時代と政策に翻弄される子ども、とりわけ問題を抱えた子どものうち、法に触れた少年を取り巻く実情とこの実情が照らし出す現代日本の社会病理を分析し、そのうえで、本病理に対し下すべき処方箋を検討したい。そして、私たちの国、社会が今後進むべき方向と実践のあり方を考える手がかりを示したいというのが本書にこめられたねらいである。

子どもの権利の保障という観点から、法に触れた少年に正しく対応するためには、そして、私たちが直面している真の危機を解決するためにはどうすべきだろうか。成果を上げつつある実践例を通して、この手がかりを示したいと思う。

少年非行・少年犯罪の特徴は、少年自身の抱える少年期特有の問題のほか、社会のさまざまな病理現象もこれに深く関わっており、それらが複雑に絡み合っているという点にある。たとえば、少年の家庭に襲いかかっている家族形態の変化、離婚率の増加、就労環境の悪化、相対的貧困率の上昇、とりわけ一人親家庭の相対的貧困率の突出、子どもの教育費の負担、子どもと共に過ごし子どものことを考えられる精神的・時間的余裕のなさ、親の存在の希薄化、家庭の社会的孤立化といった問題。あるいは学校の競争主義社会化、所得格差による教育格差、学力至上主義化、教室内外でのいじめの深刻化、不登校児童の増加といった問題。さらには地域社会の崩壊と人心の荒廃、隣人関係の無縁化、住民の高齢化、などの問題、等々。

これには国の施策の影響も大きい。そのために、少子高齢化、大貧困社会は縮小されるどころか、むしろ拡大している。

子どもに未来を保障し得ない社会に未来はない。法に触れた少年にとっても優しい社会こそが真に子どもにとって優しい社会だといえる。今のままでは、日本に未来はない。日本は消滅の危機にある。新自由主義的な施策を抜本的に改め、右のような社会病理を改善し、社会のあり方を変えることこそが法に触れた少年の真の立ち直り策だといえよう。それは、もちろん、子どもの権利に沿うものでなければならない。

法に触れた少年に具体的に寄り添うものであること、そのために現場の実務者たちに読んで参考にしてもらえる本をめざしたいというのが本書の何よりの願いである。

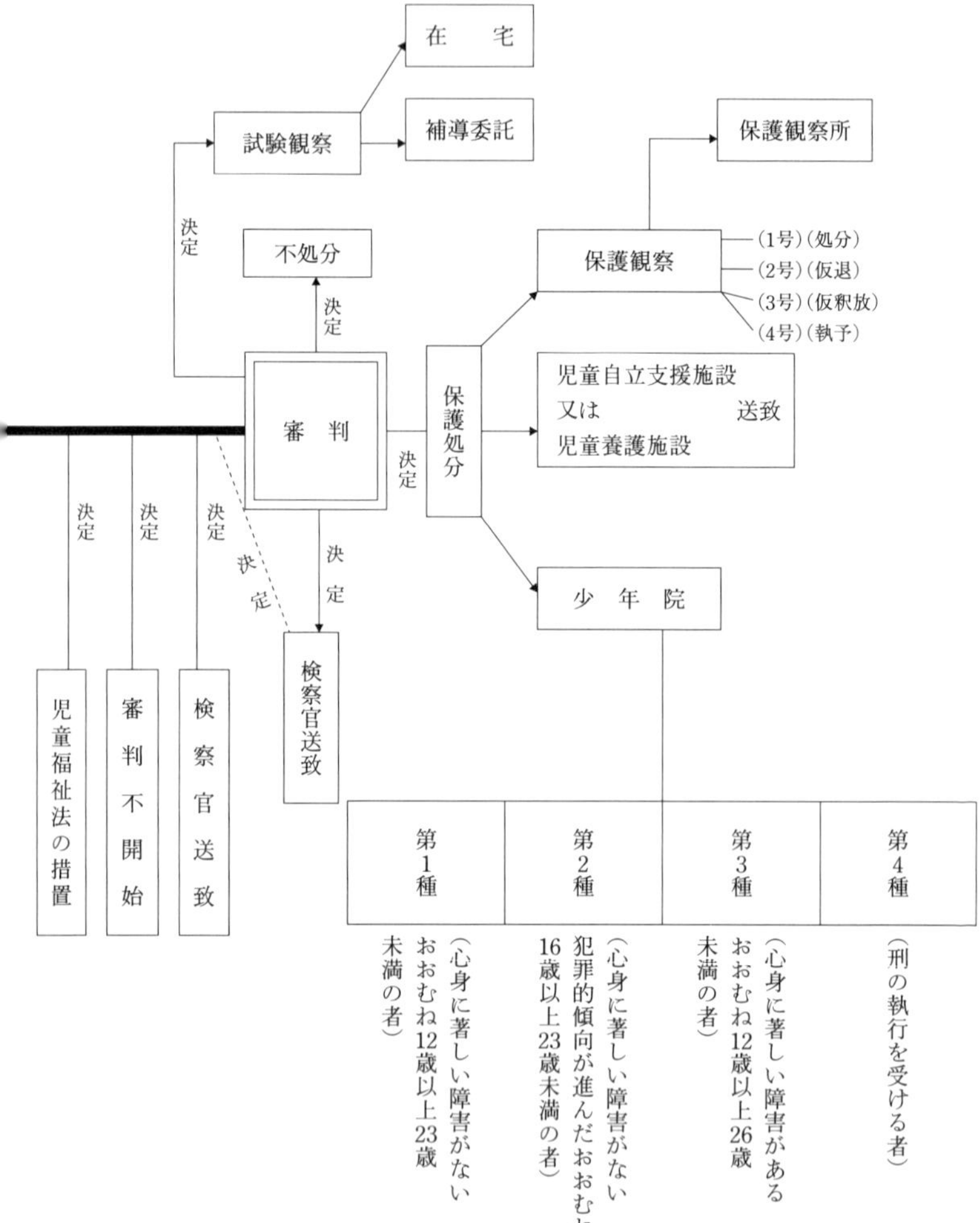
在　宅
試験観察
補導委託
保護観察所
決定
不処分
決定
保護観察
(1号)(処分)
(2号)(仮退)
(3号)(仮釈放)
(4号)(執予)
審　判
保護処分
決定
児童自立支援施設
又は　送致
児童養護施設
決定
決定
決定
決定
決定
少　年　院
児童福祉法の措置
審判不開始
検察官送致
検察官送致
第1種
第2種
第3種
第4種
(心身に著しい障害がないおおむね12歳以上23歳未満の者)
(心身に著しい障害がない犯罪的傾向が進んだおおむね16歳以上23歳未満の者)
(心身に著しい障害があるおおむね12歳以上26歳未満の者)
(刑の執行を受ける者)

少年保護事件処理の概要図

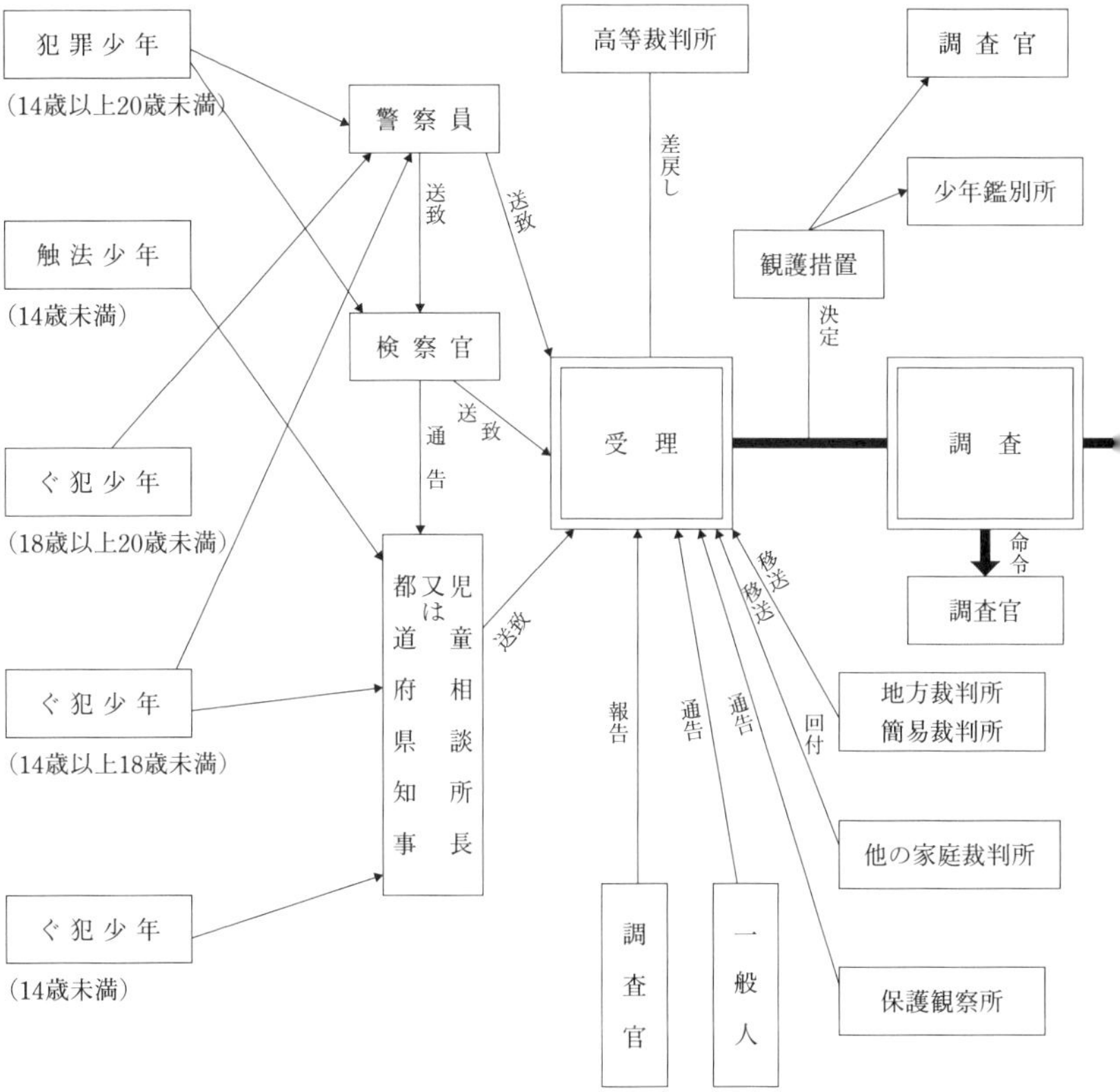

東京家庭裁判所・少年友の会発行「少年友の会研修シリーズ」別表をもとに作成した

第一部　改ざんされる少年非行・少年犯罪

第一章　福祉国家から刑罰国家へ

1　日本の福祉政策と生存権

戦前の日本の「生存権」

大日本帝国憲法は臣民の「生存権」について規定することはなかった。しかし、戦前の日本でも、「生存権」について議論する論者が大正デモクラシー以降、出始めた。戦前から戦後にかけて日本の刑法学に大きな足跡を残すとともに民本主義の理論的指導者としても活躍し、戦前の日本の「生存権」の考え方に大きな影響を与えた牧野英一（一八七八―一九七〇）は、貧乏、犯罪、病気（とくに精神病）を資本主義制度がもたらした「現代文明の病弊」と断じた。そして、労働問題に対応する「労働保護政策」と犯罪問題に対応する「刑事政策」（「社会防衛主義」）を「社会政策」の名で包括した。牧野の提唱した刑事政策という概念は、貧乏、犯罪に対する社会政策のうちの一つ、すなわち、犯罪者に対する社会政策として位置づけられたものであった。犯罪は社会の病気であり、社会をこの病気から防衛しなければならない。しかし、他方で、社会は犯人の改善を図り、犯人の生存権をも保障しなければならない。生存権の原理のために、われわれは、刑法を刑事政策的に改正しようとするのであると説かれた。[1]

問題は、その「生存権」という概念の意味である。五箇条の御誓文の第三に、「官武一途、庶民に至るまで、各其の志を遂げ、人心をして倦まざらしめんことを要す」とある。これを現代に訳して生存権と為すことは、甚だしく当を失したことであろうかと牧野は主張した。[2] 日本臣民は天皇の赤子である。天皇はこの赤子の命と暮らしを慈しみ、身分にかかわらず、誰もが志を全うし、その意思を達成できるようにする。こうして、五箇条の御誓文に「生存権」の根拠を求めるというのが戦前の日本の特徴であった。この時代の生存権概念には時代の影響も濃厚であった。「国家総力戦」思想が大きな影響を与えている。[3]

牧野らの生存権理論は敗戦、そして日本国憲法の制定によっても何ら見直されることはなかった。[4]「義務による国民統合」の立場も不変であった。人権尊重はこの国民統合に反しない限りにおいてで、皇道（天皇の道）は日本国憲法の下でも保持されなければならないとされた。

戦後の転換によっても何らの反省を呼び起こしていないのは牧野らだけではなかった。政府の理解も同様であった。生活の保護を要する状態にある者は、生活保護法により保護を請求する権利を有するかとの愛知県知事からの疑義照会に対する厚生省社会局長の一九四九（昭和二十四）年三月付の回答は、保護請求権は法律上認められず、これは新しく制定された日本国憲法とも矛盾しないという旨のものであった。このような憲法二十五条プログラム規定説はその後、学界の通説的見解となり、判例理論としても確立して行った。[5]

戦前回帰の傾向

一九八〇年代に入ると、日本の社会保障は戦前回帰の傾向をあらわにし始めた。[6] 生存権は国家の国民に対する憲法上の義務ではなく、国民相互の倫理上の問題とされ、この国民相互の「思いやり」を促進することが国家の権限・義務とされた。その後、日本は急速に福祉国家から刑罰国家への衣替えを急ピッチで進めることになった。地域社会が解体の歩みを強め、家族崩壊も始まるなか、家族主義や隣保相扶助に基づく自助および共助をいくら強調しても絵に描いた餅に過ぎず、福祉国家を維持することは不可能になった。

最近の国家予算における社会保障関係費をみると、高齢化社会の到来を受けて、社会福祉費と年金の増額、雇用労災対策費の減少が目立つ。[7] 日本は、六五歳以上の人口比率がOECD諸国中、第一位である。しかし、国際的に見た場合、日本はもはや福祉国家とはいえなくなっている。障害・労災・疾病、保健医療、家族、積極的労働政策、失業の各項目でOECD平均をいずれも下回っている。障害・労災・疾病と家族は最下位、積極的労働政策と失業は第一七位で、全体ではOECD二〇国中、第一六位である。

障害、労働、家族の分野での福祉政策の乏しさが目立つ。地域社会や家族がこの乏しさを補っていたうちはまだ何とかなっていた。しかし、地域社会や家族が崩壊しつつある今日では、これではもたない。人々の生活はなり立っていかない。にもかかわらず、政府によって新自由主義の政策はより強化されようとしている。[8] 井手英策はこのような失政を「袋だたきの政治」と名づけ、次のように分析している。

重要なのは、危機をあおる以外に社会を統治するすべを、政府が持たなくなっていること。本当は財政を通じて利益配分する、サービスを提供するという「貨幣による統治」が財政の本質なのですが、これが機能していない。

だから、国民を脅かして支出を削る。僕は「袋だたきの政治」と言いますが、財政による統治ができなくなると、無駄遣いの犯人捜しを始める。そうすると社会が分断されて自由とか人権とか社会的価値を分かち合えなくなります。最後は愛国心をあおるとか、ナショナリズムや道徳教育という形で国民を束ねるしかなくなるんです。[9]

日本型排外主義の台頭とヘイトスピーチの日常化も、袋だたきの政治の異端児ではなく、まさに嫡流といえよう。

2 権利と権利運動の否定

精神障がい者の保安処分

日本国憲法第十三条は「すべて国民は、個人として尊重される。生命、自由及び幸福追求に対する国民の権利については、公共の福祉に反しない限り、立法その他の国政の上で、最大の尊重を必要とする。」と規定している。個人の尊厳、幸福追求権を保障したものだと理解されている。

この幸福追求権の実現という観点からも市民の選別が進んでいる。自己決定・自己責任の原則にのっとって幸福追求権を具体化していくことができる自立した市民と、自立のできない市民に分ける見解が有力となっている。後者に対しては国・自治体、地域社会、家族による法的パターナリズム的対応の必要性が説かれている。[10] ここにパターナリズムとは、強い立場にある者が弱い立場にある者の利益のためだとして本人の意思を問わずに介入・干渉・支援することをいう。親が子どものためによかれと思ってすることからきている。日本語では家族主義、温情主義、父親主義ともいう。

このような法的パターナリズムの再評価は、医療、福祉、教育その他、さまざまな領域で急速に拡がっている。国・自治体、あるいは地域社会、家族による各種の保護がともすれば引き起こす個人の尊厳の侵害も、この再評価された法的パターナリズムによって正当化が図られている。憲法学界でも有力となっている。これに基づく立法も増えている。そこでは、保護と自己決定権の保障とは両立し得ることが意図的に看過されている。

問題は、戦前と同様に保護と犯罪予防とが結びついているという点である。心神喪失者等医療観察法（平成十五年七月十六日法律第一一〇号）もその一つである。しかし、触法行為を行った精神障がい者に対して、再犯防止を目的として強制医療を実施しなければならないような立法事実は存在しない。このことは政府も認めるところである。精神障がい者の人たちの犯罪率は他の人たちに比べて一般に低い。加えて、たとえ暴力団員といえども、再犯防止を目的として保安処分として拘禁施設への入所を強制することは憲法違反となる。にもかかわらず、精神障がい者に対してだけは医療の名目で保安処分が合法化された。改正刑法仮案（昭和十五年、総則部分は昭和十六年発表）で導入しようとしたができなかった治療処分という名称の保安処分を平成の世に実現したものである。これを後押ししたのが体感不安の中で助長された精神障がい者に対する差別・偏見である。

保護を隠れ蓑にして、差別・偏見が誤った国策を牽引している。法的パターナリズムが個人の生活などへの警察的な介入を招き、極端な場合には優生思想にも結びつきかねないというのも懸念される。

当事者の権利運動というのは自らを保護の客体から権利の主体へと昇華させる運動だといってもよい。市民道徳的には正当と考えられるこの権利運動を法的に保障するのが社会権などである。法的パターナリズムはこの権利主体性を剝奪する役割を果たしている。日本型福祉の下でもそれは同様である。権利としての福祉ではなく、恩恵としての福祉が標榜される。権利運動の取締りはさまざまな分野で進行しつつある。[11]

不正受給罪の厳罰化

日本型福祉による当事者の権利主体性の剝奪を鮮明に示してきたのが生活保護法（昭和二十一年九月九日法律第一七号、昭和二十五年五月四日法律第一四四号）であり、なかでも生活保護法が規定する不正受給処罰規定の運用である。[12] 劣悪な保護秩序に抵抗を示そうとする者には、生活保護法自身の刑罰規定の明文による処罰の限度を解釈の形で大幅に引き上げてでもこれを威嚇し、全体としての保護水準を抑えようとしているからである。

国の保護政策に対し権利運動で抵抗しようとする者には刑罰でこれを威嚇するという態度が現在、より強まっている。二〇一三（平成二十五）年に生活保護法の一部を改正する法律（同年十二月十三日法律第一〇四号）が公布され、二〇一四（平成二十六）年から施行された。就労による自立の促進、健康・生活面等に着目した支援、医療援助の適正化と並んで不正・不適正受給対策の強化等が改正のポイントとされた。各界から厳しいコメントが寄せられたが、改正が強行された。

このような保護の客体化は生活保護受給者に対する差別・偏見を生み出し、この差別・偏見などに基づく生活保護受給者に対する社会のバッシングは激しいものがある。生活保護を受ける者には人権がないかのごとくである。生活保護の適正実施も自殺者や餓死者、急死者の増加など、多くの犠牲者まで出す状態をつくり出し、申請辞退指導などの見直しを余儀なくされている。

3　日本版刑罰国家の設計図

「犯罪に強い社会の実現のための行動計画」

小泉純一郎内閣の下で設置された犯罪対策閣僚会議（第一回会議は平成十五年九月五日に開催）では、計画策定後五年間を目途に、国民の治安に対する不安感を解消し、犯罪の増勢に歯止めをかけ、治安の危機的状況を脱することを目標として、「犯罪に強い社会の実現のための行動計画」（平成十五年十二月十八日決定）を策定した。「犯罪情勢に即した五つの重点課題」として、平穏な暮らしを脅かす身近な犯罪の抑止、社会全体で取り組む少年犯罪の抑止、国境を越える脅威への対応、組織犯罪等からの経済・社会の防護、治安回復のための基盤整備が設定された。

これにより、日本版刑罰国家を建設するための全体的な設計図が与えられることになった。以後、この設計図に従って、建設作業が着々と進められている。

この設計図で注目されるのは、少年非行・少年犯罪に対する取組みの強化（少年補導活動の強化、少年法の改正、非行少年の保護観察の見直しなど）が日本版刑罰国家の施策の大黒柱とされている点である。厳罰主義の推進、保安処分の拡大、あるいは防犯活動の強化などを牽引する機関車の役割が与えられたといえようか。[13]

これらの官側の取組みに加えて、民側の取組みとして、自主防犯活動に取り組む地域住民やボランティア団体などによる地域連帯の再生、安全で安心なまちづくりの実現などが示されている点も注目される。そして、その支援が警察の役割とされている。日本型福祉においては自助・共助が基本で、公助は最後の手段だという考え方が日本版刑罰国家においてもとり込まれている。日本は住民の福祉のみならず、住民の安全さえも自己決定・自己責任に委ねているといえよう。

防犯活動への総動員

新自由主義の諸施策の破綻が次第に明らかになるなかで、国家の存在意義が国民生活の安全・安心の確保に移されている。国民統合の軸足もこれまでの福祉から安全へとシフトされ、国、社会における遠心力の増大を打ち消すための求心力の確保がもっぱら刑罰などに依存せしめられることになった。

こうした政策転換のもとで、刑事立法ラッシュが現出し、東京都安全・安心まちづくり条例（平成十五年東京都条例第一一四号）その他、各地で安全安心まちづくり条例が制定されている。条例では安全・安心の確保について住民の自助義務、協力義務が規定され、自治体や警察の活動は住民への支援活動と位置づけられている。

このように国家刑罰権の効率化、スリム化を図るための、刑事政策の実働を国・自治体から国民、地域住民に移す私事化も進められている。防犯活動への国民、地域住民の総動員を図るものといってよい。負け組のみならず勝ち組をも襲う不安感がこの総動員を下支えしている。総動員を支持する者も多いのが現状である。

二〇一三（平成二十五）年一月に召集された第一八三回国会における安倍晋三内閣総理大臣の施政方針演説でも、この世界一安全安心な国づくりが施策の柱の一つとされた。そのなかで「治安に対する信頼も欠かせません。ネット社会の脅威であるサイバー犯罪・サイバー攻撃や、平穏な暮らしを脅かす暴力団やテロリストなどへの対策・取締りを徹底します。悪質商法によるトラブルから、消費者を守らねばなりません。地方の相談窓口の充実や監視強化などによって、消費者の安全・安心を確保します。「世界一安心な国」、「世界一安全な国、日本」を創り上げます。」と公約されている。治安維持法の制定および改正を帝国議会に提案した政府の趣旨説明とダブッて聴こえる。

共謀罪の創設

客観的なデータではなく人々が心理的に感じる「体感不安」の悪化を理由に、早期の刑罰的干渉の必要性が説かれる。犯罪観も行為刑法から行為者刑法へと大きく変更され、犯罪の中心も、結果発生を要件とする既遂犯ではなく未遂犯、さらには予備・陰謀・共謀などへと軸足を移すことになった。

判例の共謀共同正犯論によっても、実行行為に出ていない段階では、予備罪では格別、共謀自体について刑事責任を問うことはできない。予備罪も、刑法の内乱予備罪、外患誘致陰謀罪、私戦予備罪、現住建造物等放火予備罪、通貨偽造準備罪、殺人予備罪、身代金目的略取誘拐予備罪、強盗予備罪、殺人罪・傷害罪の予備罪の性格を有する凶器準備集合罪のほか、破壊活動防止法の規定する政治目的のための放火・激発物破裂・汽車等転覆破壊・殺人・強盗の予備罪、政治目的のための騒乱罪・往来危険罪の予備罪などだけである。

そこで、政府は共謀自体を処罰し得るようにするために共謀罪の創設を何度か試みてきた。政府はあらゆる機会をとらえて、共謀罪の創設の実現を図った。二〇一三（平成二十五）年に制定・公布された特定秘密保護法でもそれは同様であった。特定秘密の取扱いの業務を行うことができる者が特定秘密を漏らすにあたり、または第二十四条第一項の特定秘密を取得するにあたり、それを共謀、教唆、煽動した者は、五年以下の懲役に処する（同法第二十五条第一項）などと規定された。二七七の犯罪についてその共謀を処罰する共謀罪法案も参議院法務委員会採決を省略する「中間報告」という奇策を用いて、二〇一七（平成二十九）年六月に可決成立した。

刑罰観も大きく変更されることになった。二〇〇三（平成十五）年十二月に犯罪対策閣僚会議によって策定された「犯罪に強い社会の実現のための行動計画」において、治安回復のための基盤整備のための施策の一つである「凶悪犯罪等に関する罰則整備」のなかで、凶悪犯罪の法定刑の引き上げ、現在二〇年とされている有期刑の上限の引き上げ等を含めた凶悪犯罪等に関する罰則の整備について検討するとの方針が示された。この方針に従って、法定刑の引き上げが行われている。例えば、二〇〇四（平成十六）十二月に成立し、翌年一月に施行された「法定刑の引き上げ等に関する刑法の一部改正」（平成十六年法律第一五六号）等がそれである。

威嚇と隔離優先の重罰化が進められている。刑罰の原理的な考察は影を潜め、機能主義的な刑罰論が支配的となっている。

警察主導での地域社会づくり

教育や福祉の分野などへの警察の活動の拡大も目覚ましいものがある。警察官による高齢者保護活動なども制度化され、各地の警察本部で「地域警察官による高齢者保護活動等の推進要領について」などが作成されている。[14]

このような警察官による高齢者保護活動は住民の日常生活の安全と平穏を守ることを趣旨とするが、この安全と平穏のなかには高齢者問題への反体制運動の侵入を防ぐという意味も包含されていることに注意しなければならない。今や地域福祉の担い手に、予算も人出も権限もある警察が躍り出たといってもよい。警察主導での地域社会づくりが進められている。

鳥取県人権尊重の社会づくり条例（平成八年）をはじめ、大阪府人権尊重の社会づくり条例（平成十年）、人権が尊重される三重をつくる条例（平成九年）、高知県人権尊重の社会づくり条例（平成十年）、佐賀県人権の尊重に関する条例（平成十年）、滋賀県人権尊重の社会づくり条例（平成十三年）、愛媛県人権尊重の社会づくり条例（平成十三年）、和歌山県人権尊重の社会づくり条例（平成十四年）、栃木県人権尊重の社会づくり条例（平成十五年）、福井県人権尊重の社会づくり条例（平成十五年）その他にみられるように、「人権尊重の社会づくり」を標榜し、地域での施策に具体化しようとしている自治体は少なくない。ただ、予算やマンパワーの面などでの大きな格差もあって、対抗軸を形成し得ているとはいえない。

4　司法福祉論の登場——社会防衛に向かう少年司法

恩恵としての福祉、権利制限のための司法

米国では、司法的問題解決過程における社会福祉の方法が活用され、民事・刑事・少年裁判等における心理社会的鑑定はもとより、少年院や刑務所等での社会福祉的処遇や児童保護・夫婦別居・離婚・遺棄・親権制限・家庭内虐待その他の争訟解決への社会福祉援助などへとその業務が発展している。「司法ソーシャルワーク学会」も結成され、業務水準の維持発展が図られている。日本でも、二〇〇〇（平成十二）年十一月に日本司法福祉学会が設立されている。

同学会によると、「司法福祉」をもって、「私たちは裁判（審判）とその執行を、「国民の権利実現を目指して、生きた社会的事実としての問題を、実質的に解決する司法的問題解決システム」として構想し、その理念や方法に「司法福祉」と命名しました。此の司法的問題解決システムは、法的実効力によって大きく実

体を動かす中心的サブシステムとしての法的・規範的解決システムと、諸社会資源の動員を含めてこれを補完する心理・社会的サブシステム、即ち社会福祉的援助による臨床的・実体的解決（緩和）システムとから成り立ちます。後者は狭義の〈司法福祉〉業務と呼ぶことが出来るでしょう。」と定義されている。

司法福祉論の展開に影響を与えた立法としては、一九九九（平成十一）年の民法改正による成年後見制度の制定、二〇〇〇（平成十二）年の「児童虐待の防止等に関する法律」、二〇〇一（平成十三）年の「配偶者からの暴力の防止及び被害者の保護等に関する法律」、二〇〇三（平成十五）年の「心神喪失等の状態で重大な他害行為を行った者の医療及び観察等に関する法律」、二〇〇四（平成十六）年の「犯罪被害者等基本法」、二〇〇五（平成十七）年の「高齢者虐待の防止、高齢者の養護者に対する支援等に関する法律」等が挙げられる。

このような動きのなかで、「福祉」、そして「司法」、さらには両者の関係の理解をどうするかなどにかかわって、司法福祉論は百家争鳴の観を呈することになった。

問題は、「福祉」における対抗軸は何か、また、「司法」における対抗軸は何かという点である。当事者主権に立つ福祉か、あるいは恩恵としての、それ故に社会防衛と表裏一体の福祉かという点であり、当時者主権を擁護するための手続保障か、制限するための手続保障かという点である。

司法福祉論の生誕の地とされる少年司法でこれをみると、恩恵としての福祉、権利制限のための司法という様相が強まっているように見受けられる。医療観察法の場合はそれがより顕著で、裁判所、裁判官に与えられた役割は憲法違反の疑いの濃い「重大な他害行為を行った触法精神障がい者」に対する強制入院、強制通院という名の保安処分にお墨付きを与えることでしかない。司法福祉論は、生みの親たちの意図に反して、今や社会防衛論に大きく傾斜しているといえよう。

日本更生保護学会が二〇一六（平成二十八）年十二月、官主導で設立された。日本司法福祉学会にも警察官が多数参加している。学会のテーマとして取り上げられている「児童虐待の防止」についても、児童相談所と警察の連携の強化について、厚労省から平成二十四年四月十二日付で「児童虐待ケースにおける警察と児童相談所の協力関係について」と題された文書が厚生労働省雇用均等・児童家庭局総務課長名で都道府県・指定都市・児童相談所設置市の児童福祉主管部（局）長あてに発出されている。

再犯防止および被害者支援

法務大臣により設置された「更生保護のあり方を考える有識者会議」の第一回会議は二〇〇五（平成十七）年七月二十日に開催された。有識者会議はその後、約一一か月、一六回にわたって意見交換を重ねた。[15] 会議の検討事項は、更生保護の理念、仮釈放のあり方、矯正施設との連携、保護観察官、保護司、更生保護施設、官民協働体制、円滑な社会復帰のための施策、などと多岐にわたっている。それらの検討を踏まえて、二〇〇六（平成十八）年六月二十七日に開催された最後の第一七回会議で、報告書『更生保護制度改革の提言――安全・安心の国づくり、地域づくりを目指して』が取りまとめられ、法務大臣に提言された。

提言のうち「中・長期的課題」とされるのは、①刑期満了者に対する新たな制度の検討、②執行猶予の取消し等いわゆる不良措置制度についての総合的な見直し、③保護観察における情報機器の活用等（諸外国で行われている電子監視装置や電話による音声認識システム等を利用した行動監視等の制度の調査研究の継続等）、である。

課題として挙げられている刑期満了者に対する新たな制度の検討については、刑事責任を果たし終えた者の自由を制約できるかという問題があることも踏まえつつ、更生保護分野だけでなく、広く関係機関において検討する必要があるために、結論に至るまでには時間を要するものと思われる。「「自立更生促進センター（仮称）構想」はこの課題に対しても一定の意義のある取組みであると考える。」とされている。その後、官民挙げてこの構想の実現に精力が注がれた。次の項で紹介する「長崎司法福祉支援センター」もその一つで、再犯防止が司法福祉の重要な役割とされた。

これに負けず劣らず重要だったのは、提言において「犯罪被害者等への支援」という発想を更生保護の領域に入れることが公式に認知されたことである。その影響は甚大であり、刑事裁判の基本構造を揺さぶったのと同様に、更生保護制度の基本構造自体をも大きく揺さぶることになった。

更生保護制度の将来を考える場合、国民の理解の拡大が必要不可欠であり、そのためにも更生保護制度を犯罪被害者等が納得するようなものに近づけていく必要があるという考え方が支配的となっていった。改善更生か再犯防止かという論争を凌駕し、改善更生と主張する論者も犯罪被害者問題を考慮せざるを得ない状態に追い込まれることになった。

刑事司法の「入口」段階で支援

知的障がい者を中心に長崎県下五市（諫早市、長崎市、佐世保市、雲仙市、島原市）で約一千名の利用者に福祉サービスなどを提供している社会福祉法人南高愛隣会（同県雲仙市）は、二〇一三（平成二十五）年九月二十五日、ながさき看護センター（諫早市）で、「長崎司法福祉支援センター」の立ち上げ式を行った。センターは、平成二十五年度厚生労働省社会福祉推進事業「罪に問われた高齢・障がい者等への切れ目ない支援のための諸制度の構築事業」の一環として南高愛隣会が試行的に設置した機関である。南高愛隣会によると、立ち上げの趣旨は「入口」支援、すなわち、被疑者・被告人段階での福祉サービスの提供にあるとされている。[16]

この「入口」支援とは、知的障がい者や認知症の高齢者など、不起訴（起訴猶予）が想定される被疑者において、その刑事司法の入口の段階で、社会福祉士の意見を聞き参考にする制度で、社会福祉士は該当する被疑者と面談し、保護者・住居・生計など必要な支援を検察官に助言する。検察官はそれを参考にして最終的に起訴・不起訴などの処分を決める。出所後の「出口支援」が行き届かず再犯を繰り返す知的障害者や高齢者が多いことから、新たな支援策として注目を集めている。一般社団法人全国地域生活定着支援センター協議会などが取り組んでいるほか、二〇一四（平成二十六）年八月からは京都地検が全国に先駆けて入口支援制度を取り入れた。

二〇一六（平成二十八）年四月から施行された障害者差別解消推進法は、二〇〇六（平成十八）年に国連総会で採択され、二〇〇八（平成二十）年五月三日に発効した障害者権利条約（日本については二〇一四年二月十九日に発効）に則り、障害に関して「社会モデル」を採用した。障がい者が味わう社会的不利はその人個人の問題だとする既存の「医学モデル」「個人モデル」の考え方を退けた。障がい者が味わう社会的不利は社会の側の問題で、障がい者とは社会の障壁によって能力を発揮する機会を奪われた人々だと考える立場に立って、障害者差別解消推進法は、障がい者への「合理的配慮等」を、国・自治体等に対しては法定義務、民間事業者等に対しては努力目標と定めた。

長崎司法福祉支援センターでは知的障害のある人や判断能力が低下した高齢者を活動の対象にしており、社会モデルの適用も検討されて然るべきだと思われるが、このような発想は見受けられない。あくまでも、社会の側の善意、同情に基づく活動だと位置づけられている。医学モデル、個人モデルに近い考え方だといえよう。

法務大臣から諮問を受けた法制審議会少年法・刑事法部会は、第六回会議を二〇一七（平成二十九）年十二月十九日午前、「少年法における「少年」の年齢を18歳未満とすること及び非行少年を含む犯罪者に対する処遇を一層充実させるための刑事法の整備の在り方について」を議題として、東京高等検察庁第二会議室で開催された。同会議では、配布資料17として「分科会における検討（中間報告）」が配布された。中間報告では、「起訴猶予等に伴う再犯防止措置」も提言されている。

この再犯防止措置は、「「入口支援」の取組の推進」と「働き掛けを行う仕組みの導入」と「少年鑑別所の調査機能の活用」からなる。このうち検察官による「働き掛けを行う仕組みの導入」については、次のように整理されている。「入口」支援が起訴猶予に伴う「再犯防止措置」の導入という観点から構想されていることから、部会でも反対意見があったとされる。

犯した罪が軽微で起訴猶予相当であっても、改善更生のために働き掛けが必要な者については、検察官が一般的に守るべき事項や犯行の特性に応じて守るべき事項などの事項を設定し、一定期間、指導・監督を行う仕組みを採ることが考えられるとの意見があった。これに対して、検察官限りの判断でこのような措置を行う仕組みは適当ではないのではないか、検察官が起訴猶予の条件として指導を行うことになると、指導に従うことが事実上強制されることにならないかとの意見があった。

この仕組みについて、守るべき事項を設定したとしても、被疑者にこれを遵守する法的義務が生じるものではなく、被疑者の同意が法的に要請されるのかの検討が必要であるとの指摘や、理論上は被疑者の同意を要しないとも考えられるが、働き掛けの実効性を確保するという観点から、同意を必要とする仕組みとすることが望ましいのではないかとの意見があった。また、被疑者の意思疎通能力によっては説明等に困難が伴うのではないかとの検討課題が示された。

司法福祉事業への民間の参入

福祉も少年の立ち直りにとっては不可欠となる。国などでも「司法福祉」が重視されている所以である。予算面での手当ても充実が図られている。これまで意識的に関わりを避けてきた一般の福祉法人なども司法福祉事業に参入し始めている。これを評価する声もあり、そうした評価も成り立つであろう。

しかし、質的に見れば、どうか。国や自治体などが財政難から一般の福祉予算を減額する結果、経営難に陥った福祉法人などが、その打開策として、予算が付き始めた司法福祉に参入し始めているということではないか。そこでは経営の論理が優先され、再犯防止という国策に積極的に奉仕することも経営上、止むを得ないとされている。

かつてのハンセン病政策における福祉が強制隔離政策を下支えするためのものであったのとよく似ている。違いは、ハンセン病福祉の場合は国・地方自治体の直轄事業とされたのに対し、司法福祉の場合はかなりの部分が民間の福祉法人などに委ねられているという点である。しかし、この違いはそれほど大きなものではない。国は、厳重に監督することによって、司法福祉事業を直轄事業とほぼ変わらないものにしようとしているからである。それは戦前以来の日本の伝統でもある。

しかし、少年が求めているのは司法福祉という名の特殊な福祉では決してはない。そのような福祉は逆に人間の尊厳を損ないかねない。司法福祉事業の見直しに当たって必要なのはこの点ではないか。量的のみならず、質的に見ても人間の尊厳の保障に結びついているかどうかである。少年問題に詳しい独立の第三者機関による検証が待たれる。

1　牧野英一『改正刑法仮案とナチス刑法綱領』（有斐閣、一九四一年）四一—四二頁。牧野は、国家総動員法が公布された一九三八（昭和十三）年に東京帝国大学教授を定年退職したが、一九四六（昭和二十一）年に貴族院議員となり、日本国憲法の国会審議にも加わった。一九五〇（昭二十五）年に文化勲章を受賞した。

2『法律と生存権』（有斐閣、一九二八年）はしがき、一〇—一一頁などを参照。

3　小熊英二『〈日本人〉の境界——沖縄・アイヌ・台湾・朝鮮 植民地支配から復帰運動まで』（新曜社、一九九八年）によると、大日本帝国における国民統合をもって、「被支配層が忠誠心を示すことでまず「日本人」であることを立証してのち、「日本人」としての権利を付与するか否かは別個に考えるというのが、その論理であった」と結論されている。このような「義務による統合」は牧野も説くところであった。先ず義務を認め、然る後に権利を認めるのである（『現代の文化と法律（第五版）』有斐閣、一九二四年、二八頁）。

これによると、権利がどの程度認められるかは「社会の指導者」たる国家の自由な判断に委ねられる結果、権利を最小化し、義務を最大化することも可能となる。病人、貧者、犯罪者に牧野が与えようとした生存権という陽光（暖かい光）は国家、社会のために一方的な犠牲を強いる寒風（冷たい風）に容易に変わり得た。

4「私共は新しい憲法の原則として三つのものを要求致します。第一は生存権の原則であります。第二は改善刑、刑は犯人の改善を目的とすると云う改善刑の原則であり、そうしてその第三は所有権を以て、私有財産権ではあるが、同時に公共性を持つものであり、それは義務を包含するものであると云う原則であります。」貴族院議員となった牧野は、一九四六（昭和二十一）年に開かれた第九〇回帝国議会貴族院の帝国憲法改正案の質疑において、このように発言している。

5　国立岡山療養所に入所していた朝日茂さん（一九一三-六四年）が一九五七（昭和三十二）年に厚生大臣を相手取り、当時の生活保護法第八条第一項に基いて定めた保護基準（昭和二十八年七月一日厚生省告示第二二六号）による支給基準は日本国憲法第二十五条及び生活保護法が規定する健康で文化的な最低限度の生活を営む権利を保障する水準には及ばず、憲法違反だとして行政不服審査法により行政訴訟に及んだ。しかしこの朝日訴訟も原告の請求棄却に終わり、上告審は「何が健康で文化的な最低限度の生活であるかの認定判断は、厚生大臣の合目的な裁量に委されている」（最大判昭和四十二年五月二十四日、民集二一巻五号一〇四三頁）とした。

6『昭和61年度版　厚生白書』に掲載の「社会保障制度再構築の基本的方向」などを参照。国によると、次のように説かれた。

「健全な社会とは、個人の自立・自助が基本であり、それを支える家庭、地域社会があって、さらに公的部門が個人の自立・自助や家族、地域社会の互助機能を支援する三重構造の社会、換言すれば、自立自助の精神と相互扶助の精神、社会連帯の精神に支えられた社会を指すものと考えることができよう。」

「人口の高齢化とともに福祉サービスを中心として社会保障に対するニードは拡大し、多様化、高度化していくが、これをすべて公的部門による現在のサービス供給体制のままでこたえていくことには制度的、財政的に限界がある。一方、生活水準の向上や所得保障制度の充実によって、国民一般の負担能力も拡大するとともに、自分のニードに合ったサービスであれば自己負担であっても利用しようとする傾向がみられるようになってきている。このような観点から、公私の役割分担について改めて整理する必要がある。その際には、ニードの優先度、受益と負担のバランス等に留意しつつ、給付の重点化を図り、社会保障がカバーすべき範囲、水準を適正なところに設定していく必要がある。」

7　厚労省の「最近の社会保障関係費の動向について」（平成二十八年七月十一日）によると、平成二十六年度の計は三〇兆二二五一億円（うち年金一〇兆七〇五八億円、医療九兆一五七六億円、介護二兆六二五七億円、生活保護費二兆九二二二億円、社会福祉費四兆二二二三億円、保健衛生対策費四〇九三億円、雇用労災対策費一八二三億円）とされる。前年に比べると、年金は四一六七億円増、医療は一八〇七億円増、介護は一三四一億円増、生活保護費は六〇八億円増、社会福祉費は四八三六億円、保健衛生対策費は五五四億円増、雇用労災対策費は一三四一億円減となっている。

8　片山信子（社会労働調査室）「社会保障財政の国際比較——給付水準と財源構造」『レファレンス』（平成二十年十月号）などを参照。

9　西日本新聞二〇一七年一月一日朝刊、新春対談。

10　この度の新自由主義による司法制度改革を理論的に基礎づける役割を果たした京都大学名誉教授の田中成明も、次のように説いている。

「各人の全体的な人生構想において周縁的ないし下位にある関心や欲求を一時的に充たすために、長期的な人生構想の実現を取り返しのつかないほど妨げたり、そもそも何らかの人生構想を自律的に形成・追求する能力事態を決定的に損なったりするおそれの大きい場合などに、一定のパターナリズム的干渉を行うことは、本人の人格的統合を損なわないのみか、むしろ、その統合的人格の発達・確保にとって不可欠であろう。」（『法学入門（新版）』（有斐閣、二〇一六年）八三―八四頁。

11　沖縄基地反対運動もその一つで、日本での表現の自由の現状を調査するために来日した国連のデイヴィッド・ケイ特別報告者（米国）は二〇一六（平成二十八）年四月十九日、東京都内で記者会見して暫定の調査結果を発表し、沖縄県名護市辺野古の新基地建設に反対する市民らの抗議行動に対する海上保安庁などの制圧行為などに対して懸念を示したと報じられている。

12　不正受給罪の歩みについては次のように分析された。

「旧生活保護法が新たに一般扶助主義をとったことによって要保護者の激増が予想されたために、一方では生活保護基準を低く抑え、他方では、自らの人間らしい生活を守るためにそのような低い保護行政に反撥し、いうところの不正受給という形で保護秩序に抵抗を示そうとする者には、生活保護法自身の刑罰規定の明文による処罰の限度を解釈の形で大幅に引き上げてでも、これを威嚇し全体としての保護水準を抑えようとしたものである。」（小川政亮「保護受給者に対する刑事弾圧――『福祉国家』への接近」仁井田隆博士追悼論文集第三巻『日本法とアジア』（勁草書房、一九七〇年）三九七頁以下などを参照。

13　そのほか、対少年にとどまらず、矯正処遇の強化、更生保護制度の充実強化が打ち出されているという点、国際組織犯罪防止条約及びサイバー犯罪条約の早期締結並びに関連法の整備という点も注目される。体感不安の悪化に基づく条約批准を理由にした共謀罪の新設の方針が、早くもこの段階で打ち出されている。再犯防止に矯正処遇、保護観察という性格が入り、対象者の社会復帰を優先することは厳しく抑制されている。

14　「この要領は、地域警察が常に地域住民に密着した活動を行い、住民の日常生活の安全と平穏を守ることを任務とすることにかんがみ、地域警察官がその勤務を通じて、管内の高齢者の生活実態、要望・意見等を十分掌握し、それに応じたきめ細かな世話活動その他の保護活動等を推進するため、必要な事項を定めるものとする。」とされ、「高齢者の生活実態、要望・意見等の掌握」「訪問による世話活動等の推進」「各種街頭活動における保護の推進」「警察安全相談等の適切な処理」「近隣協力者等の設定による応急の救護」「社会参加を促進するための基盤づくりの支援」「広報啓発活動の推進」「施策の総合性への配慮」が活動の柱とされている。（鳥取県警察ＨＰより）

15　有識者会議の座長は元法務大臣の野沢太三で、座長代理は日本司法支援センター理事長・日本更生保護女性連盟会長の金平輝子であった。元保護局長の本江威憙も委員として参加するなど、官製の会議という性格が濃厚であった。

16　愛隣会によると、立ち上げの趣旨が次のように説明されている。

「地域生活定着支援センターが始動するにともない、本来業務である、いわゆる「出口支援」のみではなく、被疑者・被告人段階での支援が必要とされる事例が多数出てきました。一度司法のルートに乗ってしまうと、社会に戻ることが困難になるため、早期に福祉的支援を提供することが必要だということがわかってきたのです。しかし、地域生活定着支援センターは、「出口」支援で精一杯で、「入口」支援を行うことが困難な場合がありました。そこで、「入口」支援を専門に行う「長崎司法福祉支援センター」を試行することにしました。」

第二章　少年非行から少年犯罪へ

1　少年法による特別な取扱い

少年法の意義

少年は生育途上にあり、これからの社会を担う存在である。少年法というのは、広い意味では、このような少年の特性、少年の未成熟ならびに社会的な経験の不足等を前提として、少年について特別な扱いを定めている総合的な法体系全体を指す。少年であることを理由とする刑事法の特別分野として考えられることもある。また、少年であるが故に、保護や教育が優先的に少年法に携わる人たちの職務に生かされるべきであるという側面も持っている。少年法では、司法組織法、刑事実体法、訴訟法、行刑法などのすべての分野にわたって、これらの考え方が生かされるべきだということになる。

少年法によると、放任されて保護が必要な少年と非行少年とはほぼ同じ原因に基づいていると考えられ、放任され、保護が必要な少年も重要な介入対象とされる。少年の非行防止、あるいは犯罪実行の危険性のある少年を国家の特別な保護の下に置くことも少年法の意義である。

少年法の理念の一つは、「生みの親が親として果たすべきことを果たさない場合、国家はその親に代わって子どもに対してなすべきことを行う」という英米法を起源とする福祉的な理念である。もう一つは、生育途上にある少年は可塑性、すなわち変化する可能性があるため、その非行に対しては、成人と同様に刑罰を加えるよりも、教育的方法によって更生させる方が適切、妥当ではないかという刑事政策的な理念である。

そこで、少年事件の場合、警察が取り扱った事件は、自転車・バイク盗などの占有離脱物横領から強盗、傷害、殺人などまで全部が、検察を通じて家庭裁判所に送致されることになる。全件送致主義といわれる。警察から直接家裁へ送致というケースもあるし、児童相談所から通告というケースもある。

家裁は審判官（家裁の裁判官）が審判を開始するか不開始するかを決定する。少年事件のかなりの部分は審判不開始とされる。審判開始が決まった場合、家庭裁判所調査官が少年の生育環境や本人の問題を調査する。その際に身柄の拘束が必要と判断されると、観護措置がとられて少年は少年鑑別所へ送られる。観護措置がとられるのは一割程度である。

少年審判がはじまると、家庭裁判所調査官の調べた生育環境、検察官から送られてきた事件の概要、少年鑑別所に収容されていた場合は鑑別結果通知書を審判官が読み、そのうえで、不処分、保護観察、児童自立支援施設・児童養護施設送致、少年院送致、検察官送致といった判断が下される。

成人の場合の無罪と有罪と、少年の場合の不開始・不処分と処分とは異なる。事実関係を調べた結果、「無罪であるから不開始ないし不処分」にということもあるが、「有罪だけど不開始・不処分」という場合もあるからである。少年審判には、そもそも無罪、有罪という概念は存しない。保護処分が必要かどうかが主な論点とされる。もっとも、保護観察や少年院などの施設送致の場合、あるいは刑事処分が相当だとして検察官送致される場合は有罪が前提となる。しかし、精神鑑定を行った結果、心神喪失と認められても、成人の場合は無罪とされるが、少年の場合は医療少年院送致という決定もあり得る。

刑事処分が相当であるとして検察官に送られるのは、事件が死刑、懲役又は禁錮に当たる罪の事件の場合で、とくに一六歳以上の少年による殺人事件の場合には、原則的に検察官に送らなければならないと定められている。ここでは、処罰が優先される。

しかし、成人と同じように刑事裁判にかけられた少年に対する刑罰についても、少年法に特別の規定がある。罪を犯したときに一八歳未満だった少年に対しては、通常の成人に対し死刑を科すべきときでも無期刑を、無期刑を科すべきときでも有期刑を、有期刑を科すべきときでも、長いものについては不定期刑、例えば一年以上三年以下の懲役等が言い渡される。

少年法による特別な取扱いを受けて、結局はまた再び犯罪に手を染めた例もある。だからといって、少年法が少年の更生にまったく役に立たなかったと考えるのは早計であろう。少年法による特別な取扱いを受けていなかったら、もっと重大な犯罪に走っていた可能性も高いからである。

犯罪少年・触法少年・虞犯少年

現行少年法（昭和二十三年法律第一六八号）は、罪を犯した一四歳以上の「犯罪少年」、一四歳に満たないで刑罰法令に触れる行為をした「触法少年」、そして、

①保護者の正当な監督に服しない性癖のあること
②正当の理由がなく家庭に寄り附かないこと
③犯罪性のある人若《も》しくは不道徳な人と交際し、又はいかがわしい場所に出入すること
④自己又は他人の徳性を害する行為をする性癖のあること

のいずれか事由があって、その性格又は環境に照らして、将来、罪を犯し、又は刑罰法令に触れる行為をする虞《おそれ》のある「虞犯《ぐはん》少年」を家庭裁判所の少年審判の対象とした。

少年非行とは、未成年者によってなされた犯罪行為及びこれに類する行為であると、社会的に判定された行為のことをいう。少年法では二〇歳未満の青少年による犯罪行為、触法行為及び虞犯（犯罪を行うおそれがある状態）を総称して「非行」という。なぜ、一四歳が画期とされているかというと、刑法第四十一条が「十四歳に満たない者の行為は、罰しない」と規定しているからである。犯罪行為、触法行為、虞犯の区別に対応して犯罪少年、触法少年、虞犯少年の区別がなされている。

現行少年法では、旧少年法（大正十四年四月十七日法律第四二号）と異なり死刑適用年齢が一八歳以上に引き上げられた。また家庭裁判所は死刑、懲役又は禁錮に当たる罪の事件について調査の結果、その罪質及び情状に照らして刑事処分を相当と認めるときは決定をもって、これを管轄地方裁判所に対応する検察庁の検察官に送致しなければならないとされたが、この検察官送致も、罪を犯すとき一六歳以上の少年に限られた。

刑法犯少年の概況

二〇一五（平成二十七）年一―十二月の刑法犯少年[1]の概況は次のとおりである。[2]

検挙人員は三万八九二一人で、前年より九四四〇人（一九・五％）減少した。また、人口比（同年齢層千人当たりの検挙人員）は五・五で、前年より一・三ポイント減少した。検挙人員は二〇〇四（平成十六）年から一二年連続の減少となり、人口比（成人の場合は平成二十七年は一・九）も二〇一〇（平成二十二）年から六年連続で減少し、検挙人員、人口比ともに戦後最少を更新した。男子が三万三八六〇人と前年より七四九八人（一八・一％）、女子が五〇六一人と前年より一九四二人（二七・七％）、それぞれ減少した。二〇〇七（平成十九）年以降、検挙人員、人口比とも一五歳（中学一年生）が最多であったが、二〇一五年はいずれも一六歳（中学二年生）が最多となった。[3]

二〇一五年中の学職別検挙人員は、中学生一万九五〇人、高校生一万四六五七人、大学生一九一四人、その他の学生九九二人、有職少年六一七〇人、無職少年四二三八人で、高校生が中学生を上回り最多である。触法少年[4]（刑法）を含めると、中学生の検挙・補導人員が一万七〇一五人と高校生を上回り、平成十九年から九年連続して最多となった。

二〇一五年中の初犯者数は二万四七六六人と、前年より六七〇七人（二一・三％）減少した。年齢別で見ると、二〇〇八（平成二十）年から一四歳が連続して最多となっている。また、触法少年を含めると、二〇〇八年以降は一三歳以下の初犯者数が一四歳を上回っている。

二〇一五年中の再犯者数は一万四一五五人と、前年より二七三三人（一六・二％）減少したが、再犯者率は三六・四％と、一九九八年の三〇・〇％から一八年連続して上昇しており、統計のある一九七二（昭和四十七）年以降で最も高くなった。ただし、再犯者の人口比は二〇〇四（平成十八）年が四・四に対して二〇一五年は二・〇で、一貫して減少している。二〇一五年中の少年同士の共犯率は二五・六％と前年より〇・二ポイント増加し、成人同士の共犯率（一〇・八％）の二・四倍となっている。

触法少年等の概況

二〇一五（平成二十七）年の触法少年（刑法）の補導人員は九七五九人で、前年より二〇八七人（一七・六％）減少し、二〇一〇（平成二十二）年から六年連続で減少した。内訳は、凶悪犯六二人（うち殺人二人、強盗一一人、放火三六人、強姦一三人）、粗暴犯一一九〇人（うち暴行五六四人、傷害五〇六人）、窃盗罪六三九八人（うち万引き四一三四人）、知能犯六一人、風俗犯二三〇人（うち強制わいせつ二一一人）、その他の刑法犯一八一八人（うち占有離脱物横領六八七人）となっている。

窃盗犯が全体の六割以上を占めており、占有離脱物横領と併せると七〇%を超える。その窃盗罪も前年より一三三〇人（一七・二%）減少した。風俗犯は前年より三八人増えているが、二〇一三（平成二十五）年の二五三人と比べるとマイナス二三人減少となっている。

二〇一五年中の触法少年（特別法）補導人員は八〇〇人で、内訳は、軽犯罪法違反六一七人（うち火気濫用三四一人）、迷惑防止条例違反五〇人、銃刀法違反二六人となっている。前年をわずかに下回り、二〇一三（平成二十五）年から三年連続の減少となった。法令別では軽犯罪法違反が全体の八割近くを占めている。触法行為の大部分は窃盗・占有離脱物横領と軽犯罪法違反行為である。

二〇一五年中の不良行為少年[5]の補導人員は六四万一七九八人と、前年より八万九三七六人（一二・二%）減少し、二〇一二（平成二十四）年から四年連続の減少となった。態様別では、深夜はいかいと喫煙で全体の約九割を占めている。

少年非行の厳しさを強調

このように少年非行は、ごく一部を除いて減少傾向にある。にもかかわらず、警察によると、「検挙人数及び人口比とも減少傾向にあるが、人口比については成人と比べ引き続き高い水準にある」[6]などと、少年非行の厳しい状況が強調されている。再犯者率も、二〇一六（平成二十八）年の刑法犯全体の再犯者率が五〇・三%に対して、少年は三七・一%にすぎないのに、「（少年の—引用者）再犯者率は一九年連続で増加しており、平成二十八年中は統計のある昭和四十七年以降で最も高い三七・一%となった」[7]などと強調されている。

自傷行為が問題

少年については他害行為よりはむしろ自傷行為が問題である。現に少年鑑別所に入所した少年を対象とした面接調査では、調査の対象となった少年のうち二〇％強に自傷行為が見られたとされる。[8] また、少年鑑別所に入所した少年を対象として行った質問紙調査においては、対象者の約七〇％が自傷行為の経歴を持つことが明らかになったとされる。[9]

自傷行為は非行少年だけの性格特性ではない。非行少年に分類されない少年にも共通に見られる特性である。「いまやリストカットなどの自傷行為は、精神科医療だけでなく、学校保健においても主要な健康問題の一つとなっている。筆者らの調査によれば、中学生・高校生の約一割（男子七・五％、女子一二・一％）に刃物で故意に自らの身体を切った経験が認められ、中学・高校の養護の教諭の九八―九九％が自傷をする生徒に対応した経験があることが明らかにされている。その意味では、自傷行為は、思春期の若者にはありふれた現象といえるだろう。[10]」と指摘されている。

しかし、「思春期の若者にありふれた現象」と位置づけることには疑問がある。日本の子どもは外国の子どもに比べて自尊感が低い。この低さが政府の失政によってもたらされているとすると、日本の子どもたちの自傷行為はありふれた現象ではなく、失政が招いた人為的なものだということになる。子どもたちの自尊感の欠如は他害行為ではなく、自傷行為に向かっている。少年の非行も一種の自傷行為だということになろう。問題は、学校が把握している「自傷行為をする生徒の割合」がわずかに〇・三三―〇・三七％でしかないということである。[11] 子どもたちが発するシグナルに学校、家庭は気づいていない。

2　減少する少年犯罪

深刻化する非行情勢を強調

国は深刻化する少年非行情勢を強調している。国の統計もそのような内容になっている。[12] しかし、このような統計の紹介の仕方はミスリードのおそれが強い。マスメディアなどがこれらの紹介をさらにデフォルメしてセンセーショナルに報道する結果、ミスリードに追随する国民が増加している。国の調査によると、少年非行について「かなり増えている」が四二・三％、「ある程度増えている」が三六・三％で、合わせて約八割の人々が少年非行は増えていると回答している。[13]

増えていると思う少年非行としては、掲示板に犯行予告や誹謗中傷の書き込みをするなどインターネットを利用したもの、突然キレて行うもの、凶悪・粗暴化したもの、集団によるものなどが挙げられている。これらの非行がマスメディアなどでよく取り上げられることが背景にある。いじめや残忍な暴力行為など、少年による犯罪が報道されるたびに、少年非行の増加を懸念する声が高まっているともいえる。

しかし、前述したように、少年非行・少年犯罪は数的にはむしろ減少し続けており、凶悪化も低年齢化もしていない。

少年の再犯率の高さも強調

国によると、少年の再犯率の高さも強調されている。そして、それが厳罰化の理由の大きな一つとされている。[14]

『平成25年　警察白書』でも、「(平成)二四年中の刑法犯少年の再犯者数は九年連続で減少したが、刑法犯少年全体に占める再犯者の割合は一五年連続で増加し、(平成)二四年は三三・九%と、前年より一・二ポイント上昇し、昭和四七年以降で最も高くなった。」と記述されている。

この記述を受けて、NHKは、警察庁の二〇一三年度の統計発表に基づき、非行歴がある少年が再び検挙される割合の再犯率が三三・九%と過去最高であったと報じたうえで、警察庁が悪質な非行を繰り返す少年が増える傾向があるとみていると指摘した。[15] しかし、三三・九%という数値はあくまでも「一般刑法犯検挙人員中に占める再非行少年の人員の比率」であって、「非行歴がある少年が再び検挙される割合」(再犯率)とは異なる。

この再犯率についての統計は見られないが、刑法犯少年の再犯者の実数でみると、近年ではむしろ減少傾向にある(警察庁生活安全局少年課「平成29年における少年非行、児童虐待及び子供の性被害の状況(訂正版)」五頁を参照)。刑法犯少年の全体の再犯者は、二〇〇八(平成二十)年の二万八四〇四人から二〇一七(平成二十九)年の九五一〇人にまで減少している。凶悪犯少年における再犯者は、九五六人中の六〇〇人から四三八人中の二三五人へと減少している。ただ、初犯者の減少ペースが再犯者の減少ペースを上回っているため、全体に占める再犯者の割合(=再犯者率)が相対的に上昇する結果となっているにすぎない。

保護処分のほうが改善更生の効果が高い

少年非行・少年犯罪は厳しい状況にあり、保護処分では対応しきれない、刑事処分による対応が必要になっていると、国などからしばしば説かれている。それでは、保護観察に付された者と少年院に送致された者の再非行の状況はどうであろうか。再犯者が多いのであろうか。事実は反対である。保護観察対象少年の方

保護観察処分が終了した少年の再非行・再犯と少年院再送致

平成	保護観察終了人員	再処分人員	再処分率	少年院送致	少年院送致立率
22 年	16,552	2,836	17.1%	1,340	8.1%
23 年	16,067	2,707	16.8%	1,376	8.6%
24 年	15,614	2,940	18.8%	1,432	9.2%
25 年	14,333	2,522	17.6%	1,229	8.6%
26 年	13,782	2,266	16.4%	1,122	8.1%
			平均　17.4%		平均　8.5%

再処分人員とは、再非行・再犯により新たな保護処分又は刑事処分（施設送致申請による保護処分及び起訴猶予の処分も含む。刑事裁判については、その期間中に確定したものに限る。）を受けた者。『平成 27 年版　犯罪白書』をもとに作成

少年院仮退院者の再非行・再犯と少年院再送致

	保護観察終了人員	再処分人員	再処分率	少年院送致	少年院送致立率
22 年	4,020	845	21.0%	561	14.0%
23 年	3,882	734	18.9%	490	12.6%
24 年	3,881	851	21.9%	585	15.1%
25 年	3,354	710	21.2%	477	14.2%
26 年	3,312	688	20.8%	453	13.7%
			平均　20.8%		平均　13.9%

同じく、少年院仮退院者が保護観察中に再処分を受けた人員数と少年院送致数

が少年院対象少年よりも再処分率は約三・四%低いからである。少年院に送致される者の割合も、少年院対象少年の方が保護観察対象少年よりも約五・四%高いのである（前頁の上下の表を参照）。

それでは、刑務所に送致された少年の再送致率はどうであろうか。犯罪白書などによると、保護処分よりも刑事処分の方が再犯予防に効果が高いとはいえない。[16] むしろ、保護処分の方が改善更生の効果が高い。刑事処分でも罰金、単純執行猶予の方が「その後の刑事処分なし」の者の割合が高い。

国などによると、刑事処分による再犯防止、すなわち社会統合を通じた改善更生による再犯防止ではなく、少年に対する死刑判決に顕著に見られるように、社会からの排除と監視によって再犯防止を実現することが強調されている。少年の場合、その弊害は成人の場合以上に大きいのではないか。

3 非行対策と処罰

検察官主導の少年審判

少年法の改正が二〇〇〇（平成十二）年に行われている。改正のうち、少年事件の厳罰化では、検察官に送致できる年齢を一六歳から一四歳に引き下げられ、犯行時一六歳以上の少年が故意の犯罪行為により被害者を死亡させた事件については原則として検察官に送致することとされた。

また、事実認定手続の改正は、

①家庭裁判所は、少年審判を合議体で行うことができる。

②故意の犯罪行為により被害者を死亡させた罪および死刑または無期もしくは短期二年以上の懲役もしく

は禁錮に当たる罪の事件については、検察官の出席を認める（この場合には、国選付添人を付さなければならないとされた）
③検察官は検察官出席事件において非行事実の認定に関し、決定に影響を及ぼす法令の違反または重大な事実の誤認があることを理由とするときに限り抗告受理申立を行うことができる。
④観護措置期間を最大限八週間まで延長することができる。
⑤少年付添人らは観護措置決定、同更新決定に対して異議の申立をすることができる。
⑥保護処分終了後においても、保護処分の取消しを請求することができる。
の六点である。

さらに、被害者への対応とは、
①被害者は審判開始決定があった後、事件記録の閲覧、謄写を請求できる。
②家庭裁判所は被害者からの申出があったときは、その意見を聴取する。
③家庭裁判所は被害者からの申出があったときは、決定の主文および理由の要旨等を通知する。
の三点である。

これらの改正により、少年事件の刑事処分相当かどうかの判断主体が家庭裁判所から検察官に移りつつあるといえようか。

少年事件についても、永山判決（一九七九年、東京地裁）以後、大阪・愛知・岐阜連続リンチ殺人事件（二〇〇一年、名古屋地裁）、市川一家四人殺人事件（一九九四年、千葉地裁）、光市母子殺害事件（二〇〇八年、広島高裁）、石巻三人殺傷事件（二〇一〇年、仙台地裁）などで死刑が宣告されている。無期懲役刑も二〇〇一（平成十三）年度、二〇〇三（平成十五）年度、二〇〇七（平成十九）年度を除いて宣告されている。[17]

「少年非行対策のための提案」

少年法の改正から三年後の二〇〇三（平成十五）年七月、小泉純一郎首相、福田康夫内閣官房長官からの指示を受けて鴻池祥肇《こうのいけよしただ》国務大臣（青少年育成推進本部担当大臣）が主宰する「少年非行対策のための検討会」（鴻池委員会）が内閣府に設置された。鴻池大臣は同年九月に「少年非行対策のための提案」を小泉首相に提出した。検討会の委員の総意や政府見解ではないが、検討会での議論の内容を踏まえ、少年非行対策を鴻池大臣の考えに基づいて整理・取りまとめたものである。あえて世に問い、国民的な議論の参考にするものというのが提案の位置づけであった。提案と名づけられているが、鴻池私案に近いものであった。

本提案は、

①「少年保護」とならんだ「少年犯罪から公衆を保護」の重視

②少年事件についても事実を明らかにすることが重要

③親も含めた責任を自覚させる必要性

という三点から、現行少年法の目的である「性格の矯正及び環境の調整」の手法について今までと異なる発想を加味したものであった[18]。

提案に先立つ同年七月十一日の閣議後の記者会見で、鴻池は長崎幼児誘拐殺害事件について、「犯罪者の親も（テレビなどで）映すべきだ」「親を市中引き回しの上、打ち首にすればいい」と発言したという。当時、鴻池は閣僚であり、青少年育成推進本部副本部長（本部長は小泉首相）を務めていたため、この発言は物議を醸した。

日弁連による網羅的な批判

提案に対しては、日本弁護士連合会（日弁連）から直ちに批判が加えられた。二〇〇三（平成十五）年十月十六日付で意見書が発表された。これを「青少年育成施策大綱」に盛り込むような取り扱いをすべきでないというのが意見の趣旨で、多岐にわたる批判理由が掲げられた。

その第一は、提案が「少年犯罪の現状に対する誤った認識」に基づいているという点である。「我が国の少年司法システムは概ね良好に機能しており、少年犯罪の現状から治安政策強化が課題とされるような状況は存在しない。」

第二は、提案が「少年は加害者であると同時に被害者でもある」との見方に疑問を投げかけ、これを否定しようとしていることは少年非行対策の方向性を大きく誤らせかねないという点である。「非行をおかす少年は、家庭崩壊や貧困あるいは過度に競争的な学校教育の中で、人間としての尊厳が保障されず、成長過程において不可避的に生ずる不満、悩み、情緒不安に対し、適切な大人の指導や援助を受けられなかった者がほとんどである。それ故に、非行対策として何よりも必要なのは、①大人が、少年の悩みや不満を受容し聞き取る姿勢をもつこと、少年の参加と意見表明を保障し、自己決定を可能な限り尊重して、主体性の確立を促すこと、そのなかでこそ、少年の自律性と他者の人権を尊重するという意識が育まれるという観点を重視すること、②上記観点に立った大人の側の対応を保障するために、精神的にもゆとりのある家庭、学校、職場、地域づくりをすすめること、③上記の家庭、学校、地域等の実現を援助するために、国や自治体が福祉、教育、雇用政策を積極的にすすめ、地域社会の人々とともに、少年の成長を支える場と環境づくりをすすめることである。」

第三は、提案が「少年保護」とならんで「少年犯罪から公衆を保護すること」を少年法の目的とすることにつき議論を開始すべきことを発案している点である。「この発案は、まさに少年司法を含む国の少年非行対策の根幹に関わるものであり、万一これが肯定されれば、これまでの少年司法・非行対策がその根底から覆されかねない重大な発案である。」「鴻池前国務大臣は、何らこのような実証的研究もなしに、［中略］まったく異なる誤った現状認識をもとに発案している」[19]

日弁連によると、このように鴻池提案が徹底的に論難された。しかし、その後の少年非行・少年犯罪への対応は政治主導で鴻池提案が示した方向に動いている。

少年を監視する社会

鴻池提案の八年後に公刊された法務省の『平成23年版　犯罪白書』からは、鴻池提案が法務省の施策に採用されたことがうかがわれる。サブタイトルも「少年・若年犯罪者の実態と再犯防止」である。

鴻池提案に沿う形で、「我が国においては、国民の暮らしの安全・安心を確保するために、現在、再犯防止対策が国の重要な政策課題となっている。そして、近年の犯罪白書において繰り返し指摘したとおり、再犯防止のためには、特に少年・若年犯罪者に対する処遇が重要である」とされている。[20]

「少年非行の現状と課題」も、「少年犯罪から公衆を保護すること」を少年法の目的とするという狙いから、次のように結論されている。

少年非行の刑法犯検挙人員は、近年減少傾向にあるが、人口比で見ると高い水準にあり、再非行少年率も近年漸増傾向にあるなど、少年非行の現状はなお予断を許さない状況にある。罪名別に見ると、窃盗が最も多く、遺失物等横領、傷害・暴行も多いほか、詐欺による検挙人員の人口比の上昇、若年者も同様な傾向など、新たな非行傾向もうかがえる。非行少年の年齢に着目すると、近年、児童自立支援施設等送致人員に占める一三歳以下の年少者人員の増加や、保護観察処分少年に占める年少少年の構成比の上昇が目立つ。また、少年院入院者の年齢層別区分で見ると、年少少年、年中少年、年長少年となるにつれ、保護処分歴のある者、特に二回以上の少年院送致歴がある者の構成比が高くなっている。以上を踏まえると、今後の少年非行対策においては、児童福祉機関等とも連携しつつ、低年齢層の少年に対して効果的な処遇を行い、早期に非行の芽を摘むとともに、再非行防止に効果的な処遇を推進することがますます求められていると考えられる。

もっとも、同白書は「まとめ」として次のように結んでいる。

非行や犯罪に陥った若者の問題の深化を食い止め、その再犯を防止していくためには、彼らを社会から排除するのでなく、責任ある社会の一員として私たちの社会に再び包摂していくことが何より重要であり、「立ち直り」を目指す少年・若年者に対しては、家庭はもとより、学校、職場、地域社会等によるサポートが大きな意味を持つ。そのためにも、少年・若年者が抱える問題に対する国民の理解と協力を得るよう努めていくことが今関係機関に求められているといえる。

しかし、その内容は「刑事司法機関はもとより、福祉、教育、労働、医療等の多機関が緊密に連携し、本人の問題性を解消し、立ち直りを支援するための効果的な対策を切れ目なく継続的に実施していく必要がある」ということでしかない。鴻池提言に見られる「関係者の連携したサポート体制の構築」と変わらない。

このサポート体制の構築の一環として再犯防止と司法福祉の結合が図られつつあることは前述した。この点については、日弁連から「少年を監視する社会を作り出す危険があり、少年非行対策としては逆効果である」という厳しい指摘があったことに留意しなければならない。

4 再犯防止

補導を行う根拠法令の整備を提言

政府の犯罪対策閣僚会議「犯罪に強い社会の実現のための行動計画」（平成十五年十二月）及び「青少年育成施策大綱」（同）の決定を受けて、それらに掲げられた法制上の課題について具体的な解決策を検討するため、二〇〇四（平成十六）年三月、警察庁に有識者および警察庁の関係者からなる「少年非行防止法制に関する研究会」が設置された。座長は前田雅英・東京都立大学法学部教授で、研究会は同年十二月、「少年非行防止法制の在り方について（提言）」を発表した。

提言は「少年非行等をめぐる現状」と「少年の非行防止・保護のための法制に関する提言」からなる。後者は「少年の補導に関する手続等の明確化」「「不良行為少年」の定義」「警察職員等による補導措置」「少年非行防止ボランティア等」「地域少年非行防止協議会」からなる。補導少年の対象の拡大とそのための根拠法令の整備が提言された。[21]

提言に対し、日弁連は二〇〇五（平成十七）年七月十四日付で「「少年非行防止法制の在り方について（提言）」に対する意見」を発表した。

「少年警察活動の法制化は、法的根拠なく拡大した警察活動を規制する内容とすべきである。とりわけ、「不良行為」なる非犯罪行為について、警察の権限を拡大したり民間ボランティアに強制権限を付与する法律の制定には反対である。」

「国、地方公共団体は、警察中心の非行防止政策ではなく、非行防止政策の国際標準である教育・福祉的な支援政策の抜本的強化、及び、地域の非行防止・立ち直り支援のための社会資源の自主性を尊重し、支援する政策を実施すべきである。」

これらが意見の趣旨であった。[22]

少年法改正からも逸脱する警察活動

二〇〇七（平成十九）年十月三十一日付で警察庁次長から各都道府県（方面）公安委員会委員長及び各都道府県警察の長宛に「少年警察活動推進上の留意事項について（依命通達）」が発出された。[23]

少年補導職員の活動についての留意事項のなかで、「ぐ犯調査」について、「当該警察職員は、少年の心理その他の特性に関する専門的知識を有することから、上司である警察官の命を受け、ぐ犯少年事件（ぐ犯少年に係る事件をいう。以下同じ。）の調査（以下「ぐ犯調査」）も行うことができる（規則第二十八条）。この場合において、警察本部長は、警察職員の指定に係る当該教育訓練の際にぐ犯調査の実施要領についての指導教養も実施することなどにより、適正な職務執行を確保するものとする。」と指示されている点が注目される。

これを受けて、「警察本部長及び警察署長の職務」のなかでも、本部長・署長は、「少年の被疑者、触法少年であると疑うに足りる相当の理由のある者若しくはぐ犯少年と認められる者又は重要な参考人の呼出し並びに面接（捜査・調査の対象となっている少年に対する取調べ及び質問を含む。以下同）の要否及び方法を決定すること。」とされている。

「継続補導」の実施についても、「少年相談に係る少年について、その非行の防止を図るため特に必要と認められる場合には、保護者の同意を得た上で、家庭、学校、交友その他の環境について相当の改善が認められるまでの間、本人に対する助言又は指導その他の補導を継続的に実施するものとする（規則第八条第二項）。継続補導は、専門的な知識及び技能を必要とし、継続的に実施することを要する活動である。このため、原則として、少年サポートセンターに配置された少年補導職員等が実施するものとする（同条第三項）。同項で、やむを得ない理由がある場合には、少年サポートセンターの指導の下、少年警察部門に属するその他の警察職員が実施する」とある。

「やむを得ない理由がある場合」とは、例えば、継続補導の対象となる少年の居住地が少年サポートセンターから遠く離れている場合、警察署に適当な少年補導職員等が配置されている場合等である。また、「少年サポートセンターの指導の下」とは、少年サポートセンターから個別具体的な指導を受けることのほか、少年サポートセンターに対し継続補導の経過に係る一般的な報告を行い、少年サポートセンターから専門的な事項について指導を受ける等の連携を保つことを含む。

少年サポートセンターが継続補導の適切な実施のため必要があるときは、保護者の同意を得て学校関係者その他の適切な者と協力して実施する（同条第四項）［後略］。

本依命通知の前提の一つとなったのは「少年警察活動規則の一部を改正する規則」（平成十九年国家公安委員会規則第二四号）である。その制定について弁護士会から厳しい批判が寄せられた。[24] しかし、このような批判に耳が傾けられることはなく、無視する形でこの依命通知が発出された。警察の動きは少年法改正の範囲を超えているといえる。

再犯防止推進法の制定

二〇一二（平成二十四）年七月二十日、犯罪対策閣僚会議において「再犯防止に向けた総合対策」が決定された。本総合対策は、政府による刑務所出所者等の再犯防止に向けた総合対策であり、策定後一〇年間の取組みにおける数値目標として、「刑務所出所後二年以内に再び刑務所に入所する者等の割合を今後一〇年間で二〇％以上削減する」ことが掲げられた。二〇一四（平成二十六）年の出所者で二年以内に再入所した人の割合は一八・五％に上った（『平成28年版　犯罪白書』参照）。

二〇一六（平成二十八）年十二月七日、議員立法の再犯防止推進法が参議院本会議において全会一致で可決成立した。同法は、再犯の防止等に関する施策を総合的に策定・実施する国の責務、および再犯の防止等に関し、国との適切な役割分担を踏まえて、その地域の状況に応じた施策を策定・実施する地方公共団体の責務を明記し、国及び地方公共団体の相互の連携、国及び地方公共団体と民間団体その他の関係者との緊密な連携協力の確保、国及び地方公共団体から民間団体その他の関係者への情報提供、民間の団体その他の関係者は、犯罪をした者等の個人情報を適切に取り扱う義務などを規定した。

さらに、同法は、刑務所などでの教育や職業訓練の充実、出所者らの職業と住居の確保や保健医療と福祉サービスの利用に関する支援、保護観察体制の整備などを定める再犯防止推進計画を政府が閣議決定すると規定し、自治体も推進計画に基づき地方再犯防止推進計画を定める努力義務を負うとした。政府が実施した施策については国会報告が毎年義務づけられており、国の推進計画も五年をめどに必要に応じた変更が求められている。

同法の成立を受けて、法務省では大臣官房に再犯防止推進室が設置された。推進室では、関係省庁との調整を担い、国の推進計画の原案を作成することとされた。二〇一七年（平成二十九）年十二月十五日の犯罪対策閣僚会議において再犯防止推進法により義務づけられた「再犯防止推進計画」が定められた。計画では「5つの基本方針」、4つの「成果指標」（刑法犯検挙者中の再犯者数及び再犯者率、新受刑者中の再入者数及び再入者率、出所受刑者の2年以内再入者数及び2年以内再入率、主な罪名・特性別2年以内再入率）、「7つの重点課題」（就労・住居の確保、保健医療・福祉サービスの利用の促進、学校等と連携した修学支援、犯罪をした者等の特性に応じた効果的な指導、民間協力者の活動の促進、広報・啓発活動の推進、地方公共団体との連携強化、関係機関の人的物的体制の整備）、などが掲げられた。推進法では、少なくとも五年ごとに再犯防止計画に検討を加えることとされ、推進計画に盛り込まれた個々の施策のうち、実施可能なものは速やかに、実施のための検討を要するものなどは原則二年以内に結論を出し、実施することとされた。

5　少年による殺人事件と裁判員裁判――敵・味方刑法の論理

死刑の量刑に関する永山基準

永山事件に関する第一次上告審判決[25]によると、原審の無期懲役刑の判決が破棄・差し戻された。

同判決で示された「犯行の罪質、動機、態様ことに殺害の手段方法の執拗性・残虐性、結果の重大性ことに殺害された被害者の数、遺族の被害感情、社会的影響、犯人の年齢、前科、犯行後の情状等各般の情状を併せ考察したとき、その罪責が誠に重大であつて、罪刑の均衡の見地からも一般予防の見地からも極刑がやむをえないと認められる場合」という基準は、死刑量刑に係るいわゆる「永山基準」として、その後の裁判所において死刑か無期懲役かの量刑判断に際して参考にされることになった。

なかでも重要視されたのは「犯行後の情状等」である。「極刑がやむを得ないと認められる場合」に関わって改善更生の可能性の有無が死刑か無期懲役かの判断に大きな影響を与えることになった。

光市母子殺害事件死刑判決

永山基準はその後、光市母子殺害事件に関する第一次上告審判決[26]によって事実上大きく変更されることになった。原審の無期懲役判決を破棄し、差し戻した。[27]

本上告審判決で打ち出された判断基準は永山基準と質的に異なっており、「光基準」とでも呼ぶべきものである。同判決は「……特に酌量すべき事情がない限り、死刑の選択をするほかないものと言わざるを得ない」とする。光市基準の判断方法・枠組みは、死刑を例外的な刑罰とはせず、犯罪の客観的側面が悪質な場合は原則として死刑であり、特に酌量すべき事情がある場合に限って例外的に死刑の選択を回避するとの考え方を示した。本判決は永山事件判決の原則と例外を逆転させたものといえる。[28]

さらに、永山基準が各要因を総合的に判断するとしているのに対し、光基準では客観的側面のみで死刑か否かという中間的な判断を導いた後、酌量すべき事情として主観的側面を考慮するとした、客観的側面を重視する思考方法をとっている点も異なっていると指摘されている。[29] 永山基準では死刑回避の理由として重視されてきた改善更生の可能性も、光基準では主観的要素の一つに過ぎないとされている。

このような重大な変更が判例変更という手続をとることなくなされている点も問題であろう。

裁判員の少年事件の理解

平成十五年度司法研究『量刑に関する国民と裁判官の意識についての研究――殺人罪の事案を素材として』[30]は、裁判員裁判制度の導入に先立って、殺人罪の事例を素材にして、一般国民と裁判官の双方に同一内容で同一時期にアンケートを行い、その結果を分析する方法で量刑に関する国民と裁判官の意識の異同を検討している。これによると、被告人が「一〇歳台の未成年者」である場合、そのことが刑の軽重に一般民の解答は及ぼす影響について、一般国民は「どちらでもない」四九・九％、「重くする」一二・三％、「やや重くする」一三・一％、「軽くする、やや軽くする」二四・七％と回答している。これに対して、裁判官の回答は「やや軽くする」と「軽くする」を合わせると約九割になっている。重くする方向に影響する要素であると回答した裁判官はいなかったという。

この結果については、被告人が少年であることは一般国民にとっては、量刑にさほど影響を与えない要素だとまとめることができよう[31]と分析されている。しかし、重罰化の傾向と寛刑化の傾向が併存しているとみるべきではないか。

裁判員裁判では、処罰する側も処罰される側も同じ市民であることを前提とする市民刑法の論理によってではなく、対象者が被害者や処罰する側とは異質の「敵」という存在として格付けられる「敵・味方刑法」の論理に基づいて量刑判断がなされていることが垣間見られよう。敵に対しては厳罰を、そして、味方に対しては寛刑という図式である。為された行為よりも、敵と味方の区別の方が重要となる。行為（行為刑法）

よりも行為者が重視され（行為者刑法）、法定刑にも組織犯罪と一般犯罪のダブルスタンダードが導入される。敵に対しては社会復帰（包摂・統合）は否定されるから、刑罰の意味も変質する。

国民の「健全な社会良識」を量刑にも反映させるという名目で導入された裁判員制度である。しかし、社会良識の実態なるものが「体感不安の悪化」を理由とする敵・味方刑法の量刑への浸食、定着であるとすると、市民的ファシズムに基づく刑事裁判というほかはない。

ここで重要なことは、少年犯罪も敵・味方刑法の主要な対象の一つとされていることである。少年非行も思春期の若者にありふれた現象としてではなく、少年犯罪の前段階としての準犯罪行為として把握されることになる。「割れ窓理論」による警察取締りの対象とされる。社会復帰による社会への包摂ではなく、再犯防止のための社会からの排除が前面に押し出される。後述の石巻事件の場合、大人と同様の厳罰を求めることを理由に、改善更生の可能性が肯定されているにもかかわらず、死刑が選択されているのである（第三章）。

再犯防止という観点からは、成人よりもむしろ少年の方がより長期間身柄拘束をする必要性が高いということになろう。四〇歳の時に二〇年間の懲役を言い渡され、満期釈放された場合、出所時は六〇歳に達しているのに対して、一八歳の時に同じ二〇年間の懲役を言い渡され、満期釈放された場合でも、出所時は三八歳とまだまだ心身ともに元気だからである。裁判員らによってより長期間の施設内処遇の必要性が説かれる所以で、為政者らによる少年に対する社会内処遇の必要性の強調も、社会自体の刑務所化という観点からチェックする必要があろう。

1　「刑法犯少年」とは、「刑法」に規定する罪（道路上の交通事故に係る第二百十一条の罪を除く。）並びに「爆発物取締罰則」「決闘罪ニ関スル件」「暴力行為等処罰ニ関スル法律」「盗犯等ノ防止及処分ニ関スル法律」「航空機の強取等の処罰に関する法律」「火炎びんの使用等の処罰に関する法律」「航空の危険を生じさせる行為等の処罰に関する法律」「人質による強要行為等の処罰に関する法律」「流通食品への毒物の混入等の防止等に関する特別措置法」「サリン等による人身被害の防止に関する法律」「組織的な犯罪の処罰及び犯罪収益の規制等に関する法律」「公職にある者等のあっせん行為による利得等の処罰に関する法律」及び「公衆等脅迫目的の犯罪行為のための資金等の提供等の処罰に関する法律」に規定する罪）を犯した犯罪少年で、犯行時及び処理時の年齢がともに一四歳以上二〇歳未満の少年をいう。

2　警察庁「少年非行情勢（平成二十七年一―十二月）」などを参照。

3　検挙人員三万八九二一人のうち、凶悪犯は五八六人、粗暴犯は五〇九三人、窃盗犯は二万三〇一五人、知能犯は九三六人、風俗犯は五二六人、その他の刑法犯は八七六三人である。窃盗犯（初発型非行）が約六〇％を占める。前年より五二三一人（一八・五％）減少し、中でも全体の約三分の二を占める非侵入窃盗は三〇一二人（一六・八％）減少した。凶悪犯とされるのは殺人、強盗、放火、強姦などで、平成二十二年以降、おおむね横ばいで推移していたが、前年に続いて二十七年中の検挙人員も減少した。初発型非行とされるのは万引き、オートバイ盗、自転車盗、占有離脱物横領などであるが、平成二十二年から六年連続で減少している。平成二十七年中の検挙人員は二万三四五八人（全検挙人員中に占める割合は六〇％）と、前年より六五七九人（二一・九％）減少した。これは刑法犯少年の検挙人員の減少数（九四四〇人）の約七割を占めている。

4　一四歳未満で刑罰法令に触れる行為をした少年を指す（少年法第三条第一項第二号）。刑法第四十一条は「十四歳に満たない者の行為は、罰しない」と規定し、刑事未成年者である触法少年を処罰対象から除外している。児童福祉法による処置が原則として行われる。都道府県知事又は児童相談所長から送致を受けた場合に限って、家庭裁判所の審判の対象となる（少年法第三条第二項）。この場合、家庭裁判所は触法少年に対して保護処分を決定する（少年法第二十四条第一項）。

5　「不良行為少年」とは、少年警察活動規則第二条第六号により「非行少年には該当しないが、飲酒、喫煙、深夜はいかいその他自己又は他人の徳性を害する行為（以下「不良行為」という。）をしている少年をいう。」と規定されている。この法律用語としての不良行為少年は、少年法第三条第一項第三号に規定される虞犯少年と外形的要件（虞犯事由）で共通するが、要保護性の有無でもって概念上区別されていることから、虞犯少年の下位に位置する概念である。上位概念の虞犯少年が少年審判の対象となるのに対し、不良行為少年は補導の対象として取り扱われる。

6　警察庁生活安全局少年課「平成28年中における少年の補導及び保護の概況」三頁。

7　同二二頁。

8　門本泉「非行臨床における自殺予防のための基礎的研究」『心理臨床学研究』二一巻一号（二〇〇三年）九一―九七頁を参照。

9　河喜多寛治・高橋哲・明星佳世子・村井久仁江・岡崎布三代「非行少年の自傷行為に関する基礎的研究（二）」『犯罪心理学研究』四四号（二〇〇七年）七六―七七頁を参照。

10　松本俊彦「自傷行為の理解と援助」『精神神経学雑誌』一一四巻八号（二〇一二年）九八三頁。

11　日本学校保健会発行・文部科学省監修『保健室利用状況に関する調査報告書　18年度調査結果』（二〇〇八年）などを参照。

12　少し古いが、『平成11年　警察白書』によると「少年非行情勢は戦後第四の上昇局面を迎えており、依然として極めて憂慮すべき状況にある」と記述されている。

13　内閣府「少年非行に関する世論調査」（平成二十七年七月調査）などを参照。

14　たとえば、『平成26年版　犯罪白書』は、その「第四編　各種犯罪者の動向と処遇」の「第一章　再犯・再非行」の「第五節　再非行・再犯少年」の項で、次のように分析している。

「再非行少年率（少年の一般刑法犯検挙人員に占める再非行少年の人員の比率をいう。）の推移（最近二〇年間）をみると、平成九年の二一・二％を底として翌年から毎年、平成十年二二・三％、平成十一年二四・八％、平成十二年二六・四％、平成十三年二六・四％、平成十四年二七・二％、平成十五年二八・〇％、平成十六年二八・一％、平成十七年二八・七％、平成十八年三〇・〇％、平成十九年三〇・三％、平成二十年三一・二％、平成二十一年三一・三％、平成二十二年三一・五％、平成二十三年三二・七％、平成二十四年三三・九％、平成二十五年三四・三％と上昇を続けている。」

15　二〇一三年二月二日のニュースサイトを参照。

16　『平成23年版　犯罪白書』によると、法務省大臣官房司法法制部などの資料によって、少年院出院者と三〇歳未満の刑事施設出所者について、平成二十二年までに刑事施設に入所した者の累計を比較してみると、最終出所年が平成八年の者については少年院出院者（初入所者に限る）が二五・一%、三〇歳未満の刑事施設出所者（前刑入所後の犯罪により再入所し、かつ、前刑出所事由が満期釈放又は仮釈放の者に限る）が五五・一%、最終出所年が平成十八年の者では前者が九・二%、後者が三四・〇%である。

17　『司法統計　刑事編』の「通常第一審事件中裁判時少年の終局刑、その他）別―全（地方・簡易）」を参照。

18　具体的提言は、少年問題への早期対応（補導、居場所づくりと家族への介入、関係者の連携したサポート体制の構築）、少年による犯罪が行われた場合の対応（触法少年（一四歳未満で刑罰法令に触れる行為をした者）の扱いについて、刑事責任年齢の引き下げの是非、少年事件の情報の開示、簡易送致の問題）、審判・処遇の扱いについて（施設処遇の強化、保護観察の改善、処遇の多様化、処分後のサポート体制の強化、被害者との関係）と多岐にわたっている。「修復的司法活動の我が国への応用の検討」も謳われている。

19　理由の第四は、提案が健全育成を損なう「非公開原則」（少年法二十二条二項、六十一条）を見直そうとしているが、「このような一般的公開は、まさに少年に犯罪者としての烙印を押して立ち直りを阻害し、地域社会への復帰を困難にするもので、保護主義の理念に真っ向から反するものと言わなければならない」という点である。

第五は、提案が触法少年に対する警察の捜査などを認めるべきだとしているが、「一四歳未満の少年について、警察に捜査類似の権限を付与する提案は、刑事訴訟法の大原則を壊し、少年のみならず捜査の対象となる国民の人権保障に重大な脅威を与えるものと言わなければならない」という点である。

第六は、提案は長崎幼児誘拐殺害事件を念頭に置いて少年院入所年齢の引き下げを発案しているが、「事実の検証もなしに少年院収容年齢を引き下げる発案をするのは本末転倒であり、短絡的と言わざるを得ない」という点である。

第七は、提案が「関係者の連携したサポート体制の構築」を発案しているが、「相反する行動規範、指導理念を有する機関が安易に情報の共有を前提とした、対処行動の連携を行うということは、少年を監視する社会を作り出す危険があり、少年非行対策としては逆効果である」という点である。

20　家庭裁判所における終局処理については、次のように分析されている。「強盗及び覚せい剤取締法違反では、少年院送致の占める比率が高い。傷害・暴行では、保護観察が最も多く、少年院送致はおおむね一〇％前後である。窃盗では、審判不開始・不処分の占める比率が非常に高い一方、保護観察は二〇％前後、少年院送致は四—五％前後にとどまっている。ぐ犯については、少年院送致が二〇％前後、保護観察が三〇—四〇％台で推移している。家庭裁判所の一般保護事件（業過等保護事件を除く）において児童自立支援施設等（児童自立支援施設及び児童養護施設をいう）に送致された人員の総数は、毎年、おおむね三〇〇—三五〇人前後であり、その大部分は年齢一五歳以下の少年である。平成二十二年の児童自立支援施設等への送致人員は、平成五年当時に比べて、おおむね同程度であるが、年齢一三歳以下の少年の送致人員は約三・六倍に増加している。」

刑事裁判の現状についても次のように分析されている。「執行猶予率については、少年では、ほとんどの年で全体より高い水準で推移し、若年者では、一貫して、全体より一〇ポイント前後高い水準で推移している。執行猶予に処せられた者のうち、保護観察に付された者の比率は、いずれの年も、少年と若年者では少年の方が高く、少年、若年者とも全体と比べて高い。」

21 （1）不良行為を行っている少年又は行っている可能性のある少年に対し、必要な質問をすること。

（2）不良行為を止めさせることその他少年の健全育成に必要な指導・助言を行うこと。必要な場合には、不良行為を止めるようになるまで、継続的な指導を行うこと。

（3）上記の質問、指導・助言を行うため、必要に応じ、少年の健全育成上適当な他の場所に同行することを少年に求めること。

（4）少年が、酒、たばこ、ライター、刃物その他の凶器、有害玩具、脱法ドラッグ等少年に所持させておくことがふさわしくない物件を所持している場合には、これらの物件を廃棄することを促し、又は保護者若《も》しくは所有者に引き渡すまでの間、一時預かること。

（5）少年が、家出、無断外泊等を行っている場合のように、直ちに保護者等によって保護されるべき場合であって、保護者等がその場にいないときに、当該少年を警察署等適当な場所において、保護者等に引き渡すまでの間、一時的に保護すること。

（6）不良行為少年の保護者に対しては、当該少年の不良行為の事実を連絡するとともに、必要に応じ、適切な指導・助言を与えること。また、特に必要がある場合には、保護者のほか、学校等に連絡すること。

22 理由のうち、少年法との関係にかかる部分は、「成人ならば国家の介入を受けることのない行為について、一定の保護の必要な少年として少年司法や児童相談所による保護的な介入を受けることがあるとされている。このようなぐ犯少年に対する保護的介入は、自由剝奪等の人権制限の要素を含むものであるから、少年自身の自由、権利に対する警察比例原則（憲法十三条後段）による警察活動の限界線であると解されるのであり、これを超えた警察の関与は許されない。」というものである。

23 表書は「少年警察活動については、少年警察活動規則（平成十四年国家公安委員会規則第二〇号。以下「規則」）及び「少年警察活動推進上の留意事項について」（平成十四年十月十日付、警察庁乙生発第四号。以下「旧通達」）に基づき実施しているところであるが、少年法等の一部を改正する法律（平成十九年法律第六八号。以下「改正法」）、少年法第六条の二第三項の規定に基づく警察職員の職務等に関する規則（平成十九年国家公安委員会規則第二三号。以下「警察職員の職務等に関する規則」）及び少年警察活動規則の一部を改正する規則（平成十九年国家公安委員会規則第二四号。以下「改正規則」）の制定に伴い、少年警察活動推進上の留意事項について新たに下記のとおり定めたので、改正法、警察職員の職務等に関する規則及び改正規則の施行の日（平成十九年十一月一日）からは、これにより少年警察活動を積極的かつ効果的に推進されたい。」というものであった。

24 日弁連の意見の趣旨は、警察官のぐ犯調査権限の及ぶ範囲が不明確で、対象の範囲が過度に拡大することの懸念から、国会での法案修正により、「改正」少年法案第六条の二、同第六条の六から、ぐ犯少年の規定が削除された経過に照らし、規則案第三章第三節「ぐ犯調査」の規定は、削除すべきであるなどというものであった。

25 最高裁第二小法廷昭和五十八年七月八日判決、刑集三七巻六号六〇九頁。次のように判示された。
「（中略）被告人同様の環境的負因を負う他の兄弟らが必ずしも被告人のような軌跡をたどることなく立派に成人していることを考え併せると、環境的負因を特に重視することには疑問があるし、そもそも、被告人は犯行時少年であつたとはいえ、一九歳三か月ないし一九歳九か月の年長少年であり、前記の犯行の動機、態様から窺われる犯罪性の根深さに照らしても、被告人を一八歳未満の少年と同視することは特段の事情のない限り困難であるように思われる。そうすると、本件犯行が一過性のものであること、被告人の精神的成熟度が一八歳未満の少年と同視しうることなどの証拠上明らかではない事実を前提として本件に少年法五十一条の精神を及ぼすべきであるとする原判断は首肯し難いものであると言わなければならないし、国家、社会の福祉政策を直接本件犯行に関連づけることも妥当とは思われない。被告人は、本件犯行の原因として責められるべきは被告人自身ではなく、被告人の親兄弟、社会、国家等の被告人の周囲の者であるとして、自己の責任を外的要因に転嫁する態度を公判廷でも獄中の手記でも一貫して維持しているが、被告人の右のような態度には問題があるし、被告人が結婚したことや被害弁償をしたことを過大に評価することも当を得ないものである。」

「以上の事情を総合すると、本件記録に顕れた証拠関係の下においては、被告人の罪責は誠に重大であつて、原判決が被告人に有利な事情として指摘する点を考慮に入れても、いまだ被告人を死刑に処するのが重きに失するとした原判断に十分な理由があるとは認められない。」

26　最高裁第三小法廷平成十八年六月二十日判決、判例時報一九四一号三八頁。

27　その理由が、次のように判示された。

「（中略）本件において、しん酌するに値する事情といえるのは、被告人が犯行当時一八歳になって間もない少年であり、その可塑性から、改善更生の可能性が否定されていないということに帰着するものと思われる。そして少年法五十一条（平成十二年法律第一四二号による改正前のもの）は、犯行時一八歳未満の少年の行為については死刑を科さないものとしており、その趣旨に徴すれば、被告人が犯行時一八歳になって間もない少年であったことは、死刑を選択するかどうかの判断に当たって相応の考慮を払うべき事情ではあるが、死刑を回避すべき決定的な事情であるとまではいえず、本件犯行の罪質、動機、態様、結果の重大性及び遺族の被害感情等と対比・総合して判断する上で考慮すべき一事情にとどまるというべきである。

以上によれば、原判決及びその是認する第一審判決が酌量すべき事情として述べるところはこれを個々的にみても、また、これらを総合してみても、いまだ被告人につき死刑を選択しない事由として十分な理由に当たると認めることはできないのであり、原判決が判示する理由だけでは、その量刑判断を維持することは困難であるといわざるを得ない。」

28　平川宗信「光市母子殺害事件上告審判決」『ジュリスト』一三三二号（二〇〇七年四月）一六一頁等を参照。

29　原田國男『量刑判断の実際（第三版）』（立花書房、二〇〇八年）三二四頁等を参照。

30 『司法研究報告書』五七輯一号。
31 編集代表・廣瀬健二、編集委員・川出敏裕・角田正紀・丸山雅夫『少年事件 重要判決五〇選』（立花書房、平成二十二年）二五五頁。

第三章　非行少年のプロフィール

1　重大少年事件の実証的研究

少年による殺人などの重大事件一五事例の検討

少年非行・少年犯罪の防止を図り、非行少年・犯罪少年の立ち直りに資するためにも、少年のプロフィールをさらに深く掘り下げる必要がある。この点で注目すべき研究に、『重大少年事件の実証的研究』（司法協会、平成十三年）がある。[1] 合計一六人による共同研究という形で行い、少年による殺人等の重大事件一五事例について、統計的手法は用いず、事例の実像に近づくために事例研究方式を採用し、多様な角度から総合的な検討が加えられている。研究対象事例（単独か集団か、事件本人の年齢、男女、罪名、処分、事件の特徴）は次のようなものである。

［単独犯のケース］

1　一八歳、高三、男、殺人、中等少年院送致、進路問題から親を殺害。

2　一六歳、無職、男、殺人未遂、特別少年院送致、街で通行人を襲う。

3　一五歳、中三、男、殺人・死体遺棄、初等少年院送致、金銭トラブルから殺害。

4　一五歳、中三、男、殺人、医療少年院送致（相当長期の処遇勧告）、進路問題から親を殺害。
5　一三歳、中一、男、殺人、児童自立支援施設送致、注意した大人を殺害。
6　一四歳、中二、男、強盗殺人、初等少年院送致、侵入盗が発覚し家人を殺害。
7　一五歳、中三、男、強盗殺人未遂、初等少年院送致、街で通行人を襲う。
8　一七歳、無職、男、強盗殺人・死体遺棄、検察官送致、訪問先で家人を殺害。
9　一四歳、中三、男、強盗殺人、初等少年院送致（相当長期の処遇勧告）・環境調整命令、侵入盗が発覚し家人を殺害。
10　一八歳、高三、男、殺人、検察官送致、訪問先で家人を殺害。

［集団犯のケース］

11　一六歳ら九人、高・バイト、男、傷害致死、中等少年院送致（比較的長期の処遇勧告）・中等少年院送致（一般短期の処遇勧告）、公園でホームレスを襲う。
12　一四歳五人、中三、男、傷害致死、初等少年院送致、公園で会社員を襲う。
13　一四歳・一五歳、中三、女、強盗致死、初等少年院送致・医療少年院送致、金銭奪取の目的で暴行。
14　一六歳二人、無職、男、殺人、検察官送致・中等少年院送致、金銭奪取の動機で暴行。
15　一八歳二人・一七歳五人、高・無職、男、傷害致死、検察官送致・中等少年院送致、公園で集団リンチ

ちなみに、少年についての一般保護事件の終局処理人員は三万二七四一人で、うち殺人は一二人、殺人未遂は二一人、傷害致死は一三人、強盗致死は一人、強盗致傷は一五六人、暴行は九六八人となっている。殺人、殺人未遂、強盗致死、強盗致傷、傷害致死を合わせても二〇三人で、終局処理人員中に占める割合は

〇・六％に過ぎない。強盗致傷を除くと〇・一四％に下がる。右の事例はまさにレア・ケースといえる。

追い詰められた心理

本研究によると、単独で重大事件を犯した少年たちに共通してみられる特徴の一つとして、「追い詰められた心理」が挙げられている。殺人などの重大事件の場合はたいてい、よほど心理的に追い詰められなければ犯行に及ぶことはないと考えられ、これはよく理解し得る。この追い詰められた心理を端的に示すものとして、自殺未遂又は自殺願望などが認められる。本研究では、重大事件を犯す前に実際に自殺を試みたり、自殺を考えたり、周囲に自殺を相談したりした少年は一〇事例中七事例あったとされる。[2]

自分はだめな人間

「現実的問題解決能力の乏しさ」や「自分の気持ちすら分からない感覚」「自己イメージの悪さ」も共通の特徴の一つとして挙げられている。これもよく理解し得るところであろう。

幼い頃から虐待や体罰などのつらい体験（これを「心的外傷」ということがある。）を受けた場合、心が壊れるのを防ぐために、「自分の感情の半分を壁の向こう側に切り離したり、もともとないものとして抑え込んだり」すること（これを「解離」ということがある。）が起こる。「このような体験を繰り返していると、人としての情緒が育たず、自分がどういう感情を持っているのかさえも自覚することができなくなる」「ささいな刺激によって、抑え込んでいた感情が爆発的に再燃」し、非行に結びつく場合もある。[3]

「自己イメージの悪さ」というのは「自分はだめな人間」だということで、自尊感の欠如ないし自己否定といってもよい。これも幼い頃からの虐待や体罰などに起因するところが大きい。そのために自己肯定感を持てず、自己否定の傾向が強い。人間関係をうまく形成し得ず、他人から「絶えず攻撃されるのではないかという不安を抱き、常に身構えて、率直な自己表現を控え、表面的に調子を合わせ、その分、うっ屈した攻撃感情をため込んで」、それが非行に結びつく場合もある。[4]

自尊感が欠如した少年に「現実的問題解決能力」が欠けているのも当たり前のことだといえよう。たとえ、知的能力に問題がなかったとしても、「日常生活の中で起きる様々な問題を解決したり、複数の様々な種類の解答を考えたりする」能力が育成されることは難しいからである。

歪んだ男性性へのあこがれ

「歪んだ男性性へのあこがれ」も共通の特徴としてあげられている。この点はどのように理解すればよいのであろうか。その背景には家族関係の問題が伏在しているといえよう。父親などとのスキンシップがなかったことから、このスキンシップを通じて獲得される現実的な男性像にではなく、バーチャル空間の「征服者」や「支配者」といった男性像に自己を重ね合わせようとする。本研究では、Wの事例が紹介されている。

Wは、社会を脅威に感じ、対人関係でも緊張感を抱きやすく、日ごろは表面的に周囲に合わせて受動的に振る舞っていますが、家ではホラービデオを毎日繰り返し見て、そこに出てくる征服者に自分を重ねてみたり、凶器の解説本を読みながら、ナイフの切れ味を試したり、エアガンで発砲スチロールを撃ったりして、攻撃的な空間にのめり込んでいきました。そして、実際にナイフで人を刺したときの手応えを味わってみたいと思うようになり、通りがかりの人を刺しました。

少年にとっては、仮想現実と現実との混乱の中で、ナイフで刺したり、エアガンで撃ったりした時の身体感覚としての手応えだけが、生きている手応えであり、自分の存在感を確認できるものであったのだろうと考えられます。[5]

家族関係の特徴

単独で重大事件を犯した少年の家族関係の特徴についても、本研究は「親自身に余裕がない」「「しつけ」と「虐待」のはき違え」「親の期待の強さ」「両親はそろっているがコミュニケーションが乏しい」「夫婦の絆の弱さ」「少年を過大評価する親」「母親や母親に代わる者への基本的な信頼感のなさ」「「よい子」「理想の姿」だけを求めている」「母をサポートできず、男性モデルにならない父」「祖父母の陰に隠れる父母」などの特徴を挙げている。

これらの特徴も前述の「自分はだめな人間—自尊感の欠如ないし自己否定」という点に結びついているように見受けられる。問題の多い母子関係、あるいは父子関係のなかで親の愛情に飢えた少年がその原因を自己に求め、「だめな人間」の烙印を自らに押したとしても不思議ではなかろう。[6]

交友関係の特徴

本研究は「単独で重大事件を犯した少年」の「交友関係等の特徴」として、「周囲の注意や関心を引きつけたい気持ち」「表面的な人間関係」「親密な友人関係の拒絶」「利己的な友人関係」「教師との信頼関係のなさ」などを挙げている。そして、このような交友関係しか築けない理由として「自分が受け入れられた経験がない」点に着眼している。友人関係は対等の関係であり、互いに傷つけ合いながらも相手を受け入れて関係をつくっていくものであるから、父母から自分の存在を受け入れられた経験がないと友人関係をつくることは難しいであろう。

少年は、対人関係の基本である親子関係ができていないため、友人関係の持ち方も下手で、友人関係からも疎外されて傷ついている。友人関係の中で育っていくことのできる子にしていくためには、その前段階として、父母を中心とした大人との安定した関係をつくることが必要である。多くの場合、親の次に近い大人は教師であるから、教師の適切な働き掛けや教師との温かい関係が望まれる。[7]

問題の多い母子関係、父子関係の影響は交友関係等にも及び、少年を一段と「ダメな人間」という意識に追い込んでいくといえようか。

なぜ集団暴力に歯止めがきかないのか

集団での重大事件の場合、その犯行は「集団暴力」という性質を帯びる。被害者に加えられた激しく歯止めのない暴力は、個人の病理というよりは、むしろ集団の性格や集団内の相互作用など、集団の力動によってエスカレートした結果だといえる。

問題は、集団暴力になぜ歯止めがきかないのかである。ここでも自尊感の欠如などがキーワードとなっている。研究では次のように分析されている。

事例の少年たちは、ツッパった態度の奥に弱小感や劣等感を抱いています。もともとが劣等感や自尊心の傷付きを補うための暴力なので、被害者が口答えしたり、反撃したりするなど、少年たちの優越性を揺るがすような言動に出たりすると、少年の自尊心が傷付けられ、被害感や不安感が高まり、それを否定するように加虐性が加速度的に高まると考えられます。

また、被害者が哀願したり、土下座したりするのを見ると優越感が生じる半面、まるで弱々しい過去の自分の姿を見せつけられたような気持ちになり、あたかも弱い自分を払拭しようとでもするかのように暴力が一層エスカレートするようです。[8]

少年犯罪における「偶然」

この実証的研究は、「少年自身の問題、家族関係の問題、そして友人や学校の問題などが重層的、複合的に重なると、いわば事件の心理的な準備状態が作られます。そして、そのような状態が抜き差しならないところまで高じているときに、少年の気持ちを大きく揺さぶるような状況が生じると、それが引き金となって、重大事件へと一挙に結び付いていくものと考えられます。[9]」と結論している。しかし、その他方で「殺人といったような極端な行為は、犯行直前の偶然に積み重なった要因に左右されるところも少なくないと考えられる[10]」とも指摘している。

問題は、この偶然の要因をどう考えるかである。同じように少年自身に問題があっても、家族関係に問題があっても、そして友人や学校などに問題があっても、犯行に結びつかない場合も少なくない。犯行に至らないことの方がむしろ多い。とすると、少年自身の問題や家族の問題、友人や学校などの問題と犯行との間には直接の因果関係がないとも考えられる。少年の刑事裁判の場合、多くは因果関係がないと考えられて、事実認定及び量刑判断がなされているといえよう。

しかし、このような考えには根本的な誤りがある。偶然の要素が大きいことが真に意味するところは、非行少年・犯罪少年とその他の少年との間に決定的な違いはないということだからである。犯行に至らなかった少年においても、少年自身の問題、家族関係の問題、友人や学校の問題などは多かれ少なかれ共有されている。一九五一（昭和二十六）年をピークとする第一の波、一九六四（昭和三十九）年をピークとする第二の波、一九八三（昭和五十八）年をピークとする第三の波に対して、一九八〇年代以降の少年非行の「第四の波」においては、「普通の子」の「いきなり型非行」が特徴として喧伝されている。家庭裁判所の調査官によっても、犯行に至った少年と至らなかった少年との間の垣根はどんどん低くなっていると指摘されている。とすると、少年非行・少年犯罪をもって「特殊な子ども」の「特殊な出来事」と理解することはできないはずである。

にもかかわらず、非行少年・犯罪少年をあたかも「社会の敵」であるかのように扱い、敵刑法の論理で断罪するのはいかがなものであろうか。自己決定・自己責任論にすり替えてはいけない。

誰が非行少年・犯罪少年になるかは偶然の要素が大きいとしても、前述のような遠因が、数としてはごくわずかではあるが、一定割合の少年を非行少年・犯罪少年に追いやっているという意味では、少年非行・少年犯罪はやはり必然であって、まったくの偶然ということでは決してない。

この実証研究では、親の責任については、重大事件の原因を単純に家族に求め、犯人探しをする態度に陥りがちだが、そうなってはならないと留意されている。[11] 同じ姿勢は事件本人の少年に対してもとられるべきではないか。日本の子どもから明日を奪ってはいけない。必然の結果ともいうべき少年非行・少年犯罪を、犯罪被害者と一緒になって非難する資格は誰にもない。

2　闇に置かれた成育歴

大阪道頓堀ホームレス殺人事件判決

国の刑事政策の場面のみならず、少年司法の場面においても、国や社会の責任が棚上げにされ、当該少年及び家族の自己決定・自己責任が強調されている。子どもの権利条約、少年法からの逸脱が見られる。大人以上の厳罰が言い渡されている。

家庭裁判所の少年審判においては、近時は弱まっているとはいえ、どのような保護処分が適切かという観点から少年のプロフィールがまだしも掘り下げられる。しかし、刑事裁判になった暁には、少年のプロフィールを掘り下げる道は大きく狭められる。死刑判決や無期懲役判決の場合にはほとんど閉ざされたといってもよい状態に陥る。大阪道頓堀ホームレス殺人事件大阪地裁判決（一九九七年一月二十三日）のように、被告人の生育暦を闇にしたままで量刑がなされている。

こうした事件と裁判の閉ざされた事実を独自に調査し、非行少年・犯罪少年のプロフィールを等身大で社会に示そうとする労作が出始めている。ノンフィクション作家の北村年子がまとめた『「ホームレス」襲撃事件と子どもたち――いじめの連鎖を断つために』（太郎次郎エディタス、二〇〇九年）もそのような優れた著作のひとつであり、以下の記述はそのルポルタージュに大きく負っている。

弱いもんはいじめられて当たりまえ

大阪地裁での道頓堀ホームレス殺人事件の公判廷で、事件本人は、弁護人からの尋問に対して「弱いもんはいじめられて当たりまえ」と答えている。

学校時代、「てんかん」の病気などもあってひどいいじめを受けていた大阪道頓堀ホームレス殺人事件の事件本人がなぜ、いじめる側に回ってしまったのか。それは、本件の審理にとって避けて通ることのできない問題ということになろう。「いじめの論理」、「安楽死の論理」をただ非難するだけではモグラたたきに終わって、これらの論理を生みだす根元を断つことはできない。事件本人が小・中学生時代に受けていたいじめは、蹴られたり、殴られたり、ロッカーの中に入れられてそのままほっとかれたりとか、手錠をかけられたまま屋上に授業中ずっとほったらかしにされたりとかであった。先生が助けにくることはなく、いじめられているのを見ても〝あまり廊下であばれんなよ〟といわれるだけであったという。[12]

本人がいじめと闘うためには教師や親、クラスメートなどの助力が必要であった。しかし、それはかなえられなかった。

「いじめ」という不当な暴力から自分を守れず、自尊心を奪われ、自分の価値を認めることができなくなった自己評価の低い心は、自分を否定する「自分いじめ」のなかで、さらなる「弱者いじめ」を生みだしていく。より弱い誰かを見つけ、他者の自尊心を奪うことで、自分の価値を取り戻そうとするか、あるいは、弱い自分をさらに否定し、自分のいのちそのものを傷つけ、その手で抹消していく。他者をいじめて殺すか、自分をいじめて抹殺するか。どこまでも再生産されていくいじめの連鎖は、そんな深い闇の谷底に、いま、子どもたちを追い込んでいる。[13]

法廷で本来、裁かれるべきは、相模原事件の事件本人が声高に訴えた「安楽死の論理」にも発展しかねない、このいじめの連鎖ではなかったのか。

強い者の弱い者への新たないじめ

弁護人は、その最終弁論のなかで、次のように裁判官に訴えたという。[14]

はむかってこないホームレスの人にたいして、被告人は、つらくなったとも供述し、複雑な気持ちで自分およびホームレスの人に怒りをぶつけていたと考えられます。そこには、みずからの生活も無職で安定していないことも一つの原因であったと思われます。

被告人自身、本件およびホームレスの人にたいするいじめに関し、より深く考え反省しなければなりませんが、被告人を責めるのみでは、弱者の気持ちを理解しないままの、強い者の弱い者への新たないじめであると思います。

また、ホームレスの人の不就労や不清潔感にたいして、社会一般の人が差別感情を有しており、そのことや、被告人の行為を放置し、見て見ぬふりをしていた人らも被告人の行為を助長してきたと考えられます。被告人がホームレスの人をいじめているときに、だれも止めたことがないということは、被告人自身がその犯罪性、非人間的行為であることに気づくのを遅らせた原因となっており、被告人の行為は現代の社会の反映そのものであり、被告人一人を責められるものではない、と思われます。

被告人は、本件罪の償いをなし、どうしていじめ、そしてFさんを死に至らせたかと考え、社会復帰後は、てんかんの病気というハンディに負けず、力仕事でもなんでもする気で、真面目に働いて、まっすぐに生きていくことを誓っています。

被告人の供述の変遷が、いじめられっ子の体験から強い者である刑事に迎合した結果であることを理解していただき、被告人の供述の何が真実かを考え、供述の変遷および事件の遠因が、てんかんの病気、学業成績の不良、特殊学級とそれにともなういじめ、てんかんのため就労が困難であったことにあることを考慮していただき、寛大な処分をお願いいたします。

判決が切り捨てたもの

本判決は事件本人に懲役六年の実刑を言い渡した。北村によると、その理由とされたのは次のようなものであった。[15]

> 本件は［中略］路上生活者である被害者を共犯者と共同して道頓堀川に投げ落とし、溺死させたという傷害致死の事案であるが、人一人を死亡させたという結果の重大性はもとより、全く無抵抗で何ら落ち度のない被害者を二人がかりで抱え上げ、水面からの高さ約四・五メートルの欄干越しに、水深約三・一メートルの川の中に投げ落とすという犯行態様も危険かつ悪質である上、遊び気分で、後先を考えず弱者を虐待して楽しむという自己中心的な動機に斟酌《しんしゃく》すべき余地は存しない。

判決によると、根拠が不明だが、本件犯行は「遊び気分」でなされたものと認定され、「本件の約一年程前から定職に就くことなく、不良仲間と盛り場を徘徊《はいかい》し、遊興に耽《ふけ》るなどの荒《すさ》んだ生活をしていたこと［中略］、本件犯行が社会の平穏に多大な衝撃を与えたことなどを併せ考えると、被告人の刑事責任は重大であり［中略］、被告人に有利ないし斟酌すべき諸事情を考慮しても、被告人を主文掲記の刑に処するのが相当と判断する」とされた。

北村は「判決が切り捨てたもの」を問題とし、「（本判決によって――引用者）踏みにじられた弱者の痛みはゼロ（事件本人のこと――引用者）のものだけではなかった。「定職」を持てず、「盛り場を徘徊」するしかなかったFさんら野宿生活者の現状、この能率優先の競争社会からはじきだされ、負かされつづけ、逸脱せざるをえなかったすべての弱者の叫びを、裁判官たちはこの判決をもって、ゼロとともに一刀のもとに切り捨てた。」と分析している。[16]

この北村の批判は、かつて永山則夫とその妻が訴えたものであった。[17] 前述の光市母子殺害事件死刑判決や次に述べる石巻事件無期懲役判決などにも妥当するものであった。

少年事件の刑事裁判は、少年のプロフィールの掘り下げなどを通じて事件の真の遠因を探り、その刑事裁判において真に裁かれるべきものとは何かを明らかにするという役割を進んで放棄し、少年に厳罰を言い渡すためだけの儀式にますます形式化しつつある。新自由主義の自己決定・自己責任の考え方が少年の刑事裁判にも深刻な影響を及ぼしている。

3 死刑判決

石巻事件裁判員裁判

仙台地方裁判所は、裁判員裁判により、被告人（犯行当時一八歳）に対し、二〇一〇年十一月二十五日、求刑どおり、死刑判決を言い渡した。二〇一六年六月十六日、最高裁第一小法廷は死刑とした第一審・第二審判決を支持して、被告人の上告を棄却し、死刑判決が確定した。

仙台地裁の第一審判決によって認定された石巻事件の犯罪事実のうち、第一事実及び第二事実、第三事実は次のようなものである。

【第一事実】

被告人は、平成二十二年二月四日から同月五日までの間、宮城県東松島市a字bc番地d所在のA方一階茶の間において、B（当時一八歳）に対し、金属製の模造刀一振及び鉄棒一本で数十回その全身を殴打し、火の付いたたばこを前額部等に押し付けるなどの暴行を加え、よって、同人に全治約一か月を要する前額部熱傷、全身打撲等の傷害を負わせた。

【第二事実】

被告人は、就寝中のC（当時二〇歳）、D（当時一八歳）及びE（当時二〇歳）を殺害しようと計画し、同月一〇日午前六時四〇分ころ、同県石巻市e町f丁目g番h号所在のF方二階八畳寝室（以下「本件寝室」という。）において、

1　Cに対し、殺意をもって、あらかじめ準備していた刃体の長さ一八cmの牛刀一丁（以下「本件牛刀」という。）で、その腹部を突き刺し、よって、同日午前七時二六分ころ、同市i字jk番地所在の甲において、同人を腹部刺創による出血性ショックにより死亡させて殺害し、

2　Dに対し、殺意をもって、本件牛刀で、その胸部、左上肢等を数回突き刺し、よって、同日午前七時三四分ころ、甲において、同人を胸部・左上肢刺創による失血により死亡させて殺害し、

3　Eに対し、殺意をもって、本件牛刀で、その右胸部を突き刺したが、同人に一週間の入院加療及びその後二週間の安静を要する右胸壁刺創、右肺損傷等の傷害を負わせたにとどまり、殺害の目的を遂げなかった。

【第三事実】

被告人は、就寝中のBを拉致しようと計画し、同日午前六時四〇分ころ、本件寝室において、Bに対し、本件牛刀で、同人の左足を切り付け、さらに、第二事実の犯行現場に居合わせ、犯行直後の状況を目撃して、極度に驚愕、畏怖する同人の腕をつかんで、無理矢理立たせて引っ張り、そのまま、同市e町f丁目1番m号所在の駐車場内に停止中の自動車まで連行した上、同人を自動車に乗車させて発進させ、同人を自己の支配下に置き、もって、未成年者である同人を略取するとともに、本件牛刀で同人の左足を切り付ける暴行により、同人に全治約一週間を要する左下腿切創の傷害を負わせた。

【第四事実】

被告人は、業務その他正当な理由による場合でないのに、同日午前六時四〇分ころ、本件寝室において、刃体の長さが約一八cmの本件牛刀一丁を携帯した。

量刑の理由

第一審判決によると、まず初めに「本件の罪質」が取り上げられ、次のように判断される。

被告人は、被害者に対し日常的に暴行を加え続け、被害者が自己の下を離れてしまうと同人を自らの下に連れ戻すために、これを邪魔する者を排除しようとして二人を殺害し、一名に対して重傷を負わせ、被害者を連れ去っており、被害者を一人の人間としてではなく、自己の思いどおりに弄ぶことのできる玩具であるかのように扱っていたことをも併せ考えると、本件は、自分の欲しいものを手に入れるために人の生命を奪うという強盗殺人に類似した側面を有する重大な事案であるといえる。

続いて「本件の犯行態様」が取り上げられ、次のように判断される。

被告人の殺人、殺人未遂の各犯行態様は、極めて執拗かつ冷酷で、残忍さが際立っているといえる。他方、確かに、被告人が犯行現場において、まず、被害者に声を掛けて連れ出そうとし、直ちに被害者姉らに対する殺傷行為に及んではいないことに照らせば、弁護人が主張するとおり、本件は綿密に計画された犯行とまでは認められない。しかしながら、被告人は、被害者の連出しを邪魔した者は殺害する意図のもとに凶器や革手袋を準備し、共犯者を身代わり犯人に仕立て上げようとするなど周到な計画を立てた上で、その計画どおりに犯行に及んでいるのであって、犯罪実現の可能性の高さからいえば、このような計画性は被告人に不利な事情として考慮せざるを得ない。もっとも、その計画には稚拙な側面があることからすれば、上記計画性をそれほど重視することは相当でない。

続いて「被害結果」（処罰感情）が検討され、次のように結論される。

被害男性が「被告人が死刑になるのを見届けるまで死んでも死にきれません。」と述べて被告人に極刑を望む心情も、当然のものとして理解できる。また、被害者姉の遺族は、家族への心配りを欠かさなかった一家の大黒柱であった娘を二〇歳という若さで突如失っており、実妹である被害者を含め、被告人に対しては一様に極刑を望むなど峻烈な処罰感情を有している。同様に、被害者友人の遺族、高校の卒業式を目前に控え、心優しく、「人というものを考えぬき沢山の人々を救う手助けをしていきたい」と福祉関係の仕事に就くことを夢見て、大学進学も決まっていた一八歳の娘を失って深く悲しんでいる上、「私は犯人を絶対許せません。」と述べて被告人に極刑を望んでおり、その処罰感情はやはり峻烈である。このような被害男性や被害者遺族らの処罰感情も、被害結果の重大さ、深刻さの現れとして量刑上考慮するのが相当である。

「犯行動機」についても次のように判断されている。

弁護人は、被害者の言動に影響された被告人が、被害者に対する愛情から、意に反して閉じ込められている被害者を救い出そうとしたとして、犯行動機には同情の余地がある旨主張する。しかし、一連の事実経過からしても、被害者が意に反して閉じ込められていたという事実は認められない上、被害者の言動は、思いどおりの返答をしないと暴力を振るう被告人の態度に起因するものであって、仮に被告人が被害者の言動に影響されたとしても、そのことを被告人に有利に考慮することはできない。そもそも、被告人の従前の行動からすると、被告人の被害者に対する感情は支配的なものであって愛情とは評価できない上、仮に、被告人の感情を愛情と評価したとしても、それが本件各犯行を正当化する理由には到底ならない。したがって、弁護人が指摘する各事情は、被告人にとり有利に考慮することはできない。

量刑では、近隣住民に多大な不安を与えたことも考慮されている。

本件は、当時一八歳の少年が、早朝の住宅密集地の民家に侵入し、二人を殺害し一人に重傷を負わせた上、一人を拉致して逃走したという重大事案で、近隣住民へ多大な不安を与えるなど大きな社会的影響を与えたことも、検察官が主張するとおりであり、量刑上看過できない事情といえる。

被告人の更生可能性

被告人の「更生可能性」は、永山基準の適用に際して重視され、被害結果から見て重大事案であったとしても更生可能性がある場合には死刑を回避するとされる傾向にあった。この更生可能性について、本判決では次のように判断されている。

被告人は平成二十一年六月に実母に対する傷害事件で保護観察処分を受けたにもかかわらず、被害者に対する暴行を繰り返し、更に暴行をエスカレートさせたばかりか、警察からの警告を受けても自らの態度を改めることなく、本件各犯行に及んでおり、その犯罪性向には根深いものがあるといえる。また、交際相手であった被害者や自分の家族に対して常習的に暴行を加えていること、第二事実においては躊躇せず被害者姉らに対して残虐な殺傷行為に及んでいること、自らの保身を図るため共犯者に対しても凶器等を準備させた挙げ句、身代わり犯人となるよう命令していること、被告人が本件犯行後、被害者に性交を強要し、血の付いた牛刀を被害者に示して包丁の根本まで血が付いているのを確かめながら「姉ちゃん、動かなかったから、イッたべ」と告げ、被害者姉らが死亡した内容のニュースを見せ、「何で泣いてるの。」と言ったこと等の被告人の言動からすれば、検察官も指摘するように、被告人には他人の痛みや苦しみに対する共感が全く欠けており、その異常性やゆがんだ人間性は顕著であるといわざるを得ない。また、被告人の上記言動からすれば、他者への共感の前提となる周囲の者の言動に関する認識自体に相当なゆがみも認められる。

他方で、被告人は、公判廷で被害者姉らに申し訳なかった旨述べ、涙を流すなどして本件各犯行を後悔し、極刑をも覚悟して自らを厳罰に処して欲しいと述べるなど、一応の反省はしているといえる。しかし、被告人が被害男性や被害者遺族らに対して手紙を送付したのは一回にとどまり、被害男性らの精神的苦痛を和らげるに足りる謝罪をしていない上、被告人が述べる反省の言葉は表面的であり、自分なりの言葉で反省の気持ちを表現したものとまではいえない。事実関係についても、現時点においてもなお、自己の事実認識にゆがみがあることについての自覚に乏しく、また、他方で自己に不利益な点は覚えていないと述べるなど不合理な弁解をしている。以上の事情からすれば、被告人は、本件の重大性を十分に認識しているとは到底いえず、その現れからか、被告人の反省には深みがないといわざるを得ない。

また、弁護人は、被告人と実母との関係改善などを指摘するが、実母が被告人の抱えている人間性のゆがみを正確に認識しているかについて疑問がある上、実母による従前の監督状況やその被害者遺族に対する対応などに鑑みると、実母による指導、監督に期待することはできない。

「更生可能性」がないとまでは言い切れないことから「更生可能性」の有無については明言を避けている。「被告人の反省には深みがないといわざるを得ない」や「実母による指導、監督に期待することはできない」などと、消極的に理解されているといえよう。

本件当時一八歳七か月の少年

それでは、被告人が犯行当時一八歳七か月の少年であったということは、本判決ではどのように考えられているのであろうか。

弁護人は、被告人が本件当時一八歳七か月の少年であることを指摘するが、この点は、被告人の刑を決めるにあたって相応の考慮を払うべき事情ではあるが、先に見た本件犯行態様の残虐さや被害結果の重大性に鑑みると死刑を回避すべき決定的な事情とまではいえず、総合考慮する際の一事情にとどまり、ことさらに重視することはできない。また、弁護人は、被告人の鑑別結果において矯正の可能性があると判断されている旨指摘する。しかし、弁護人が指摘する鑑別結果の総合所見については、生育環境上の問題に根ざした人格の偏りは大きく、暴力や共感性等の問題は深刻で、その矯正には相当の時間を要するという点に主眼があるというべきであって、他方、矯正可能性を認めた根拠は、被告人の年齢などの抽象的なものに過ぎず、当裁判所が認定した上記事実を排斥してまで被告人の矯正可能性を認める根拠にはなりがたい。さらに、弁護人は、被告人の不安定な家庭環境や母から暴力を受けるなどしたという生い立ちが本件犯行の遠因であるとして、この点を被告人に有利に考慮すべきである旨主張するが、弁護人が主張するとおりの事情が認められるとしても、本件犯行態様の残虐さや被害結果の重大性に照らせば、この点を量刑上考慮することは相当ではない。

少年法の趣旨を排除

犯行当時一八歳七か月という事情は総合判断にあたっての一要素に過ぎないとされている点に、本判決の特徴は見られる。裁判後、裁判員が「大人と同じ刑で判断すべきだ」と語ったとされるが、まさにそのとおりの事実認定、量刑判断になっている。弁護人の挙げた、被告人には「矯正可能性」があるという根拠も、「被告人の年齢などの抽象的なものに過ぎず、当裁判所が認定した上記事実を排斥してまで被告人の矯正可能性を認める根拠にはなりがたい。」として退けられている。

裁判員から見ると、検察官の論告・求刑に比べて弁護人の弁論は分かりにくいとされるが、この傾向は少年事件の場合、より強いものがある。検察官は成人事件と少年事件を区別することなく論告・求刑するのに対して、弁護人は成人事件と少年事件とでは弁論の方法を変えているからである。裁判員は検察官と弁護人の弁論方法の違いに戸惑っており、ときには「少年に甘すぎる」として嫌悪感を抱くという。

本判決は、表面上は改善更生の可能性の有無を重視する永山基準を適用する形で量刑判断をしているが、実際には光市母子殺害事件上告審判決で最高裁が打ち出した「光基準」を適用している。死刑回避のための「更生可能性」の立証責任は被告・弁護側にあるとされ、被告・弁護側がこの立証責任を果たせなかった場合には死刑回避は認められないとされているからである。事実上の挙証責任の転換で、「疑わしくは被告人の有利に」ではなく「疑わしくは被告人の不利に」となっている。

被告人の「生い立ち」を量刑上考慮することも「本件犯行態様の残虐さや被害結果の重大性に照らせば」相当ではないとされている。少年事件が逆送され、刑事裁判に付されるのは多かれ少なかれ「犯行態様の残虐さや被害結果の重大性」に鑑みてである。その場合には「生い立ち」を考慮しないというのでは、少年事件の刑事裁判では少年法の趣旨は援用されなくてもよいということになる。事実上の法改正だといってもよい。

日弁連は、この石巻事件裁判員死刑判決について「少年事件については死刑を回避すべきだ」という旨のコメントを発表したが、真に俎上に挙げられるべきは、家庭裁判所の少年審判なら格別、刑事裁判では少年といえども大人と同じように扱ってよいという理解とそれに基づく事実認定および量刑判断ではないか。

語られることのない被告人のプロフィール

本判決の事実認定で驚くべきことは、「事件当事者」のプロフィールがほとんど浮かんでこない点である。どのような家庭で育ったのか。育てられ方はどうだったのか。家庭の経済状況はどうだったのか。学校生活はどうだったのか。いじめを受けたことはなかったのか。学業はどうだったのか。クラブ活動はしていたのか。高校は卒業したのか。就職はできたのか、等々。生育環境上の事情についてはほとんど詳らかにされていない。掘り下げようとする意識がそもそも感じられない。

判決では「被告人には他人の痛みや苦しみに対する共感が全く欠けており、その異常性や歪んだ人間性は顕著であるといわざるを得ない。また、被告人の上記言動からすれば、他者への共感の前提となる周囲の者の言動に関する認識自体に相当なゆがみも認められる。」「生育環境上の問題に根ざした人格の偏りは大きく、暴力や共感性等の問題は深刻で、その矯正には相当の時間を要する」とされる。しかし、このような「共感性のなさ」「異常性」「歪んだ人間性」「人格の偏り」がどうして形成されたかについては語るところは少しもない。

沖縄若者支援NPO法人代表強盗殺人事件

事件本人のプロフィールを問題にしない傾向は、無期懲役判決でも多かれ少なかれ共有されている。石巻事件第一審判決から六年後の二〇一六年一月二十二日、那覇地裁で裁判員裁判の判決言渡しがあった。

二〇一五年四月、沖縄市内のNPO法人の事務所兼住宅に窃盗目的で家宅侵入した沖縄市出身で住所不定・無職の少年（事件当時一八歳）が法人代表の女性（当時六三歳）に見つかったために代表の背中を包丁で刺すなどして殺害し、現金約二万円の入ったバッグを奪うなどした事件が発生した。法人は約三〇年間、引きこもりや不登校の子ども・若者の育成支援に尽力した県内の草分け的存在で、代表は厚生労働省や内閣府からも表彰されていた。帰宅した長女が発見し、一一〇番通報した。殺害現場と窃盗があった別の住宅のいずれでも少年の指紋があったことから、捜査本部は窃盗と住居侵入の疑いで少年を指名手配した。少年は愛知県警によって名鉄河和《こうわ》線高横須賀駅（東海市）のトイレで発見され、逮捕された。少年の身柄は沖縄署に移され、強盗殺人容疑で再逮捕された。那覇地検沖縄支部は少年を那覇家裁沖縄支部に送致した。家裁沖縄支部は二週間の観護措置の後、少年を検察官送致した。送致を受けた那覇地検は少年を強盗殺人罪などで起訴した。

公判では、事実認定の面では強盗目的だったか、計画的な犯行だったかが、また、情状面ではADHD（注意欠陥多動性障がい）の影響如何が争点とされた。

弁護側はＡＤＨＤの影響で犯行は計画性がなく、女性に見つかったため「パニック状態で刺した」もので、二度の少年院入院中、投薬治療が施されず、ＡＤＨＤが人格形成に影響したと指摘し、最終弁論で「更生可能性は十分ある」として少年法の趣旨に基づき酌量減軽を求めた。少年も最終陳述で遺族が悲しんでいるということを理解し、「何が最善かを考えたい。申し訳ありません」と長女に謝罪した。

しかし、判決は、「包丁を持って侵入しており、家人に見つかったら強奪する意図があった」と強盗目的を認定し、ＡＤＨＤについても「犯行への影響は小さい」として弁護側の主張を退け、「包丁をかなりの強さで突き刺し、首を強い力で締め続けており、犯行は危険かつ執拗で、強い非難に値する」などとして、検察官の求刑どおり無期懲役を言い渡した。これには意見陳述で証言台に立った女性の長女が声を震わせ、「どうか厳正な処分を」と訴えたことも大きかった。

ちなみに、少年を鑑定した精神科医は、少年は幼少期から中学生まで重度のＡＤＨＤで、犯行時も中等度のＡＤＨＤだったが、犯行への影響は強くないとしていた。本判決でも、少年のプロフィールは問題とされていない。ＡＤＨＤがもっぱら問題にされているだけである。

なぜ、少年のプロフィールを闇にしたままで量刑できるのだろうか。日弁連の「少年審判における社会調査のあり方に関する意見書」（二〇〇九年五月七日）もこの点を問題にしている。この点については第二部であらためて取り上げることにしたい。

1　家庭裁判所調査官研修所監修『重大少年事件の実証的研究』（司法協会、平成十三年）。
2　同書三八頁によると、その背景が概要、「生きている実感がわかず、自殺未遂の後、生きようが死のうがどちらでもよいという心境になり、人の命を奪うことへのハードルがぐっと低くなったのではないかと考えられる事例」のほか、「「自分では自殺できないから、殺人をすれば自殺できる。」と考えた少年や、「殺人をすれば、今の状況から解放されて何かが変わる。」と思い込んだ少年も見られました。」「追い詰められたときに、その状況をなんとか打破しようとして、あたかも負けそうになったゲームをリセットするかのように、過去の自分や否定したい自分を抹消しようとする心理が生じているのではないかと考えられます。」とコメントされている。

3　同書四二頁。

4　同書四三—四四頁。「自己イメージの悪さ」について、「検討した事例の少年には、自殺願望や自殺未遂が多く見られましたが、自分を大切な存在と思える人は、自殺を思いとどまることもできるし、自殺する代わりに人を殺すといった観念に支配されることもないと思われます。しかし、少年に共通していたのは、自己イメージが悪く、物心ついたころから、「自分はだめな人間」という観念が強かったり、常に劣等感を抱いたりしていたことです。」と分析されている。

5　同書四七頁。

6　本研究では、たとえば、「母親や母親に代わる者への基本的な信頼感のなさ」について次のように分析されている。

「生まれたばかりの子どもは、全くの無力であり、混沌とした世界に生きています。そして、母親を始めとする周囲の大人が濃密なかかわりを持ち、子どもの基本的な欲求を満たすことによって、少しずつ周囲の世界への安心感や人に対する信頼感を身に付けていくといわれています。

しかし、この時期に親との相互交流が円滑に行われないと、子どもは周囲の人がどのような反応をするか分からないという不安を抱えたまま、自分の殻に閉じこもり、周囲とのかかわりを避けようとするようになります。[中略]いずれの場合も、少年とのコミュニケーションが乏しかったり、一方通行であったりして、母親が少年に適切に波長を合わせることができなかったことが指摘できます。少年が、心の奥底で、周囲の世界に対して、基本的な安心感や信頼感を持てないまま成長していったとすれば、その性格形成に大きな影が落とされることは、想像に難くありません。」(同二一—二二頁)。

7　同書三〇頁。

8　同書七六頁。
9　同書三三頁。
10　同右。
11　同書一三頁。「家族の問題を考えるときに注意しなければならないことは、重大事件の原因を単純に家族に求め、犯人探しをする態度に陥りがちになることです。そもそも子育てに完璧さを求めること自体が無理ですし、問題のない家族はどこにもなく、それぞれの家族には、それぞれに積み重ねられてきた家族の歴史や家族関係のパターンがあり、特定のだれかに事件の原因があるということはとてもできません。家族の問題を正しく認識し、その解決のために努力し、悩みを抱え込まないで周囲に相談するといった姿勢こそが大切です。」
12　北村年子『「ホームレス」襲撃事件と子どもたち』（太郎次郎社エディタス、二〇〇九年）一七九頁以下などを参照。
13　同一八七―一八八頁などを参照。同一七二頁でも、この「いじめ社会の共犯性」や「「人間」を襲うという「弱者いじめ」の背景を、個々の「家庭環境」や「成育歴」、あるいは学校のなかでの「非行歴」や「学業・成績」のよしあしにのみ帰結させ、問題視していくことに、私は大きな疑問と危険性を感じている。……彼らの行為・犯罪・事件を、あくまで、この社会システムを支えている意識全体の「共犯性」から問い直していくことが必要であり、その作業なしにこの「いじめ社会」を越えるための道すじも手がかりも見いだせない、と私は思っている。」と訴えている。
14　同二〇四―二〇六頁。
15　同二二六―二二七頁。
16　同二二八頁。
17　連続ピストル射殺犯として処刑され、同殺人被告事件を契機にして判例の死刑量刑基準が定められ、獄中で執筆した小説「木橋（きはし）」（後に永山則夫『木橋』立風書房、一九八四年、に収録）で第十九回新日本文学賞を受賞した永山則夫（一九四九年六月二十七日―九七年八月一日、北海道網走市生まれ。明治大学付属中野中学校定時制中退、事件当時未成年）の妻・和美はかつて次のように訴えた。
「わたしは一人の人間として、悲しみ、怒り、そして恥じているのです。私の幼かった日々と照らし合わせれば、あまりにも則夫のこれまでの悲惨な個人史が、私を恥ずかしくさせるのです。一切の人間愛を知らされなかった、貧しく、弱弱しく、汚ならしい則夫の姿に、人間社会が与えたものといえば、偏見と差別だけだったのです。それが、ひとりぼっちでその日その日を生きなければならない苦痛だらけの十代だったのです。そしてそれは、則夫がこの世に生まれてから獄中へ入るその時まで、たえまなくつづいておりました。果たして、本当にこのような状態の中で則夫は〝生きて〟いたといえるのでしょうか……。（国、社会、親は—引用者）なぜ、なぜ則夫を捨てた！」

「私の両手には、則夫が生まれてこのかた、まだ一度もあたためられずにいた両手の冷たさが、伝わりつづけているのです。」（『木橋』、二六一頁）

しかし、このような悲痛な訴えが国家に届くことはもちろんない。それらの声を自己決定・自己責任の名の下に完全に切り捨てるところに「刑罰国家」の本質が存するからである。官だけではなく、民もこの切り捨てに協力している。「わたしには、現代日本の社会システムの中でもがき苦しむ若者たちが、あたかも「監獄から出られない囚人たち」のように映ってしまう。気づかない間に、あるいは生まれた時からすでに「窮屈さ」を宿命づけられている。」（藤田孝典『貧困世代　社会の監獄に閉じ込められた若者たち』（講談社現代文庫、二〇一六年、九頁）といった分析が生かされることもない。

第四章　少年事件のメディア報道

1　犯罪報道の犯罪

加熱する犯罪報道

昭和三〇年代後半から日本経済が高度経済成長期に入ると、新聞各社は広告料収入の確保や読者の獲得などを目指して紙面を大幅に増やすようになった。紙面増の中心は社会面で、犯罪報道を中心にして社会面の増頁に対応しようとした。そのために犯罪（事件）報道が急増し、社会面の大きな部分を占めることになった。基本的には警察情報に基づくために記事の作成にコストがあまりかからないということが主な理由であった。

犯罪報道をめぐる報道競争も激化した。情報源は基本的には警察記者クラブでの警察発表か、「夜うち」「朝駆け」で刑事から個人的に得た情報などのために、この競争は「特ダネ」か「特オチ」かの点と、警察情報をどう加工するかという点に限られた。犯罪の社会的な背景を掘り下げた記事は稀で、勧善懲悪の単線的な記事や「犯罪被害者の遺族は毎日、仏壇の前で手を合わせて裁判官が犯人を極刑に処してくれることを願っている」といった定型的な記事が目立った。重大事件になればなるほど、犯人の異常性、凶悪性が強調され、その他方で、被害者の悲劇性に紙幅が費やされた。報道は極端に捜査側の立場に立っていた。警察情報をチェックするという姿勢は乏しかった。警察情報を錦の御旗にいわゆる「書き得」や「載せ得」の傾向が見られた。報道被害への配慮は希薄であった。残虐さや悲惨さを競うパニック報道、センセーショナルな見出しが躍る報道などが定着するようになった。[1]

加熱する犯罪報道に比例するかのように、報道被害の問題も度々取り上げられるようになった。当時、共同通信記者であった浅野健一は『犯罪報道の犯罪』（講談社、一九八四年）を公刊し、実名報道や犯人視報道などといった日本の犯罪報道のあり方に疑問を投げかけた。日弁連も一九八七（昭和六十二）年に「人権と報道に関する宣言」を公表し、匿名報道を求めた。しかし、事態は改善するどころか、むしろ悪化に向かった。[2]

犯罪被害者らから報道被害の深刻さが訴えられ、メディアの姿勢に強い疑問がもたれるようになった。報道機関側は放送倫理・番組向上機構の設立や新聞倫理綱領の改訂などに動いたが、自浄作用は疑問視され、犯罪被害者の早期保護が叫ばれた。二〇〇〇年代に入ると政府内でマスコミ規制を求める動きが活発になった。廃案となったが人権擁護法案が二〇〇二（平成十四）年に国会に上程され、個人情報保護法案も翌二〇〇三年に制定された。報道各社はメディア規制法案として反発したが、足並みはそろわなかった。

国の犯罪被害者等基本計画検討会が策定した犯罪被害者等基本計画案（検討会とりまとめ）」（二〇〇五年）では、事件・事故の被害者を実名・匿名のいずれで発表するかは警察が判断する方針が打ち出された。警察による被害者の実名発表、匿名発表については、犯罪被害者等の匿名発表を望む意見と、マスコミによる報道の自由、国民の知る権利を理由とする実名発表に対する要望を踏まえ、プライバシーの保護、発表することの公益性等の事情を総合的に勘案しつつ、個別具体的な案件ごとに適切な発表内容となるよう配慮していくとした。知る権利とプライバシー保護の調整は警察に委ねられることになった。

少年法第六十一条の規定

少年法第六十一条は「家庭裁判所の審判に付された少年又は少年のとき犯した罪により公訴を提起された者については、氏名、年齢、職業、住居、容ぼう等によりその者が当該事件の本人であることを推知することができるような記事又は写真を新聞紙その他の出版物に掲載してはならない。」と規定している。

一九五一（昭和二十六）年二月三日、床次《とこなみ》徳二衆議院議員は原喜重衆議院議長に対し、「少年法第六十一条（記事等の掲載の禁止）に関する質問主意書」（質問第六二号）を提出した。内容は「少年保護事件につき、旧少年法（第七十四条）には記事等の掲載に罰則があったが、現行少年法には罰則が除かれている。その立法の趣旨如何。」「新聞社は、往々少年保護事件をスクープし、紙上に記事等を掲載するため、少年の保護、更生に支障を与えがちである。これに対する当局の見解如何。」「少年法第六十一条に罰則を設ける立法的措置をとる意図ありや。当局の見解如何。」というものであった。[3]

床次議員の懸念するような事態はしばらくの間は起こらなかった。メディアが少年非行・少年犯罪を大きく取り上げることはなかったからである。少年法第六十一条の規定があったことから、少年非行・少年犯罪の報道は自制されていた。

少年の顔写真と実名を報道

このような自制の態度は女子高生コンクリート詰め事件などを契機として崩れていくことになった。契機としてとりわけ大きかったのは一九九七（平成九）年に発生した神戸児童連続殺傷事件で、同事件をきっかけに少年犯罪報道が一気に増大した。[4] 少年法第六十一条を無視し、確信犯的に少年の顔写真と実名を報道するメディアが現出することになった。

同事件について、『週刊新潮』は審判に付される前の時期をねらって少年の顔写真を掲載した。新潮社の写真週刊誌『FOCUS』も一九九七（平成九）年七月九日号で少年の顔写真と実名を掲載した。ウェブサイトでも顔写真が流布された。法務省は『週刊新潮』と『FOCUS』に対し回収を勧告したが、両誌とも拒否した。大半の大手業者は販売を自粛したが、新潮社は販売を強行し、一部の書店では販売された。即刻完売したという。

審判終了後、『文藝春秋』は一九九八（平成十）年三月号で「少年Aの全貌」という見出しの下に少年の検察官面前調書を掲載した。この調書は少年の精神鑑定を行った医師が院長として勤務する精神科病院から盗み出されたものであった。同誌は各地の公立図書館で閲覧停止措置がとられた。編集部は掲載によって少年とその家族が激しい社会的バッシングに襲われることは確実と予想していたが、知る権利を優先して掲載に踏み切ったという。予想どおりすさまじいバッシングが少年と家族を襲った。その後、『FOCUS』も少年の犯行記録ノートや神戸市教育委員会の指導要録などを掲載した。

二〇一四（平成二十六）十二月七日に名古屋市で発生した名古屋大学女子学生殺人事件でも、新聞記事では事件当時女子学生は一九歳だったために少年法第六十一条に基づき匿名報道とされたが、『週刊新潮』は殺人容疑で逮捕された女子学生の顔写真と実名を掲載して、生い立ち等を実名報道した。

2　少年事件報道の動向

犯罪少年はどのように描かれるか

今や少年事件報道が犯罪報道を牽引している。少年による殺人事件のうちで、どの新聞社でも神戸児童連続殺傷事件（一九九七年）の報道件数が圧倒的に多い。[5] 問題は報道の特徴である。犯罪少年の描かれ方はどうかという点である。これについては二つの類型がみられるとされる。[6]

一つは「普通の子」、「よい子」、「まじめな子」の凶悪犯罪という描かれ方である。『普通の子』キレて凶行、栃木の教師刺殺事件　遅刻注意されて『ざけんじゃねえ』」（朝日新聞、一九九八年一月二十九日朝刊、見出し）、「まじめで勉強できる子が危ない　愛知体験殺人　家族も友人も気づかなかった　高三特待生の異常」（週刊朝日、二〇〇〇年五月二十六日号、一四二―一四四頁記事タイトル）、「つかこうへいが行く！　十七歳少年主婦惨殺事件の現場　母親たちよ〝良い子幻想〟を捨て去れ」（女性自身、二〇〇〇年六月六日号、二〇六―二〇七頁記事タイトル）、「長崎・幼児誘拐殺人　〝普通の子〟がむき出した悪意」（サンデー毎日、二〇〇三年七月二九日号、三―五頁記事タイトル）、「『普通の子と違うのか』会見で判断つかぬ」（朝日新聞、二〇〇四年九月十六日朝刊、見出し）などがそれにあたる。

この場合、「心の問題」として語られる傾向にある。二〇一四（平成二十六）年七月二十六日に発生した佐世保女子高生殺害事件についても、「「一方的嫉妬、恨みか」識者」、「自分自身に絶望感か」（西日本新聞、二〇一四年七月二十九日朝刊、見出し）と、「心の闇」に焦点を当てているといえよう。精神科医のコメントも載せている。

もう一つの類型は典型的な「凶悪」犯罪少年という描かれ方である。「大阪・堺市母子殺傷事件　五歳の少女の命を奪ったシンナー包丁魔　誰もが怯えていた『奇行』」（女性セブン、一九九八年一月二十九日号、二七一三一頁記事タイトル）、「山口発　母子殺人一八歳少年の不可解　凶行当日、銃乱射ゲームに狂う」（週刊朝日、一九九九年五月十四日、一六八―一六九頁記事タイトル）などがこれにあたる。石巻事件（二〇一〇年二月十日）についての「石巻・三人殺傷　計画的、強固な殺意　共犯少年が証言」（河北新報、二〇一〇年十一月十七日朝刊、見出し）も、この類型といえよう。

前者の報道の方が大半を占めている。社会に与える影響も前者の方が大きい。

偏った原因論

赤羽由起夫他の研究によると、少年事件の原因の報じられ方に、キーワードの三類型があるとされる。[7] 一つ目は、「心の闇」[8]、二つ目は、精神疾患（性的サディズム、行為障害、広汎性発達障害）[9]、三つ目は、テレビゲームである。[10] こうした少年像、あるいは原因論は、メディアが少年事件を報じるにあたっての切口ともいえる。

ただ、ここで注意しなければならないことは、事件報道の過熱が生じたのは紙面増を埋めるためで、そのことは少年事件の場合でも同様だという点である。警察記者クラブでの警察発表などに基づいて少年事件を報じることがまず初めにありきで、報じるにあたっては然るべき切口が必要になることから、それが少年像や原因論に求められたのである。

注意しなければならないことの第二は、右の原因論はもっぱら心理学や精神医学などから採られ、失政が招いた家庭・学校・地域社会の崩壊などに起因する子どもにおける自尊感の喪失や未来の喪失といった問題が少年事件の背景に伏在しているといった社会的、政治的な視点は希薄だという点である。偏った原因論になっている。

「誤」報道

少年事件報道について重要なことは、事件報道で喧伝される少年犯罪の増加、凶悪化、低年齢化や「普通の子」の犯罪の増加というのは客観的な事実に反していたという点である。少年犯罪は深刻化しているわけでは決してないことは多くの研究によってすでに裏づけられている[11]。一般の犯罪報道と同様、少年事件報道も主観的にはともかく、客観的には「誤」報道という誹《そし》りは免れがたい。少年非行は増えており、凶悪化・低年齢化している、などといった誤った理解が広がり、定着していった「誤」報道の影響は驚くべきものがある。

そこで真に問われるべきは、少年犯罪が深刻化していないにもかかわらず、なぜ、深刻化しているとして報道されたのか、その影響は、ということになる。この点については、赤羽由起夫により、モラル・パニックといった観点から優れた分析が示されている[12]。

少年犯罪の要因として指摘される現象には、近年になって予測不能かつ自己責任を問われるリスクとして社会問題化しているものが多く含まれている。そのため、「第三の波」の時には「普通ではない子」の背景として指摘されていた問題が、「第四の波」においては「普通の子」の背景として指摘されるようになり、問題が「普通の人びと」に帰属されるようになっているのである。

これらの問題の原因は個人に帰属される傾向が強まっている。これらの問題の多くは、高度成長期が終了するまで、貧困などといった社会経済的要因と関連づけられていたものであり、近代化とともに減少あるいは改善していくことが望めたものであった。しかし、これらが一九八〇―九〇年代にかけて相次いで大きく社会問題化した時には、それが心の問題に起因するものとして語られるようになり、問題を抱えた当人やその周囲の人びとに帰責されるようになっている。

一方における非行少年・犯罪少年における「普通の子ども」性の強調と、他方における少年非行問題における個人責任の強調という奇妙な結合が見られるという赤羽の指摘は示唆に富むといえよう。そこには、少年非行・少年犯罪を大きく社会問題化させつつ、「悪しき社会環境による悪しき社会化の結果」とすることを回避し、厳罰化するためのレトリックが認められる。国はこのようなモラル・パニックを利用して、自己責任の追及と厳罰化及び医療化[13]などからなる少年法の改正を推進しているといってよい。

赤羽の次のような知見も、法に触れた少年の未来を考える上で重要といえよう。

厳罰化の背景にあると指摘される少年非行観の変化と医療化の背景にある少年非行観との間に共通点が見出せる［中略］。その共通点は、第一に、少年犯罪が社会経済的な問題として語られなくなったということであり、第二に、そのために悪しき社会環境による悪しき社会化の結果としての少年非行像が成立しないことである。

本研究で得られた知見を要約すると次の三点にまとめられる。

（1）少年非行の医療化は厳罰化への対抗クレイムとしてではなく、教育的配慮の限界を補完するものとして促進された。
（2）厳罰化と医療化は悪しき社会化の結果としての少年非行像の不成立という共通の少年非行観の変化に根差したものである。
（3）厳罰化への対抗クレイムとなっているのは教育的配慮の必要性であって、医療的配慮の必要性ではない。[14]

3 実名・顔写真報道への批判

弁護士会の意見書

少年の実名報道などについては各界から強い抗議の声が上がった。弁護士からも批判の声が上がった。日本弁護士連合会も二〇〇七（平成十九）年十一月二十一日付で、「少年事件の実名・顔写真報道に関する意見書」を発表した。意見書は「第一　意見の趣旨」と「第二　意見の理由」からなる。「意見の趣旨」の第一は、「家庭裁判所の審判に付された少年又は少年のとき犯した罪により公訴を提起された者については、氏名、年齢、職業、住居、容ぼう等によりその者が当該事件の本人であることを推知することができるような記事又は写真を新聞紙その他の出版物に掲載してはならない。」という少年法第六十一条に関わるものである。すなわち、「少年法六十一条の定める少年事件の実名報道等の禁止を維持することが、少年の成長発達権やプライバシー権の観点から必要である」という点である。

趣旨の第二は、少年の更生に関わる。すなわち、実名報道等を避けることこそが、「非行を犯した少年の更生への意欲を高め、新たな被害の発生を防止するという公共の福祉にとっても有益である」という点である。

趣旨の第三は、実名報道等の禁止に例外を認めるべきかについてで、「禁止の要請は、加害少年が死亡した場合や死刑判決が確定した場合についても認められるべきである」という点である。

趣旨の第四は、公共情報の提供というマス・メディアの使命に関わる。「マス・メディアはいま一度、その使命である公共情報の提供という観点から、少年事件の実名報道等にどれほどの意味があるか問い直した上で、子どもの成長発達権やプライバシー権を尊重するとともに、模倣による少年非行の伝播をくい止めようとする少年法六十一条の趣旨と目的を確認・尊重し、匿名報道の原則を厳守すべきである」という点である。

少年法第六十一条の目的

少年非行が増加・凶悪化しているから非行少年の実名・顔写真を報道すべきであるとの見解がマス・メディアのみならず、読者においても強まっている。このような見解をどのように考えるべきであろうか。日弁連の意見書は、このような見解も俎上に挙げて批判している。

批判の第一は、前提事実の問題で、「近年、少年非行が増加・凶悪化している事実はなく、この見解は、その前提が誤っている。［中略］二〇〇五年版犯罪白書によると、日本の少年非行の人口比は、ドイツ、イギリス、フランス、アメリカと比べると極端に少ない。つまり、日本の少年司法の運用の実績をみると、最近の少年非行の動向には顕著な変化がなく、国際的にみても効果的に機能していると評価できるのである。」という点である。

批判の第二は、実名報道がもたらす悪影響に関わる。「少年法六十一条は、少年事件をおこした少年の立ち直り支援と少年の模倣による非行の防止を目的とするものである。少年事件をおこした少年の実名や顔写真を報道することで、少年非行を減少させたり、凶悪化を抑止したりする効果があるとはいえない。それどころか、少年の実名・顔写真報道は、少年の就学・就職に大きな障害となり、地域での居場所を失わせ、少年を暴力団等の犯罪集団に追いやることになりかねない。その結果、再非行や再犯が増加し、社会において犯罪が増加することにもなりかねない。」という点である。

公共情報とは何か

少年の実名は少年事件の報道に不可欠であるとの見解も一部に有力である。意見書では、この見解も批判されている。

批判の第一は、市民に提供されるべき公共情報とは何かという点に関わる。すなわち、「少年非行を防止するために何をなすべきかはきわめて重要な課題であり、その政策判断をするにあたり、少年非行が発生する背景や要因に関する情報は、市民に提供されるべき公共情報といえる。しかしながら、事件をおこした少年の実名や顔写真は、少年非行に対処する政策決定に不可欠な公共情報とはいえない。少年の実名・顔写真を明示しなくとも、当該少年事件の背景・要因を明らかにすることはできる。このことは、事件の重大性によっても変わらない。重大な事件であれば、加害少年の実名が重要になり、実名が出なければ、事件の背景・要因が明らかにならないということはない。「神戸事件A」という呼称であっても、同事件の背景・要因は明らかになってきているといえる。少年事件における少年の氏名・顔写真等の人物特定情報は、名誉毀損等の免責事由たる「公共の利害に関する事実」にもあたらないのであって、実名報道は認められない」という点である。

もっとも、この批判については、少年事件の背景・要因を明らかにすれば、当該少年を具体的に特定することは避けられないのではないかという再反論があるかもしれない。この点についても、意見書は批判している。

確かに、事件の背景や周辺事実を明らかにすれば少年の周囲にいる人にとっては少年が特定されるであろう。そもそも、マス・メディアに報道されなくとも、周囲の人は少年の実名を知っていることは十分にありうる。しかし、少年法六十一条は、少年の周囲にいる人を超えた、マス・メディアの一般読者、一般視聴者に対して、少年の実名・顔写真等を公表することを禁じているものである。それは、マス・メディアによる情報の流通範囲の広範さ及びその報道内容が長期間保存されることによる当該少年の立ち直りなどにもたらす影響が、少年の周囲にいる人に少年が特定される影響とは質的に異なるからである。

少年が死亡した場合など

意見書では、前述したように、少年法第六十一条には例外は認められず、少年が死亡した場合や少年に対する死刑が確定した場合にも実名報道等は認められないとしている。

その理由の第一は、少年法第六十一条の規定の仕方に関わる。すなわち、「六十一条は、事件の重大性の如何を問わず実名報道を禁じている」という点である。

第二は、社会的利益に関わる。「少年が死亡した場合や死刑判決の場合は、凶悪な累犯が予想される場合などのように、例外的に実名報道をしなければならない社会的な利益もない。［中略］新聞協会の「少年法

61条の取り扱いの方針」（一九五八年十二月十六日）は、「①逃走中で、放火、殺人など凶悪な累犯が明白に予想される場合、②指名手配中の犯人捜査に協力する場合など、少年の保護よりも社会的利益の擁護が強く優先する特殊な場合については、氏名、写真の掲載を認める例外とすることを、新聞界の慣行として確立する。」としているが、この「方針」の当否はさておき、少年の死亡や死刑判決の確定によって、「少年の保護よりも社会的利益の擁護が強く優先する」ことにならないことは明らかである。」

理由の第三は、少年法第六十一条の精神は憲法第十三条から導かれるものだという点である。すなわち、憲法第十三条は「個人の尊厳及び幸福追求権」を保障しているが、「少年の個人としての尊厳及び幸福追求権は、少年が死亡した後といえども全て失われるものではない」という点である。

加えて、意見書によると、「成人に近い年齢の少年の事件だから実名報道するとの見解がある。この見解は、少年法二条が定める「少年」の定義を、マスコミが独自の判断で変えようとするもので、首肯しがたい」とされる。

被害者が実名・顔写真報道されているから

被害者の権利の視点ないし被害者が実名・顔写真報道されていることとの均衡から、少年も実名報道すべきであるとの見解についても、意見書では厳しく批判されている。

理由の第一は、被害者に対する情報の開示とマス・メディアの一般読者、一般視聴者への実名・顔写真報道とは区別して論ずるべきだという点である。「被害者は、事件の当事者であり、自ら直接利害関係を有するものであるから、加害少年に関する氏名・顔写真の開示を受けることがあることに異論はない（少年法第五条の二）。被害者には、一般読者、一般視聴者とは異なる情報を提供し、事件の当事者として対応できる機会を保障すべきである。しかし、被害者といえども、知った少年の氏名や顔写真を一般に公表する権利までは認められない」とされる。

理由の第二は、立論は被害者が実名・顔写真報道されているからという前提自体がおかしいという点である。「事件関係者の名誉・プライバシーを保護する必要性は、犯罪の被害者（およびその家族）についても同様である。とくに事件の被害者が子どもである場合には、その必要性が高まる。今日、被害者が子どもである場合でも、その実名と顔写真がマス・メディアで繰り返し報道されている。さらには、被害者の少女の水着写真や私生活まで暴露する記事まで掲載されている。これによる被害者や遺族の精神的苦痛は想像にあまりある。名誉・プライバシー保護の理念は、被害者についても、いや被害者についてこそ尊重されるべきである」とされる。確かに「これまでの刑事司法、少年司法手続において被害者の権利が軽視されてきたことは否めない。［中略］犯罪被害者の権利回復、救済、支援は、緊急かつ重大な課題である。被害者への心理的支援、「国選被害者弁護人制度」を含む法的支援、犯罪被害者給付金支給法の抜本的改正を含む経済的支援など、総合的支援システムの改革が急がれる。このことは、少年法六十一条とは全く別の課題である。」とされる。

意見書のこのような認識は、実名報道に抗議する各界でも共有されているといってよい。

4　刑事政策に与えた影響

「週刊文春」事件最高裁判決

文藝春秋は、名古屋地方裁判所に「木曽川・長良川リンチ殺人事件」の刑事裁判の審理が係属していた一九九七（平成九）年七月、同月三十一日発売の「週刊文春」誌上に、「『少年犯』残虐」「法廷メモ独占公開」などという表題の下に、事件の被害者の両親の思いと法廷傍聴記等を中心にした記事を掲載した。そのなかに、左の民事訴訟の原告について仮名を用いて法廷での様子、犯行態様の一部、経歴や交友関係等を記載した部分があった。

原告は、被告（文藝春秋）が発行した週刊誌に掲載された記事により名誉を毀損され、プライバシーを侵害されたとして、被告に対し不法行為に基づく損害賠償を求めた。この訴えについて、名古屋高等裁判所は二〇〇〇（平成十二）年六月二十九日の判決で原告の損害賠償請求を一部認容すべきものとした。これに対し被告が上告し、二〇〇三（平成十五）年三月十四日の最高裁判決（最高裁判所民集五七巻三号二二九頁）は、高裁判決を破棄し、差し戻した[15]。このように、最高裁は国際人権条約とは異なる理解を示した。表現の自由の尊重の名の下に、少年の実名報道のみならず、その前提となった、少年犯罪は増えており凶悪化、低年齢化しているなどといった「誤」報道も保護されることになった。

「体感不安」の悪化を立法事実として

二〇〇三（平成十五）年、小泉改造内閣は「国民の安全と安心の確保」を基本方針の一つに掲げた。小泉首相は同年九月二十六日、第一五七国会において首相所信表明演説を行ったが、その中で、国民の安全と安心の確保について、次のように表明した。

国民の安全と安心の確保は、政府の基本的な責務です。「世界一安全な国、日本」の復活を実現します。警察官を増員し、全国で「空き交番ゼロ」を目指します。市民と地域が一体となった、地域社会の安全を守る取組を進めます。補導活動を強化して非行防止に努め、少年犯罪を減らします。外国人犯罪に対し、出入国管理体制や密輸・密航の取締りを強化します。犯罪被害者の人権を尊重した捜査や裁判の実現を目指します。

この所信表明に基づき、小泉内閣は、「世界一安全な国、日本」の復活を目指し、関係推進本部及び関係行政機関の緊密な連携を確保するとともに、有効適切な対策を総合的かつ積極的に推進することを目的として、二〇〇五（平成十七）年十二月二十日、犯罪対策閣僚会議を官邸で開催した。同会議では、「犯罪から子どもを守るための対策に関する関係省庁連絡会議」が取りまとめた対策について報告があった。連絡会議はまず登下校時の児童の安全確保のための緊急対策として六項目を挙げていた。会議の締めくくりの挨拶で小泉総理は「最近の子どもに対する犯罪は後を絶たない。これが国民の不安を増大しておりますので、安全、安心の復活のために今後とも各省連携をとって、世界一安全な国の復活のためにも、ご協力をいただきたいと思います。」と述べたと報じられている。

右の所信表明に先立つ同年七月に、小泉純一郎首相、福田康夫内閣官房長官からの指示を受けて鴻池祥肇《こうのいけよしただ》国務大臣（青少年育成推進本部担当大臣）が主宰する「少年非行対策のための検討会」（鴻池委員会）が内閣府に設置され、鴻池大臣が同年九月に「少年非行対策のための提案」を小泉首相に提出したことはすでに紹介した（四五頁）。

少年法は、二〇〇〇（平成十二）年、二〇〇七（平成十九）年、二〇〇八（平成二十）年、二〇一四（平成二十六）年と相次いで改正されている。これらの改正は「体感不安」の悪化を立法事実としている。小泉内閣は、福祉政策に替えて治安政策を国家政策の大黒柱に据え、日本版「刑罰国家」の構築を急いだ。その最大の論拠は「誤」報道にあった。「誤」報道により少年は、刑罰国家の祭壇に生贄として祀り上げられることになった。

1　小林弘忠『新聞報道と顔写真――写真のウソとマコト』（中公新書、一九九八年）一六四頁などを参照。

2　一九八九年、女子校生コンクリート詰め殺人事件が発生し、少年が犯した残虐行為に人々が驚愕したのを好機として、『週刊文春』は逮捕された少年を実名で報道した。この実名報道は大きな議論を呼び、商業主義という批判も噴出したが、一九九〇年代に入り、市川一家四人殺人事件（一九九二年）、松本サリン事件（一九九四年）、ゴビンダさん事件（一九九七年）、神戸児童連続殺傷事件（一九九七年）、堺市通り魔事件（一九九八年）和歌山毒物カレー事件（一九九八年）、文京区幼女殺人事件（一九九九年）など、重大事件が起こるたびに、週刊誌メディアは実名報道を繰り返した。大阪・愛知・岐阜連続リンチ殺人事件（一九九四年）の場合は、事件発生当初は実名に酷似した仮名で報じられていたが、死刑確定後は更生の可能性がないという理由で実名報道された。

3　これに対する吉田茂内閣総理大臣の「答弁書」（答弁第六二号、昭和二十六年二月十三日）は、「現行少年法第六十一条に罰則が除かれているのは、憲法第二十一条の趣旨もあり、事柄の性質上むしろ関係者の自粛にまつ方がかえつて好ましいと考えられたからである。」「最近新聞記事として報道された事例に徴すれば、少年の保護更生上好ましくないと考える。」「当局としても、少年事件の報道には細心の注意を払い、今後において現行の禁止規定のみでは少年の保護更生上に及ぼす障害が防止できないようであれば、罰則の制定を考慮する外はないとの所存であり、現在情勢を見まもつている次第である。」というものであった。

4　牧野智和「少年犯罪報道に見る「不安」:『朝日新聞』報道を例にして」『教育社会学研究』七八号（二〇〇六年）一二九―一四六頁などを参照。

5　新聞社によって順位が異なるが、西鉄バス・ジャック事件（二〇〇〇年）、長崎幼児誘拐殺害事件（二〇〇三年）、岡山バット母親殺害事件（二〇〇〇年）、佐世保小六女児同級生殺害事件（二〇〇四年）、寝屋川教師殺害事件（二〇〇五年）などが次いで上位に入っている。

週刊誌の場合も圧倒的に多いのは神戸児童連続殺傷事件だが、その他の事件についてはかなりのばらつきがみられる。あえて他誌と異なる事件を取り上げて独自性を出したいという面があるためであろうか。松本リンチ殺人事件（一九九七年）、黒磯教師殺害事件（一九九八年）、堺市通り魔事件（一九九八年）、栃木リンチ殺人事件（一九九九年）、光市母子殺害事件（一九九九年）、山口バット母親殺害事件（二〇〇〇年）、豊川主婦殺害事件（二〇〇〇年）、奈良母子放火事件（二〇〇五年）、山口高専生殺害事件（二〇〇六年）、会津若松母親殺害事件（二〇〇七年）、石巻事件（二〇一〇年）、などを大きく取り上げた週刊誌もみられる。

近年でも、川崎市中一男子生徒殺害事件（二〇一五年二月二十日）、船橋少女生き埋め殺害事件（同年四月十九日）、刈谷市集団暴行殺人事件（同年六月六日）、三重県伊勢市高三女子殺害事件（同年九月二十八日）、暁星高校同級生刺傷事件（二〇一六年十月十七日）、三重県四日市市受験生母親殺人事件（二〇一七年二月十五日）、福岡県苅田町女子高生殺人未遂事件（同年三月一日）、河瀬駅前交番警察官射殺事件（二〇一八年四月十一日）などが大きく報道された。

6　赤羽由起夫他「（二〇一二年度若手研究助成最終報告書）犯罪報道における少年犯罪の語られ方に関する社会学的研究――一九九〇年代から二〇〇〇年代を中心として」等を参照。

7　同右・赤羽他を参照。

8　「憎悪潜む　〝心の闇〟」（読売新聞、一九九七年六月二十九日朝刊、見出し）、「僕を止めて　一七歳（上）メモ　深い心の闇つづる」（朝日新聞、二〇〇〇年六月七日夕刊、一四面見出し）、「戦慄の供述！『心の闇』を明かした長崎『一二歳少年』」（週刊新潮、二〇〇三年八月十四日・二十日号、三〇―三四頁記事タイトル）、「佐世保・小六殺人　一一歳女児の『心の闇』と『衝動』」（週刊朝日、二〇〇四年六月十八日号、二二―二六頁記事タイトル）などといった類型である。

二〇一四年十二月七日に発生した名古屋大学女子学生殺人事件についての、「名古屋・女性殺害　中学時代毒キノコ研究」「逮捕の女子学生　ハムスターで実験」（毎日新聞、二〇一五年一月二十九日朝刊、見出し）もこの類型に入るといえようか。

「心の闇」について、犯罪心理学を専攻する東北福祉大学総合福祉学部福祉心理学科の半澤利一准教授は、大学主催のイベント「東北福祉大学×ＴＡＬＫ　三分で学問を伝えよう」（二〇一八年）のなかで、「普段おとなしかった少年が罪を犯すと、「心の闇」という言葉がよく使われます。一般の人は不可解に感じて距離を置くのですが、犯罪心理学は立ち向かい、少年の心の闇を解き明かそうとします。なぜ事件を起こしたのか、という謎解きに挑むのです。その上で、もう二度と罪を犯さないように改心し、新たな人生を歩むことができるように支援します。」等とアピールしている。

9 「神戸の児童殺傷　容疑の中三『行為障害』」（朝日新聞、一九九七年九月三〇日朝刊）、「酒鬼薔薇の性衝動と殺人　精神鑑定で性障害と行動障害」（AERA、一九九七年十月十三日、六六頁記事タイトル）、「THE NEWS『性的サディズムが原因』『酒鬼薔薇聖斗』少年の精神鑑定書の読み方」（週刊現代、一九九七年十月十八日号、五五頁記事タイトル）、「ニュース・カプセル　神戸・少年Aの精神鑑定で下された『行為障害』は決して特殊な症状ではない」（女性セブン、一九九七年十月三十日、三八頁記事タイトル）、「長崎事件　アスペルガー症候群に理解を　中京大学助教授（臨床心理学）辻井正次（私の視点）」（朝日新聞、二〇〇三年十月十五日朝刊）、「6大冷血少年事件の『その後』　小6同級生殺害・長崎少女A施設での現在と肉声　父親の告白、担当教師の懺悔など」（週刊現代、二〇〇五年十二月十日号、五〇頁記事タイトル）といった類型である。

佐世保女子高生殺害事件については、「心の闇」のほか、「家裁は、少女が小学生のとき、猫を殺したことに加え、去年、父親の殺害に失敗したことで殺人欲求が強まったとしたほか、少女が特異な対象に過度な関心を抱く「重度の自閉症スペクトラム障害」であったことなどが同級生殺害につながったとしている」といった趣旨の報道（二〇一五年七月十三日のTBS「Nスタ　ニュース」など）も見られた。毎日新聞二〇一五年二月十五日朝刊も、名古屋大学女子学生殺人事件について、「逮捕の女子大生　鑑定留置決まる　名古屋女性殺害」の見出しの下に、精神鑑定が決まったことに焦点を当てて報道している。

10 「ゲーム世代　現実超え」（朝日新聞一九九七年六月二十九日朝刊、見出し）、「佐世保事件　ネットの海を漂う子（社説）」（朝日新聞、二〇〇四年六月五日朝刊、見出し）、「事件追跡　一七歳少年を寝屋川市立中央小学校『教師刺殺』に走らせたゲーム脳　あなたの子供も危ない　一日三時間のテレビゲームで前頭葉に異常」（週刊ポスト、二〇〇五年三月四日号、四四―四五頁記事見出し）、といった類型である。「今回の事件をめぐっては、コンピューターがつくる仮想現実との関連も報じられている。『我は天帝なり』といった声明文は、テレビゲームの影響を推測させる。」（朝日新聞、二〇〇〇年六月六日朝刊、二頁）といった記事もみられる。清水圭介・椙村憲之「テレビゲームが子供たちに与える心理的影響」『教育実践学研究』六号（二〇〇〇年）一〇一頁以下によると、「ＴＶゲームと青少年犯罪との因果関係は、かなり以前から取りざたされている。我が国においてＴＶゲームが普及し始めたのは、一九七九年にタイトー社が発表したスペースインベーダーからであるといわれているが、本格的に家庭に普及していったのは、一九八三年に任天堂が発表した「ファミリーコンピュータ（ファミコン）」からである。犯罪白書によれば、ＴＶゲームの普及と少年の凶悪犯罪の増加との因果関係は必ずしも成立しない。しかし、少年たちが起こす犯罪の動機を見てみると、昭和の後期から近年に至るまでは利欲を動機としていた。特に恐喝の八割は利欲が動機であった。ところが一九九四年（平成六年）を境に突然利欲を動機とする少年犯罪が激減し、遊びを動機とする者が増えた。ちょうどその時期は、立体的３Ｄ画像を利用した高性能なゲーム機の流行と一致している。」などと分析される。

二〇一五年二月二十日に発生した川崎中一男子生徒殺害事件について、毎日新聞の二〇一五年三月二日朝刊は、「十八歳　弱い者いじめ再三　川崎中一殺害、中学の同級生話す」などの見出しの下に大きく報道しているが、いじめを「遊びの延長」とみる見解によると、この記事も「遊び」に起因する犯罪と受け止めた報道になろう。

11　浜井浩一「非行・逸脱における格差（貧困）問題――雇用の消失により高年齢化する少年非行」『教育社会学研究』八〇号（二〇〇七年）一四三―一六二頁、土井隆義『〈非行少年〉の消滅――個性神話と少年犯罪』（信山社、二〇〇三年）、河合幹雄『安全神話崩壊のパラドックス――治安の法社会学』（岩波書店、二〇〇四年）、広田照幸『教育言説の歴史社会学』（名古屋大学出版会、二〇〇一年）などを参照。

12　赤羽由起夫「「リスク」としての少年犯罪とモラル・パニック――「普通の子」の凶悪犯罪報道に着目して」『犯罪社会学研究』三五巻（二〇一〇年）一〇〇頁以下など。

13　同じく赤羽由起夫「少年非行における医療化と厳罰化――「子供と医療化」の再検討」『犯罪社会学研究』三二巻（二〇〇七年）一〇四頁以下によると、「現在、「第四の波」を迎えたとされる少年非行では、非行の心理学的・精神医学的な解釈が目立つようになり医療化の傾向にある一方で、少年非行対策は厳罰化の傾向にある。コンラッドとシュナイダー［中略］の逸脱の医療化論によれば、医療化と厳罰化とは対抗的な流れであるはずだが、現在の状況では医療化と厳罰化が対抗することなく同時進行している」として、その理由が詳しく検討されている。そして、「このような認識は文部科学省（文部省）が少年事件への対策を検討するために行った各種の研究調査において示されている」と指摘している。

14　同一一五頁。

15　理由は、「本件記事が被上告人の名誉を毀損し、プライバシーを侵害する内容を含むものとしても、本件記事の掲載によって上告人に不法行為が成立するか否かは、被侵害利益ごとに違法性阻却事由の有無等を審理し、個別具体的に判断すべきものである。すなわち、名誉毀損については、その行為が公共の利害に関する事実に係り、その目的が専ら公益を図るものである場合において、摘示された事実がその重要な部分において真実であることの証明があるとき、又は真実であることの証明がなくても、行為者がそれを真実と信ずるについて相当の理由があるときは、不法行為は成立しないのであるから（最高裁、昭和三十七年（オ）第八一五号、同四十一年六月二十三日、第一小法廷判決・民集二〇巻五号一一一八頁参照）、本件においても、これらの点を個別具体的に検討することが必要である。また、プライバシーの侵害については、その事実を公表されない法的利益とこれを公表する理由とを比較衡量し、前者が後者に優越する場合に不法行為が成立するのであるから（最高裁、平成元年（オ）第一六四九号、同六年二月八日、第三小法廷判決・民集四八巻二号一四九頁）、本件記事が週刊誌に掲載された当時の被上告人の年齢や社会的地位、当該犯罪行為の内容、これらが公表されることによって被上告人のプライバシーに属する情報が伝達される範囲と被上告人が被る具体的被害の程度、本件記事の目的や意義、公表時の社会的状況、本件記事において当該情報を公表する必要性など、その事実を公表されない法的利益とこれを公表する理由に関する諸事情を個別具体的に審理し、これらを比較衡量して判断することが必要である。原審は、これと異なり、本件記事が少年法六十一条に違反するものであることを前提とし、同条によって保護されるべき少年の権利ないし法的利益よりも、明らかに社会的利益を擁護する要請が強く優先されるべきであるなどの特段の事情が存する場合に限って違法性が阻却されると解すべきであるが、本件についてはこの特段の事情を認めることはできないとして［中略］個別具体的な事情を何ら審理判断することなく、上告人の不法行為責任を肯定した。この原審の判断には、審理不尽の結果、判決に影響を及ぼすことが明らかな法令の違反がある。」というものであった。

第二部　改悪される少年法制

第五章　子どもの権利と少年法制

1 「小さな大人」

日本の家父長的「家」制度と子ども

一八七一（明治四）年の戸籍法（同年四月五日太政官布告第一七〇号）はそれまで府県毎に行われていた戸籍作成に関する規則を全国的に統一した。戸籍編成の単位として戸籍区を設け、各区に官選の戸長を置き、戸長が戸籍関係の事務にあたることにした。戸籍法により翌一八七二（明治五）年に明治になって最初の全国的戸籍である「壬申戸籍《じんしんこせき》」が編纂された。

明治政府は近代的な制度や経済の仕組みを整え、欧米諸国と肩を並べる強国をつくることを目指した。旧来のような身分、職業の固定は富国強兵（国民皆兵及び殖産興業）と矛盾するために取り払い、不平等条約を改正するために近代国家の体裁を整える必要があった。「四民平等」政策が採用されたのもそのためであった。この「四民平等」の臣民を家族単位にグループ化し、この家族に家族倫理、家族内秩序を押しつけることによって、すべての臣民を監督し管理する。戸籍法の意義はこの点にあった。

家族はこの規格化され均質化された「戸」という枠組みの中に押し込められた。政府を頂点とし、府県・区長・戸長・戸主という下部組織をもつ戦前の日本の中央集権国家体制が形成されることになった。家父長が戸主となり、政府の手足となって家族を統制する役割を担った。

一八九八（明治三十一）年制定の民法では、親族関係を有する者においてさらに狭い範囲の者を戸主及び家族として一つの「家」に属させる制度が規定された。戸主は「家」の統率者として、家族に対する扶養義務を負う一方、戸主権（家族の婚姻・養子縁組に対する同意権、家族の入籍又は去家に対する同意権、家族の居所指定権、家族の入籍を拒否する権利、家族を家から排除する権利）が認められた。戸主は男性であることが原則とされた。

このような「家」制度は、農民の家族生活や中小規模商工業の生産活動に適応するものでもあった。現実の家族生活の中でも家父長の地位と権限は必要であり、それを公認したのが戸籍法であり民法であった。それだけではなく、教育勅語に基盤を置く家族制度イデオロギーに明確で具体的な姿を与えることが明治三十一年民法の役割であった。[1]

「家」制度においては子どもはもちろん、成人でも、いくら働いても、家父長になるか、家を離れていかない限りは自分の財布は持てなかった。共同労働での収入すべては家父長一人が握ることになったが、それにもかかわらず、子どもたちには家父長に対する完全な「孝」が強要された。子どもたちは、出生時から役割の期待が異なり、将来本家の家長となる跡取り（多くは長男）と、分家して本家の補助者あるいは独立して都市勤労者となる他の子ども（多くは次、三男）、他家の嫁となる女子とでは、格差のある対応と躾と責任分担がなされた。家の存続に必要ないばかりか、結婚時に家産に損を与える娘は、地位は兄弟よりも低く、差別される存在であった。女性への差別も家父長的家制度下の大きな特徴といえた。

第二次世界大戦の敗戦を迎えるまで、家族制度イデオロギーは、政治イデオロギーの基礎づけのために再編を繰り返しながらも強化されていった。[2]

監獄則と旧刑法

わが国で初めて制定された監獄法は、一八七二（明治五）年十一月の監獄則並図式（太政官布告）である。その緒言には、「獄トハ何ソ罪人ヲ禁鎖シテ之ヲ懲戒セシムル所以ナリ　獄ハ人ヲ仁愛スル所以ニシテ人ヲ残虐スル者ニ非ス　人ヲ懲戒スル所以ニシテ人ヲ痛苦スル者ニ非ス　刑ヲ用ルハ已ヲ得サルニ出ツ国ノ為メニ害ヲ除ク所以ナリ、獄司欽テ此意ヲ体シ罪囚ヲ遇ス可シ」という文言が掲げられた。

本文は「興造」「繋獄」「懲役」「疾病」「処刑」「官員」「雑則」の七大綱からなり、さらに、「興造」は、第一条　規模、第二条　未決者ノ監、第三条　已決者ノ監、第四条　食堂、第五条　浴場、第六条　運動場、第七条　懲役場、第八条　女監、第九条　病監、第十条　懲治監、第十一条　寛役場、第十二条　官署からなった。

監獄は、「女監」「病監」「懲治監」「寛役場」「懲役場」に分けられ、常人懲役囚については進級制をとり、これを五等に分け、土石運搬、荒地開墾から木工、鍛工、皮革工等に至る作業に従事させ、服役時間を八時間とした。幼者といえども成人と等しく扱われ、処罰の対処として監獄に収容された。

子どもに関して特筆されるのは、第十条で次のように規定されていることである。

「二十歳以下懲役満期ニ至リ悪心未タ悛ラサル者或ハ貧実営生ノ計ナク再ヒ悪意ヲ挟ムニ嫌アルモノハ獄司之ヲ懇諭シテ長ク此監ニ留メテ営生ノ業ヲ勉励セシム」「二十一歳以上ト雖も悪意殺心ヲ挟ム者ハ獄司ヨリ裁判官ニ告ケ尚此監ニ留ム」「平民其子弟ノ不良ヲ憂フルモノアリ此監ニ入ン事ヲ請フモノハ之ヲ聴ス」

少年の保護処分と保安処分の、そして成人の保安処分の施設が分化されることなく、「寛役場」として一括されている。保護処分と保安処分の関係を知るうえで興味深い。

この監獄則は、施行に伴う費用の関係で全面実施はできなかった。司法省は、地方により監獄の建物がなくても、禁囚処遇及び右の懲役が施行し得る地域においては、これを施行させることとした。

一八八〇（明治十三）年、全四編四三〇条よりなる旧刑法（太政官布告第三六号）が制定された。不平等条約を改正するための近代法制の整備の一環として司法省が編纂したもので、日本的変容がかなり見られたものの、先進諸外国、とくにフランス刑法典の影響を強く受けており、逐条主義の体裁をとり、罪刑法定主義の明示、刑法不遡及の原則の採用、正当防衛、時効制度の明文化等、それまでの律令法系の刑法と内容を大きく異にした。日本における近代刑法の淵源ともいえるものであった。

旧刑法は、懲治場は幼年者及び瘖唖者《いんあしゃ》（刑法不論者）と尊属親の請願による放恣不良の子弟を収容するところとし、その第七十九条ないし第八十三条で、次のように規定した。

第七十九条　罪ヲ犯ス時十二歳ニ満サル者ハ其罪ヲ論セス但満八歳以上ノ者ハ情状ニ因リ満十六歳ニ過キサル時間之ヲ懲治場ニ留置スルコトヲ得

第八十条　罪ヲ犯ス時満十二歳以上十六歳ニ満サル者ハ其所為是非ヲ弁別シタルト否トヲ審案シ弁別ナクシテ犯シタル時ハ其罪ヲ論セス但情状ニ因リ満二十歳ニ過キサル時間之ヲ懲治場ニ留置スルコトヲ得

2　若シ弁別アリテ犯シタル時ハ其罪ヲ有恕シテ本刑ニ二等ヲ減ス

第八十一条　罪ヲ犯ス時満十六歳以上二十歳ニ満サル者ハ其罪ヲ有恕シテ本刑ニ一等ヲ減ス

第八十二条　瘖唖者罪ヲ犯シタル時ハ其罪ヲ論セス但情状ニ因リ五年ニ過キサル時間之ヲ懲治場ニ留置スルコトヲ得

第八十三条　違警罪ハ満十六歳以上二十歳ニ満サル者ト雖モ其罪ヲ宥恕スルコトヲ得ス
2　満十二歳以上十六歳ニ満サル者ハ其罪ヲ宥恕シテ本刑ニ一等ヲ減ス十二歳ニ満サル者及ヒ瘖啞者ハ其罪ヲ論セス

そして、一六歳未満の者と、一六歳以上の者及び一六歳以上二〇歳未満で、初犯の者と再犯以上の者とを区別し、監房を異にし、悪臭感染を予防するに至った。[3]

一八八一（明治十四）年九月、監獄則が大政官達で制定された。これは、一八七二（明治五）年十一月の「監獄則並図式」と一八八一（明治十四）年三月の「在監人給与規則」（前身は明治八年一月の囚人給与規則）及び同年七月の在監人傭工銭規則を合わせたもので、四編一一三条からなった。そのうち、第一編は、汎則、監署の規程、監獄の構造を、第二編は、役法、工銭、徒刑流刑及び禁獄の刑を受けたる囚徒押送、仮出獄免幽閉の者に貸与する屋舎を、第三編は、給与、疾病、書信、接見、差入品を、第四編は、教誨、賞誉、懲罰を規定した。

同監獄則は、監獄を分けて、留置場（裁判所及び警察署に属し、未決者を一時留置するところ）、監倉（未決の者を拘禁するところ）、懲治場（懲治人、すなわち刑法不論罪の幼者又は瘖啞者及び不良の子弟で、親の請願による者を収容懲治するところ）、拘留場（拘留刑に処せられる者を拘留するところ）、懲役場（懲役刑及び禁錮刑に処せられた者を拘禁するところ）、集治監（徒刑、流刑及び禁獄刑に処せられた者を集治するところ）の六種とした。

第三十条で「刑期満限ノ後頼ルヘキ所ナキ者ハ其情状ニ由リ監獄中ノ別房ニ留メ生業ヲ営マシムル事ヲ得」と規定し、別房留置の制度を定めた。刑法附則の規定により、監視処分に付された者あるいは仮出獄を許可された者で住居および引取人のない者等についても、別房留置し得ることとされた。

一八八九（明治二十二）年七月、勅令で改正監獄則が公布され、内務省令で監獄則施行細則が定められた。改正監獄則は五二条から、そして施行細則は一〇章一〇六条からなった。

監獄則は、監獄を分けて集治監（徒刑、流刑及び改定律例の懲役終身に処せられた者を拘禁するところ）、仮留監（徒刑、流刑に処せられた者を集治監に発遣するまで拘禁するところ）、地方監獄（拘留、禁錮、禁獄、懲役に処せられた者及び婦女にして徒刑に処せられた者を拘禁するところ）、拘置監（刑事被告人を拘禁するところ）、留置場（刑事被告人を一時留置するところ）、懲治場（不論罪にかかる幼者及び瘖啞者を懲治するところ）の六種とした。出願懲治、別房留置の規定は廃止された。

定役に服すべき囚人の服役時間を七時三十分ないし十時三十分とし、さらに、工銭は従来十分の一を与えるにすぎなかったが、これを改め、工銭を十分して、重罪囚にはその二分、軽罪囚にはその四分を与え、余分は監獄の費用に供することにした。また、無定役囚、懲治人及び刑事被告人で作業する者の工銭は、これを十分してその六分を与え、その余分は監獄の費用に供することにした。[4]

感化法と現行刑法

一九〇〇（明治三十三）年に感化法（三月十日法律第三七号）が制定された。

明治維新後の急激な社会の変革、国策として強行された殖産興業という国家的産業革命と富国強兵政策は教育制度だけでは覆いきれない「児童」問題をはらんでいた。とくに日清戦争のもたらした国民の経済的窮乏は貧困「児童」や浮浪「児童」、非行「児童」の増加を招き、これらの「児童」に対する施策はもっぱら治安の面からなされた。[5]

しかし、それまで実施されてきた懲治場における応報刑主義による刑罰懲治については、体験上、処遇効果が上がらないことが次第に自覚されるようになった。欧米諸国における進んだ感化事業を視察し、刺激を受けた者らにより懲矯院を設置すべき旨が提唱された。計画は挫折して成功しなかったが、一八八四（明治十七）年、大阪市において池上幸江が不良少年の保護事業に着手したのをはじめとして、感化法制定までの十数年間に、民間篤志家により、東京・千葉・京都・広島・和歌山・徳島・長崎など、全国一〇県において感化事業が鋭意、進められた。

感化事業の必要性を説く人も多くなった。感化法の原案起草者となったのは内務省監獄課にいた小河滋次《おがわしげじ》郎《ろう》であった。小河は、既存の懲治場制度は犯罪者養成学校だと説き、懲治感化を施す施設の設立を訴えるなど、広範な活動を行った。留岡幸助《とめおかこうすけ》も一八九九（明治三十二）年、家族的小舎夫婦制度とも呼ぶべき家庭学校を設立した。留岡は後に「教護院の大先達、先覚者」と呼ばれるが、家庭学校は、ヨーロッパのホーム・スクールをモデルとし、一家族ごとに少年十数名と経験豊かな夫婦を共に住まわせ、精神上の教育と農業などを行うことを目指した。

このような民間篤志家の活動に押される形で、政府も感化法の制定に踏み切らざるを得なくなった。[6]

感化法は、①八歳以上十六歳未満で適当な親権行使者・後見人がなく、遊蕩・乞食を行い、悪交があると地方長官が認めた者、②懲治場留置の言い渡しを受けた幼年者、③裁判所の許可を受けて懲治場に入るべき者、を対象として、普通教育・実業教育・道徳教育からなる感化処遇を行うことを構想していた。しかし、道府県が財政を負担することもあって、実際に感化院を設置したのは二府三県にとどまり、依然として懲治場制度が用いられた。

状況が一変するのは現行刑法（明治四十年法律第四五号）と監獄法（明治四十一年法律第二八号）の制定によってである。現行刑法は刑事責任年齢を一四歳以上に引き上げるとともに、懲治場制度を廃止した。また、監獄法は懲治場を廃止するとともに、一八歳未満の者をそれ以上の者と分界処遇し、特設少年監に収容することにした。これに伴い、感化法も一九〇八（明治四十一）年に改正され、ほぼ全国の道府県に感化院が設置された。

しかし、社会の近代化に伴い増加を見せる少年犯罪の数に比して、感化院はいずれも小規模であった。また、中間的な減刑制度をなくした現行刑法の下で、多くの少年は起訴猶予などを受けて事実上放置されるか、あるいは科刑されるか——いわば全部かゼロかの状況にあった。若年層の犯罪予防として処遇段階のみで対応することには限界があった。これらのことから、一八九九（明治三十二）年にアメリカのシカゴで誕生して世界的に注目を集めていた少年裁判所制度が関心を集めることになった。

監獄法

一九〇八（明治四十一）年三月、現行の監獄法が公布され、同年六月、司法省令で監獄法施行規則が定められた。同年十月一日から施行された。監獄法は、一三章七五条からなり、総則、収監、拘禁、戒護、作業、教誨及び教育、給養、衛生及び医療、接見及び信書、領置、賞罰、釈放及び死亡の各章に分かれていた。また、監獄法施行細則は、一三章一八二条で、監獄法と同じ章からなり、その細則を定めていた。

監獄法は、監獄を分けて、懲役監（懲役に処せられた者を拘禁するところ）、禁錮監（禁錮に処せられた者を拘禁するところ）、拘留場（拘留に処せられた者を拘禁するところ）、拘置監（刑事被告人、拘禁許可状、仮拘禁許可状又は拘禁状により監獄に拘禁した者、引致状により監獄に留置した者及び死刑の言渡を受けた者を拘禁するところ）の四種とした。そして、労役場及び監置場を監獄に附設した。

監獄則に対する改正の要点は、①少年監獄を特設する方針を規定した、②主務大臣に情願をなす規定を設けた、③作業賦課の標準について、作業は衛生、経済及び在監者の刑期、健康、技能、職業、将来の生計等を斟酌して定めることとした、④作業収入は、従来、監獄と就業者に帰属していたのを改め、すべて国庫の所得とし、就業者には作業賞与金を給することとし、作業災害手当金の制度を設けた、などである。[7]

工場法と児童保護

工場法は一九一一（明治四十四）年三月、法律第四六号として公布された。工場法の対象は「児童」労働者と婦人労働者であった。当時、「児童」の就労は一般的であり、徒弟的に働くことが職業教育の方法であったこともあって、就労「児童」の多くは大人と変らぬか、あるいはそれ以上に過酷な労働条件の下で働くのが常であった。[8]

このような「児童」・婦人労働者の劣悪な労働環境[9]は社会問題化することになった。日清戦争直後の大好況による近代的機械化産業の確立とその直後の恐慌による労働者の失業・賃下げ、「児童」・婦人労働者の一層の増大と労働条件の低劣化に対して同盟罷業の多発する状況が、工場法の制定を促した。工場法では、一五歳未満の職工および女子を保護職工とみなし、彼らに対し、①一二時間労働、②一二歳未満使用禁止、③深夜業（午後一〇時—午前四時）禁止、④月二回の休暇、⑤危険作業の禁止、⑥病者、産婦の保護、が規定された。除外規定や例外規定、勅令に譲るとして規定していない箇所などが多く、また、一四歳未満と女子に限定した保護規定により一般成人男子労働者は除外されているなど、きわめて微温的、不完全なものであった。[10]

それでも、工場法は、国家法による最初の本格的な「児童」保護であった[11]などと評価されている。児童虐待防止法（昭和八年）も「児童」労働保護法の一つに位置づけられている。その後、工場法関係の法律として鉱夫労役扶助規則（大正五年）、工場労働者最低年齢法（大正十二年）、船員最低年齢法（同年）、商店法（昭和十三年）などが制定された。

旧少年法の制定と感化法の改正

感化法の施行後、不良少年の増加に対して感化法は手ぬるいとして、少年法制定運動が展開された。運動の理論的支柱となったのは穂積陳重《ほづみのぶしげ》の「米国に於ける子供裁判所」と題する講演であった。小河滋次郎らはこれに反対し、少年をして裁判所の門を出入りさせることは、わが国の「児童」保護の伝統的精神に沿わないなどと批判したが、小河らの主張は受け入れられなかった。

運動を受けて、一九二二（大正十一）年、司法省は少年審判法案を公表した。[12] これを下敷きに、同年四月に旧少年法（大正十一年法律第四二号）及び矯正院法（大正十一年法律第四三号）が制定、公布された。これに合わせて、感化法も同年四月に改正された。これらの改正により、これまで一八歳未満の少年犯罪者を内務省管轄の感化院の教育一本で行ってきたのに対し、一四歳以上の者は少年法で、一四歳未満の者は感化法で扱われることになった。そのために矯正院（後の少年院）が司法省管轄として設立された。感化法の下で保護されてきた少年の一部は少年法の保護処分を受けることになったが、犯罪少年とぐ犯少年を除くその他の保護を要すべき少年は従来どおり感化法により保護された。

旧少年法は、①審判機関として行政機関である少年審判所を設置し、②一八歳未満の刑罰法令に触れた行為に及んだ少年のほか、罪を犯す恐れのある虞犯少年をも少年審判の対象にし、③少年手続には審判の資料を供し、観察事務を掌る少年保護司を関与させ、審判は資格を裁判官に限定しない少年審判官に単独で行わせ、④少年審判所が言い渡す保護処分は、訓戒、学校長訓戒、書面による改心の誓約、条件付けの保護者への引渡し、寺院・教会・保護団体・適当な者への委託、少年保護司の観察、感化院送致、矯正院送致、病院送致・委託の九種類とした。そして、これらの保護処分は併科できたほか、事後的な取消しや変更も行うことができた。勾留状発付の原則禁止や他の被告人との分離、行為時一六歳未満の者に対する死刑・無期刑の適用の制限、不定期刑の採用なども規定した。旧少年法により刑事手続・処分における少年の特別な扱いが確立された。[13]

ただし、旧少年法は他方で、少年は一八歳未満の者とし、しかも、死刑、無期または短期三年以上の懲役または禁錮にあたる罪を犯した少年や一六歳以上で罪を犯した少年については検察官からの送致がなければ少年審判所の審判に付することはできない（検察官先議）としていた。

旧少年法は一九二四（大正十三）年一月一日に施行され、更生保護事業は新たな進展を示した。それまでは更生保護事業は民間の慈善的事業として自主的・任意的に行われてきたが、旧少年法によって日本で初めて少年に対する実質的な保護観察制度（少年保護司の観察に付すこと）が導入された。旧少年法の保護処分の一つとして「寺院、教会、保護団体又ハ適当ナル者ニ委託スルコト」も定められたのを契機として、全国各地に少年保護団体が創設された。[14]

戦災孤児

太平洋戦争は多くの戦災孤児を生み出した。[15]しかし、孤児たちが社会の注目を集め、大きな社会問題と化したのは、戦争の最大の犠牲者たる戦災孤児としてではなく、住むに家なき浮浪者の群れとしてであった。一九四八（昭和二十三）年九月、浮浪児根絶緊急対策要綱が閣議決定された。その要点は、①浮浪児の背後にあってこれを利用している者を厳重に取締る、②浮浪児に対する安価な同情を排する、③浮浪児に対する保護取締りを徹底する、④犯罪性のある浮浪児は少年審判所に送致する、⑤浮浪児収容施設を改善整備する、などである。

戦災孤児、あるいは浮浪児はいわば戦争の落とし子であり犠牲者でもある。厳重な取締りばかりがその根絶の方策ではない。温かい救済の手を差し伸べることと相俟ってはじめて問題を解決し得る。しかし、国は戦災孤児の切り捨てを図った。

2 児童福祉法と少年法

児童から子どもへ

戦後、日本国憲法が制定され、基本的人権の保障が憲法の三大柱とされた。「家」制度も廃止された。一九四七（昭和二十二）年三月三十一日に公布・施行された教育基本法（法律第二五号）も「我々は、日本国憲法の精神にのっとり、我が国の未来を切り拓く教育の基本を確立し、その振興を図るため、この法律を制定する」として、「教育は、人格の完成を目指し、平和で民主的な国家及び社会の形成者として必要な資質を備えた心身ともに健康な国民の育成を期して行われなければならない。」（第一条）と規定した。一九四七（昭和二十二）年三月三十一日、日本国憲法、教育基本法の制定を受けて学校教育の制度の根幹を定める法律として制定された学校教育法（法律第二六号）も公布・施行された。

一九四七（昭和二十二年）十二月十二日には、児童福祉の基本法としてその後の日本の社会福祉法の先駆けとなる児童福祉法（法律第一六四号）も公布された。「すべて国民は、児童が心身ともに健やかに生まれ、且つ、育成されるよう努めなければならない。」（第一条第一項）、「すべて児童は、ひとしくその生活を保障され、愛護されなければならない。」（同第二項）と規定された。[16]

日本国憲法の精神に基づき、「児童に対する正しい観念を確立し、すべての児童の幸福を図る」ために内閣総理大臣が召集し、広く全国各都道府県にわたり各界を代表する協議員二三六名からなる児童憲章制定会議の議を経て、国民全体の申し合わせという形で、児童憲章が一九五一（昭和二十六）年五月五日に発表された。児童憲章によると、「小さな大人」観からの脱却が提唱され、広く官民に対し大人とは異なる「児童」の独自の存在価値を認めるように求められた。[17]

問題は、児童はあくまでも保護の客体にとどまるのか、それとも権利の主体として認められるのかという点である。しかし、この時期にはまだこの論点が意識されることはなかった。それが意識されるようになるのは、一九八九（昭和六十四）年の国連総会で採択された「子どもの権利条約」（政府訳は「児童の権利条約」）の批准が問題となる一九九〇年代に入ってからのことである。

少年法および旧少年院法の制定

日本で少年法という名の法律が制定されたのは、前述したように、一九二二（大正十一）年である。この旧少年法はＧＨＱの指導の下に全面改正され、現行少年法（昭和二十三年七月十五日法律一六八号）に引き継がれた。全面改正の趣旨は次のようなものであった。

最近少年の犯罪が激増し、かつその質がますます悪化しつつあることは、すでに御承知のことと存じます。これは主として戦時中における教育の不十分と、戦後の社会的混乱によるものでありますが、新日本の建設に寄与すべき少年の重要性に鑑み、これを単なる一時的現象として看過することは許されないのでありまして、この際少年に対する刑事政策的見地から、構想を新たにして少年法の全面的改正を企て、もつて少年の健全な育成を期しなければならないのであります。[18]

家庭裁判所の設置については次のように説明された。

新憲法のもとにおいては、［中略］行政官庁たる少年審判所が、矯正院送致その他の強制的処分を行うことは、憲法の精神に違反するものと言わなければなりません。従つて少年裁判所を裁判所に改め、これを最高裁判所を頂点とする裁判所組織の中に組み入れるのは当然のことでありまして、［中略］政府の方針としてすでに確定しておるところであります。なお当時は少年裁判所の設置を予定していたのでありますが、［中略］これを現在の家事審判所と併せて、家庭裁判所とすることにいたしたのであります。［中略］少年事件と家事事件との間に密接な関連が存することを考慮したためであります。そうしてこの家庭裁判所は、地方裁判所と同一レベルにある独立の下級裁判所ということになつておるのであります［後略］。

年齢の引き上げについても次のように説明された。

最近における犯罪の傾向を見ますると、二十歳ぐらいまでの者に、特に増加と悪質化が顕著でありまして、この程度の年齢の者は、未だ心身の発育が十分でなく、環境その他外部的條件の影響を受けやすいことを示しておるのでありますが、このことは彼等の犯罪が深い悪性に根ざしたものではなく、従つてこれに対して刑罰を科するよりは、むしろ保護処分によつてその教化をはかる方が適切である場合の、きわめて多いことを意味しているわけであります。政府はかかる点を考慮して、この際思い切つて少年の年齢を二十歳に引上げたのであります［後略］。

保護処分と刑事処分の関係については、次のように説明された。

　現行少年法においては、原則として検察官が刑事処分を不必要として起訴猶予にしたものを少年審判所にまわして、これに保護処分を加えておるのでありますが、今回の改正においては、少年犯罪の特殊制《ママ》に鑑み、この関係を全然転倒し、一切の少年の犯罪事件は、警察または検察庁から家庭裁判所に送られ、家庭裁判所が訴追を必要と認めるときは、これを検察官に送致するようにしたのであります。しかもこの検察官への送致は、十六歳未満の少年については絶対に認められません。［中略］この点は今回の改正中最も重要なものの一つでありまして、少年に対する刑事政策上、まさに画期的な立法と申すべきであります。

一九四八（昭和二十三）年七月五日、現行少年法とともに、旧少年院法（昭和二十三年七月十五日法律第一六九号）が参議院本会議において全会一致で可決、成立した[19]。これに伴い矯正院法（大正十一年法律第四三号）は廃止された。

抑制的な厚生省、強気の法務庁

少年法や旧少年院法の制定については、司法委員会での審議では衆議院においても参議院においても特段の疑義は提示されていない。強い懸念が表明されたのは衆参の厚生委員会および司法・厚生連合委員会においてであった。たとえば、厚生委員会委員からは、少年法や旧少年院法と児童福祉法は矛盾しないかという懸念があった[20]。

厚生省の政府委員からも善処方が要望されている。しかし、腰が引けている感は否めない。厚生省のこのような抑制的な姿勢の背景には、敗戦の代償で勝ち得た社会事業の近代化の方向が後退の危機に直面していたという大状況に加えて、更生保護に対する厚生省の慎重な態度が伏在していた。一九四六（昭和二十一）年にＧＨＱが釈放者保護事業の管轄を司法省から厚生省に移すべきではないかと提案したのに対して、厚生省も意見書をＧＨＱに提出した。意見書は、これまで司法省（一八七一年七月九日―一九四八年二月十五日）が更生保護事業を担当してきたこと、当時の厚生省の業務が安定せず多忙を極めていたこと等を理由として慎重な態度を示したもので、その結果、移管の話は不確定のまま自然消滅していた[21]。

これには、社会事業関係者の更生保護に対する理解が不十分だったということも大きかった。関係者の中には、更生保護に対して蔑視感のようなものさえがみられたという[22]。国会審議で問題が虞犯少年の管轄等に限定されたこともこれに起因していたといえようか。犯罪少年については忌避感が強かった。このような状況では、厚生省が法務庁（一九四八年二月十五日―一九四九年五月三十一日）に対して法案の骨格の見直しを迫るようなことはおよそ不可能であった。一四歳未満の虞犯少年については少年院に収容しない、保護観察にも付さないということを守るのがやっとであった。

法務庁が強気だった理由[23]としては、厚生省の消極的な姿勢にも増して、ＧＨＱ側との間で妥協が成立していたことが大きかった。ＧＨＱにとって、少年裁判所ではなく一般裁判所であったが、家庭裁判所を新設して従前司法省下の行政機関が行ってきた保護処分の決定をこの家庭裁判所に移すというのは、のめない妥協ではなかった。虞犯少年の処分を家庭裁判所の管轄に委ねるかどうかは、この妥協を妨げる問題ではなかった。他方、法務庁にとってこの妥協は大きな痛手といえなくもなかった。しかし、暫定的だとはいえ少年審判所を残すことができたこと、しかもその職員の大幅増を実現できたこと、さらに裁判所との間には人的交流も含めて太い確固としたパイプが築かれており、このパイプを通じて一定の影響力を実質的に行使し続け得ること等に鑑みれば、のめない妥協ではなかった。

少年の保護処分に関して日本国憲法の謳う三権分立制度が曲がりなりにも導入されたことの意義は少なくなかった。保護処分の新しい担い手として家裁裁判官、家裁調査官、そして付添人（弁護士）が登場することになったからである。家庭裁判所が発足してしばらくは、日本国憲法や教育基本法の理念を胸に少年の健全育成に情熱的に取り組む家裁裁判官が輩出し、法務庁・法務府（一九四九年六月一日―五二年七月三十日）・法務省（一九五二年八月一日―）の考えとの間に乖離が生じた。

犯罪者予防更生法の制定

新少年法などの施行（一九四九年一月一日）を受ける形で、一九四九（昭和二四）年四月二十六日、懸案であった犯罪者予防更生法案が国会に上程された。ここに至るプロセスにおいても、少年法の改正においてみられたのと近い構図が存した。

一九三九（昭和十四）年に制定の司法保護事業法は、刑の執行猶予・執行停止中・執行免除の者、仮出獄者、少年法による保護処分を受けた者等に対し、再犯を防止して「進ンデ臣民ノ本分ヲ恪守《かくしゅ》セシムル為」に性格陶冶、生業助成等を行う保護制度を定めていた。新憲法との関係で法改正が必至となり、司法省は敗戦後まもなく同改正作業に着手し、保護課は一九四七（昭和二二）年一月十三日、司法保護事業法改正草案をまとめ、二月十日、GHQのCIS公安課の行刑部に同草案を提出した。約二か月後の四月十二日、同行刑部から最初の修正意見書が提示された。

このGHQの修正意見に盛られていたのが「中央青少年犯罪者予防更生委員会」構想であった。[24] 文部省にとってGHQの構想は追い風になるはずのものであった。しかし、結論的にいえば、文部省がこの構想を活かすことはできなかった。それは、一九四八（昭和二十三）年六月十一日に未提出・廃案となった犯罪者予防更生法案の条文をみれば明らかであった。[25]

文部省の消極的な姿勢が目立った。それは対法務庁・法務府に対してのみならず、対厚生省においても同様であった。一九四九（昭和二十四）年四月二十八日、厚生大臣の請議で閣議決定された「青少年指導不良化防止対策に関する件」の別紙「青少年指導不良化防止対策基本要綱」でも、実施事項として、青少年のための映画読物等各種文化財の質的向上、純潔化を図るため児童福祉審議会による文化財の推薦・勧告制度の活用が挙げられた結果、文化財の価値づけ・奨励の役割は、主に児童福祉法の下で児童福祉審議会が担うことになったからである。文部省の関与はより限定的なものとなった。[26] 新少年法の審議に当たって厚生省が行ったような疑義を公式に表明することさえも難しいというのが文部省の置かれた苦しい立場であった。[27] 法務庁・法務府対GHQ・文部省の葛藤が顕在化することはなかった。

一九四七（昭和二十二）年四月十二日に司法省保護課に示されたGHQのCIS公安課の第一次修正案に盛り込まれていた「中央青少年犯罪予防更生委員会」構想、すなわち、当委員会のうち、成人相手の委員会の副委員長は司法大臣とするが、青少年相手の委員会の副委員長は文部大臣とするという構想は採用しないことで決着済みになった。保護観察の実施機関は戦前と同じく、成人も少年もすべて法務府所管の機関とするということになった。犯罪者予防更生法案もそれを前提として起案された。[28]

国の整序・統制の重視

犯罪者予防更生法について指摘しておかなければならないことは、自助、共助が主だということを前提として、公助について規定されているという点である。法第一条第二項で国民の義務を取り上げ、「すべて国民は、前項の目的を達成するため、その地位と能力に応じ、それぞれ応分の寄与をするように努めなければならない。」と規定しているにもかかわらず、国の義務については規定するところがないのもそのためだといえよう。

そして、この国の役割（公助）には支援・促進と整序・統制という二つの側面があるという点である。更生保護は対象者との関係において保護と観察が区別されている。この支援・促進と整序・統制の区別は対象者との関係においてではなく、国と本人・家族及び国民・社会との関係においてである。保護と観察を巧みに使い分けたように、この支援・促進と整序・統制も、国は巧みに使い分けた。支援・促進が予算的にも制度的にも乏しい中では、国の役割（公助）はおのずから整序・統制に傾斜することになった。

指摘しなければならないことの第二は、保護観察の包含する人権侵害ないし人権制限の危険性に対して配慮するという姿勢が脆弱だという点である。保護観察の遵守事項に関わって国会審議で示された、濫用の危険性はないのか、政治信念に基づく行動を原因として処罰されたような場合の者までも「犯罪性のある者」となり、その者との交際が制限されるのではないか、等の懸念に対しても、適正な法運用に努めるので特段の問題は生じないとの答弁しかなされていない。新憲法第三十一条で規定された適正手続保障を保護観察についても及ぼしていくといった発想は見受けられない。

第三は、保護観察による対象者への強制措置の正当化根拠としてパレンス・パトリエ（「人民の父」という意味のラテン語に由来する法律用語で、両親が養育不能又は養育を拒否した子ども、あるいは成人でも身寄りのない無能力者など、保護に欠ける者について、その実親や保護義務者、事実上の保護者の権限を剝奪して、国が親としてふるまうことをいう。）が前面に押し出されている。他方で、「保護観察における刑事政策的色彩」にみられるように、ポリス・パワーによる正当化も図られており、パレンス・パトリエとポリス・パワーとが巧みに使い分けられている点である。しかし、ポリス・パワーによる場合は格別、パレンス・パトリエによる場合であっても、人権侵害の問題は依然として残されるのである。

第四は、法案作成過程における保護観察の効果についての検討が十分ではなかったように見受けられるという点である。釈放者を保護観察に付することはかえって更生を妨げることになるのではないかという委員質問に対しても、説得力のある答弁はなされていない。効果を十分に検討したうえでの制度設計とはなっていない。はじめに結論ありきの印象は拭い難い。保護観察を担う現場は人的資源の面でも制度的な面でも予算的な面でも脆弱であったことを勘案すると、十分な効果を挙げ得るかどうかについては当局も確信が持てなかったのではないか。にもかかわらず、法案の国会審議のなかで早くも法制定後の拡大・強化の方針が表明されている。執行猶予者に対する保護観察、宣告猶予者に対する保護観察、起訴猶予者に対する保護観察等がそれである。

第五は、思想犯保護観察法との関係である。「（思想犯）保護観察制度を体験した者から見ますと、（犯罪者予防更生法は）はなはだおためごかしの法律でありまして、いわゆるこの保護を受ける人は相当人権の自由を侵害束縛されるのではないか」という質問に対しては、「この立案に当りましては、私ども全然さようなおためごかしに、ある種の目的をもつて弾圧するというようなことは、全然考えたことはありません。［中略］思想犯保護観察法とは全く趣を異にした発足からいいましても、ねらいからいいましても全然別個のものであることをはつきり申し上げたいと存じます。」と答弁された。

その論拠として、本法案では満期釈放後の保護観察は認められていない点が挙げられている。思想犯保護観察法に対する当局の反省はこの程度のものであった。廃止を契機に戦前の更生保護の展開を自ら批判的に検証し、この検証の上に戦後の更生保護の再出発をはかるというような姿勢はうかがえない。そのことは、過ちを繰り返す危険性が残されたということを意味した。[29]

3　指導・監督の対象から「権利の主体」へ

国際人権規約と児童の保護

子どもの権利は国際人権法によって新たな進展を見せることになった。一九四八（昭和二十三）年十二月十日の第三回国連総会で採択された世界人権宣言の第二十五条第二項は「母と子とは、特別の保護及び援助を受ける権利を有する。すべての子どもは、嫡出であると否とを問わず、同じ社会的保護を受ける。」と規定した。

世界人権宣言を受けて一九六六（昭和四一）年十二月十六日の第二十一回国連総会で採択された国際人権規約のうち、自由権規約（B規約）では、以下のように規定された。

「死刑は、十八歳未満の者が行つた犯罪について科してはならず、また、妊娠中の女子に対して執行してはならない。」

「少年の場合には、手続は、その年齢及びその更生の促進が望ましいことを考慮したものとする。」（第六条第五項）

「すべての子どもは、人種、皮膚の色、性、言語、宗教、国民的若しくは社会的出身、財産又は出生によるいかなる差別もなしに、未成年者としての地位に必要とされる保護の措置であって家族、社会及び国による措置についての権利を有する。」（第十四条第四項）

「すべての子どもは、人種、皮膚の色、性、言語、宗教、国民的若しくは社会的出身、財産又は出生によるいかなる差別もなしに、未成年者としての地位に必要とされる保護の措置であって家族、社会及び国による措置についての権利を有する。

「すべての子どもは、国籍を取得する権利を有する。」（第二十四条）

また、社会権規約（A規約）では、以下のように規定された。

「この規約の締約国は、教育についてのすべての者の権利を認める。締約国は、教育が人格の完成及び人格の尊厳についての意識の十分な発達を指向し並びに人権及び基本的自由の尊重を強化すべきことに同意する。更に、締約国は、教育が、すべての者に対し、自由な社会に効果的に参加すること、諸国民の間及び人種的、種族的又は宗教的集団の間の理解、寛容及び友好を促進すること並びに平和の維持のための国際連合の活動を助長することを可能にすべきことに同意する。」（第十三条）

「この規約の締約国は、1の権利の完全な実現を達成するため、次のことを認める。（a）初等教育は、義務的なものとし、すべての者に対して無償のものとすること。（b）種々の形態の中等教育（技術的及び職業的中等教育を含む。）は、すべての適当な方法により、特に、無償教育の漸進的な導入により、一般的に利用可能であり、かつ、すべての者に対して機会が与えられるものとすること。（c）高等教育は、すべての適当な方法により、特に、無償教育の漸進的な導入により、能力に応じ、すべての者に対して均等に機会が与えられるものとすること。（d）基礎教育は、初等教育を受けなかった者又はその全課程を修了しなかった者のため、できる限り奨励され又は強化されること。（e）すべての段階にわたる学校制度の発展を積極的に追求し、適当な奨学金制度を設立し及び教育職員の物質的条件を不断に改善すること。」

「この規約の締約国は、父母及び場合により法定保護者が、公の機関によって設置される学校以外の学校であって国によって定められ又は承認される最低限度の教育上の基準に適合するものを児童のために選択する自由並びに自己の信念に従って子どもの宗教的及び道徳的教育を確保する自由を有することを尊重することを約束する。」（同）

北京ルールズ

一九八五（昭和六十）年には、「少年司法運営に関する国連最低基準規則」（北京ルールズ）が第七回犯罪防止及び犯罪者処遇に関する国連会議及び国連総会で採択された。

「少年司法システムは、少年の福祉に重点を置いたものでなくてはならず、また少年犯罪者に対するあらゆる反作用が、常に、犯罪者および犯罪に関する状況の双方に比例することを保障しなければならない。」（第五条）、「無罪の推定、犯罪事実の告知を受ける権利、黙秘権、弁護人依頼権、親や保護者の立会権、証人尋問権（証人と相対し反対尋問する権利）、上級の機関に不服を申し立てる権利などの基本的な手続的保障は、手続のあらゆる段階で保障されなければならない。」（第七条）などに加えて、「死刑は、少年が行ったどのような犯罪に対しても、これを科してはならない。」（同第二項）ことも規定された。

子どもの権利条約

「子どもは、この宣言に掲げるすべての権利を有する。すべての子どもは、いかなる例外もなく、自己又はその家族のいずれについても、その人種、皮膚の色、性、言語、宗教、政治上その他の意見、民族的若《も》しくは社会的出身、財産、門地その他の地位のため差別を受けることなく、これらの権利を考えられなければならない。」

このようにその第一条で規定した「子どもの権利宣言」の採択三十周年記念日である一九八九（平成元）年十一月二十日に開催された第四四回国連総会で、「子どもの権利条約」は採択され、一九九〇（平成二）年九月二日に発効した。

子どもの権利条約によって、子どもの権利は新たな段階に引き上げられることになった。同条約では、「子ども（児童）」を「保護の対象」としてではなく「権利の主体」と明確に位置づけられたからである。子どもの権利条約は、一八歳未満を「子ども（児童）」と定義し、国際人権規約が定める基本的人権を、その生存、成長、発達の過程で特別な保護と援助を必要とする子どもの視点から詳説したものである。条約は、前文と本文五四か条からなり、子どもの生存、発達、保護、参加という包括的な権利を実現・確保するために必要となる具体的な事項を規定した。

同条約の何よりの意義は、「締約国は、すべての子どもが生命に対する固有の権利を有することを認める。」（第六条第一項）、「締約国は、自己の意見を形成する能力のある子どもがその子どもに影響を及ぼすすべての事項について自由に自己の意見を表明する権利を確保する。この場合において、子どもの意見は、その子どもの年齢及び成熟度に従って相応に考慮されるものとする。」（第十二条第一項）などと規定し、子どもの権利主体性を保障する規定を置いたことである。

日本は、一九九〇（平成二）年九月二十一日にこの条約に署名し、一九九四（平成六）年四月二十二日に批准を行った。

子どもの権利条約では少年司法の基本原則も定められた。第四十条第一項は「締約国は、刑法を犯したと申し立てられ、訴追され又は認定されたすべての子どもが尊厳及び価値についての当該子どもの意識を促進させるような方法であって、当該子どもが他の者の人権及び基本的自由を尊重することを強化し、かつ、当該子どもの年齢を考慮し、更に、当該子どもが社会に復帰し及び社会において建設的な役割を担うことがなるべく促進されることを配慮した方法により取り扱われる権利を認める。」と規定した。

ここでは罪を犯した子どもについて、あらゆる手続を通して尊重され保護されることが必要だとされ、少年司法の目的はそのことを通して、その子どもが、自分自身は大切な存在であると認識し、他の人の人権も尊重し、社会復帰して建設的な役割を果たせるように促進することだとされている。

リヤド・ガイドライン

少年非行防止のための国連ガイドライン（リヤド・ガイドライン）も一九九〇（平成二）年十二月十四日の国連総会で採択された。

「少年非行の防止を成功させるためには、青少年の調和のとれた発達を確保するために、幼児期からその人格を尊重および促進しながら社会全体が努力する必要がある。」

「この指針を解釈するにあたっては、子ども中心の方向性が追求されるべきである。青少年は社会のなかにあって積極的な役割およびパートナーシップを担うべきであり、単に社会化または統制の対象と見なされるべきではない。」

「国内法体系にしたがってこの指針を実施するにあたっては、幼児期からの青少年の福祉があらゆる防止プログラムの焦点とされるべきである。」

「進歩的な非行防止政策と、措置を体系的に研究および策定することの必要性と重要性が認識されるべきである。これらの政策および措置においては、子どもも本人の発達にとって深刻な妨げとならず、または他人を傷つけないような行動について子どもを犯罪者扱いおよび処罰することを避けなければならない。」

「少年非行の防止のための、コミュニティを基盤とするサービスとプログラムが、とくにいかなる機関も設置されていない地域において開発されるべきである。社会統制のための公式機関は最後の手段としてのみ利用されなければならない。」

これらが基本的原則とされた。そして、

「本指針は、世界人権宣言、経済的、社会的および文化的権利に関する国際規約、市民的および政治的権利に関する国際規約、子どもの権利宣言および子どもの権利条約の幅広い枠組みのなかで、かつ、少年司法運営に関する国連最低基準規則（北京ルールズ）ならびにあらゆる子どもと青少年の権利、利益および福祉に関連するその他の文書および規範の文脈に即して、解釈および実施されるべきである。」

「とくに家族、コミュニティ、仲間集団、学校、職業訓練および仕事の世界ならびにボランティア組織を通じて、あらゆる子どもと青少年が社会化と統合を果たすことを促進するような防止政策が重視されるべきである。子どもと青少年の適切な人格的発達が正当に重視されるべきであり、かつ、子どもと青少年が社会化と統合の過程で全面的かつ対等なパートナーとして受け入れられなければならない。」とされた。

家族、教育、コミュニティ、マス・メディア、社会政策、立法及び少年司法の運営、調査研究、政策の発展および調整についても詳しく規定された。

4　国連で危惧される日本の「子ども事情」

条約批准に当たっての解釈宣言と留保

「子どもの権利条約」は日本については一九九四年五月二十二日に発効した。発効によって「小さな大人」から「子どもの誕生」へとパラダイムの転換が実現するのではないかと多くの人は期待した。現実はそうではなかった。

同条約の日本語訳に当たって問題となったのはchildを「児童」と訳すか「子ども」と訳すかであった。外務省訳では法律用語としては児童が一般的であるなどの理由で、「児童」と訳された。しかし、児童という言葉は保護の客体という子ども観に立脚しており、権利行使の主体という条約の子ども観が伝わりにくいこと、学校教育では児童といえば小学生を指すので、中高生に自分たちの条約として受けとめてもらいにくいことなど、外務省訳は子どもの権利条約の精神を正しく伝えるうえで大きな難点となっているとの批判が強い。民間の訳としてはもっとも広く活用されている国際教育法研究会訳では「子ども」と訳されている。

また、こどもは漢字で書くと「子供」となるが、この「供」という字がお供する、お供えものという言葉に使われるように付随するものという意味があるために差別につながるとして、教育、法律、行政文書などの世界では、長年、「子ども」という交ぜ書き表記が使われてきた。しかし、文部科学省は、「子供」は小学校六年生で学ぶ常用漢字であり、差別表現ではないとして、二〇一三（平成二十五）年から公用文に用いられる表記を「子供」に統一した。

より重要な点は、日本政府が条約批准に当たって解釈宣言[30]と留保を付したことである。留保は第三十七条C項で、「第三十七条Cは、自由を奪われたすべての児童（十八歳未満の者）が成人（十八歳以上の者）から分離されなければならない旨規定している。我が国においては、国内の関係法令により、自由を奪われた者は基本的に二十歳で分離することとされていること等にかんがみ、右規定に拘束されない権利を留保することとする。」とされた。

この解釈宣言と留保については、本来は不要なはずの条約三十七条C項の留保をあえて行うのは、代用監獄を温存し、また日弁連らの強い反対で中断している現行少年法改正問題（年齢引き下げと罰則強化）に道をつけようとの意図がうかがえる[31]といった強い批判が向けられた。

子どもの意見表明権と子どもの参加

法に触れた少年であっても、その意見表明権は尊重されるべきである。少年司法の各段階において少年の参加[32]が保障されるべきだというのが国際的な動向である。

たとえば、子どもの権利条約はその第十二条第一項で「締約国は、自己の意見を形成する能力のある子どもがその子どもに影響を及ぼすすべての事項について自由に自己の意見を表明する権利を確保する。この場合において、子どもの意見は、その子どもの年齢及び成熟度に従って相応に考慮されるものとする。」と規定し、第二項で「このため、子どもは、特に、自己に影響を及ぼすあらゆる司法上及び行政上の手続において、国内法の手続規則に合致する方法により直接に又は代理人若しくは適当な団体を通じて聴取される機会を与えられる。」と規定している。

北京ルールズもその第十四条二項で、「(少年審判の―引用者)手続は、少年の最善の利益に資するものでなければならず、かつ、少年が手続に参加して自らを自由に表現できるような理解し易い雰囲気の下で行われなければならない。」と規定している。

この意見表明権と参加の関係についても、子どもの権利委員会第五一会期(二〇〇九年五月二十五日―六月十二日)で採択された「子どもの権利委員会一般的意見十二号」(二〇〇九年)」は、次のように整理している。

11　締約国は、子どもが自由な意見をまとめることを奨励すべきであり、かつ子どもが意見を聴かれる権利を行使できるような環境を提供するべきである。

12　子どもたちが表明する意見は妥当な視点および経験を付け加えてくれる可能性があるのであって、意思決定、政策立案および法律および措置の準備ならびに(または)その評価において考慮されるべきである。

13　このようなプロセスは通常、参加と呼ばれている。意見を聴かれる子どもまたは子どもたちの権利の行使は、このようなプロセスに不可欠な要素のひとつである。参加の概念においては、子どもたちを包摂することは一時的行為としてのみ位置づけられるべきではなく、子どもの生活に関連するあらゆる文脈における政策、プログラムおよび措置の発展について子どもたちとおとなたちが熱心な意見交換を行う出発点となるべきことが重視される。

子どもの権利条約第三十七条の「締約国は、次のことを確保する。」のうちのD号の規定「自由を奪われたすべての子どもは、弁護人その他適当な援助を行う者と速やかに接触する権利を有し、裁判所その他の権限のある、独立の、かつ、公平な当局においてその自由の剝奪の合法性を争い並びにこれについての決定を速やかに受ける権利を有すること」も重要であろう。少年司法の分野における子どもの意見表明権及び参加を実質的に保障した規定といえるからである。

子どもの意見表明権と子どもの参加についても、国連子どもの権利委員会から日本政府に対し、繰り返し勧告がなされている。たとえば、一九九八（平成十）年の「最終見解」では、

13 委員会は、差別の禁止（第二条）、子どもの最善の利益（第三条）及び子どもの意見の尊重（第十二条）の一般原則が、とりわけアイヌの人々及び韓国・朝鮮人のような民族的、種族的少数者に属する子ども、障害児、施設内の又は自由を奪われた子ども及び嫡出でない子のように、特に弱者の範疇に属する子どもの関連において、子どもに関する立法政策及びプログラムに十分に取り入れられていないことを懸念する。委員会は、韓国・朝鮮出身の子どもの高等教育施設への不平等なアクセス、及び、子ども一般が、社会の全ての部分、特に学校制度において、参加する権利（第十二条）を行使する際に経験する困難について特に懸念する。

とされている。さらに二〇一〇（平成二十二）年の「最終見解」でも勧告を受けている。[33]

少年司法の分野における子どもの意見表明権、子どもの参加の保障についても、たとえば、「85 委員会は、締約国に対し、少年司法制度を特に条約第三十七条、第四十条、第三十九条や、少年司法運営に関する国連基準規則（北京ルールズ）、少年非行防止のための国連ガイドライン（リヤド・ガイドライン）、自由を奪われた少年の保護に関する国連規則（ハバナルールズ）や刑事司法制度の少年に対する行動のウィーン・ガ

イドラインを含むその他の少年司法分野における国連基準に完全に適合させるため、少年司法における児童の権利に関する委員会の一般的意見№10（二〇〇七年）を考慮しつつ、少年司法制度の機能を再検討するよう要請する。」（二〇一〇年の「最終見解」）というような形で懸念が表明されている。

子どもの権利の制限

子どもの権利については、大人と子どもの間で認識ギャップがあることが指摘されている。神奈川県川崎市がアンケート調査を実施し、結果をまとめた「子ども、おとな、職員に対するアンケート調査」（二〇〇二年三月）によると、「子どもとおとなとが子どもの権利に関する考え方をできる限り共有していく必要がある。そうした視点から、今回の調査のなかで子ども・おとな・職員共通の質問事項を比較検討してみると、いくつかの子どもの権利認識において、子どもとおとな、職員の間に意識のズレがあることを確認することができた。」として、この意識のズレが次のように分析されている。

第一には、子どもの「大切だと思う」権利と、おとなのそれとの認識のズレである。「ありのままの自分でいる権利」は子ども全体で第二位、三四・三％であるのに対して、おとなは第四位、一八・四％である。逆に、「自分を守り、守られる権利」は、子どもの場合は六位、一六・三％と低いのに対し、大人は第三位、二五・二％と高くなっている。条例（川崎市子どもの権利に関する条例―引用者）の制定過程でも子どものありのままの存在を尊重してほしいというアピールが出され、自由記述でも子どもから「気持ちをわかってほしい」、「意見を聴いてほしい」との声が多く寄せられたが、親に認めてもらえない、大人社会に否定されているように感じている子どもの姿が垣間見られる。

第二には、生活の場面で、「自分で決める」ことを求める項目の差異である。例えば、子どもが自分で決めたいと思っている、また、おとなが子どもが決めてもよいと思っている項目を見ると、子どもとおとなでは大きな違いがあることがわかる。子どもの希望が高く、おとなが低い項目では、「テレビゲーム、学校での髪形、家に帰る時間、アルバイト」等があがる。逆に、子どもの希望が低く、おとなが高い項目は、「習いごと、塾、クラブ活動・部活動、趣味活動」等があげられる。

第三には、何でも話せる人について、子どもは「友人」が大勢（八一・七%）を占めているのに対して、おとなは、「親」のはずという思い（八三・六%）があり（子どもにとっては「親」は五五・三%）、意識のズレは大きい。

認識ギャップは規律についてもみられる。子どもの権利条約は規律が前提だという主張も少なくない。たとえば、「権利条約は教育的配慮に基づく「学校の規律」に優先してまで、大人並みの「市民的自由」を子供に認めるものなどではない」といった見解である。[34]「学校においては、その教育目的を達成するために必要な合理的範囲内で児童生徒等に対し、指導や指示を行い、また校則を定めることができる」という文部事務次官通知も、規律優先の立場に立っていると解される。[35]

身柄拘束の原則撤廃

少年の身柄拘束も国際基準との乖離が大きい問題である。新少年法はその第四十三条第一項及び第三項で「検察官は、少年の被疑事件においては、裁判官に対して、勾留の請求に代え、第十七条第一項の措置を請求することができる。但し、第十七条第一項第一号の措置は、家庭裁判所の裁判官に対して、これを請求しなければならない。」「検察官は、少年の被疑事件においては、やむを得ない場合でなければ、裁判官に対して、勾留を請求することはできない。」と規定した。また、第四十八条で「勾留状は、やむを得ない場合でなければ、少年に対して、これを発することはできない。」「少年を勾留する場合には、少年鑑別所にこれを拘禁することができる。」「本人が満二十歳に達した後でも、引き続き前項の規定によることができる。」と規定し、第四十九条第一項で「少年の被疑者又は被告人は、他の被疑者又は被告人と分離して、なるべく、その接触を避けなければならない。」と規定した。

しかし、実際の運用では規定が守られることはなく、ほとんどの場合、捜査の必要があるとして、少年は警察の留置場に勾留される。それは少年の心身に対し過度の負担を強いるものとなっている。

逮捕・勾留の期間も少年特例が置かれることはなかった。少年が逮捕されると、成人の場合と同様、最大で七二時間、警察の留置場に留め置かれ、その後、引き続き原則一〇日間（一〇日間以内の延長が可能）の勾留がなされ、取調べに充てられている。少年といえども、被疑者を警察の留置場などに長期間身柄拘束し、連日長時間の取調べを行い、自白や警察官や検察官の意に沿った供述を得る、いわゆる人質司法の対象外とはされていない。

北京ルールズは、その十三条で、「審判のための身柄拘束は最後の手段としてのみ使用され、かつ、その期間はできるだけ最小限度にとどめられなければならない。」と定めている。しかし、日本の場合、少年の身柄拘束の運用は最後の手段とも最小限ともなっていない。そのために、一九九八（平成十）年六月の「国連子どもの権利委員会の最終見解：日本」でも、また二〇〇四（平成十六）年二月の同「最終見解」でも、さらに二〇一〇（平成二十二）年六月の同「最終見解」でも、この問題が取り上げられている。

一九九八年の「最終見解」では次のように懸念されている。

27　少年司法運営に関する状況、並びに、その状況と条約の原則・規定、就中《なかんずく》第三十七条、第四十条及び第三十九条、及びその他の関連する基準、例えば、北京ルールズ、リヤド・ガイドライン、自由を奪われた少年の保護に関する国連規則（ハバナルールズ）との適合性は、委員会にとって懸念事項である。特に、委員会は、独立した監視及び適切な不服申立手続が不十分であること、最後の手段としての拘禁及び裁判前の拘禁の使用に対する代替手段が不十分であることを懸念する。代用監獄の状態も懸念事項である。

二〇〇四年の最終見解でも次のように勧告されている。

54　委員会は、締約国が、
（a）少年司法基準、特に条約第三十七、三十九、四十条、また、少年司法運営に関する国連最低基準規則（北京ルールズ）や少年非行防止のための国連ガイドライン（リヤド・ガイドライン）、また一九九五年の少年司法運営に関する委員会の一般討論、などの完全な実施を確保すること、
（b）未成年者の終身刑を禁止するよう法制度を改正すること、
（c）自由の剝奪の最終手段としてのみの使用を確保するために、司法前勾留を含む勾留措置の代替措置の使用を強化し、増加すること、［中略］を勧告する。

二〇一〇年の「最終見解」でも、同旨の要請がなされている。しかし、日本政府は現在までのところ、この懸念、勧告、要請も無視し続けている。

家族法の見直しという課題

日本の家族法は、第二次世界大戦後の改正により、個人の尊厳と両性の本質的平等を原則とするものとなった。子に関する事項についても、子の氏名の取得と戸籍への登録、婚姻中の父母の共同親権、扶養義務、離婚後の監護、親権喪失制度、普通養子・特別養子、後見人制度、児童福祉法における養護施設収容・里親への養育委託など、それなりに整った体系をもつ。実務では子の最善の利益を守るような運用（別居親と子の面会交流など）、家裁調査官の事実調査により子の意向を考慮する運用などもなされている。政府が子どもの権利条約の批准に際して国内法整備の家族法の見直しは必要ないとしたのも、根拠がないわけではなかった。

しかし、これに対しては、「日本の法制度は条約に違反していないと弁明するのではなく、子どもの利益をより確実に保障し、そのことによってよりよい親子関係、家族関係を築くことができるように法制度を整備すべきではないだろうか[36]」との問題提起がみられる。子どもの権利条約から見た場合の家族法の見直し課題の洗い出しなどの作業も行われている[37]。この見直しで注目されるのは家族法における子どもの意見表明権の保障である。意見表明権は子どもが権利の行使の主体でもあることを明示するものであり、条約の基幹をなすものであるにもかかわらず、日本法でおそらくもっとも整備が遅れている課題だからである。

二宮周平によると、この意見表明権の保障という観点から見た場合の家族法の問題として、次のような具体例が指摘されている。

「例えば、子が親の虐待に耐えかねて親元を離れて養護施設や里親の下で暮らしたいと思ったとしよう。現行制度の下で養護施設への入所あるいは里親への養育委託がなされるのは、親権者の同意がある場合と、家庭裁判所の審判による場合だけである。里親への養育委託については、子が一五歳以上であれば、子の陳述の聴取が義務づけられているが、それ以外には、子の意思を聴くことは制度上保障されていない。子が児童相談所を訪ね、入所や委託を希望する意思を表明すれば、児相の職員は親を説得するが、同意が得られなければ、それまでである。よほど事態が深刻であれば、児童相談所長が申し立て、家庭裁判所の審判を得て入所することもあり得るが、子が直接、申し立てることはできない。

子もある程度の年齢になれば、自分にとって何が最もよい選択か判断できることもある。子自らが施設入所を希望するというのは、よほど切実な事情があってのことであろう。それなのに子自身には入所申立権が認められていない。このような問題は家族法一般にも共通する。子の権利・義務にかかわる事項について、子の意思を尊重し、場合によっては子の自己決定を保障するような構造にはなっていない。それでは子の利益を守ることはできないのではないだろうか。[38]」

しかし日本政府は、このような指摘にもかかわらず、家族法の見直しは必要ないとの態度を変えていない。

逆行する日本政府の動き

一九九四（平成六）年五月に「子どもの権利条約」が日本について発効してからすでに二三年以上が経過している。問題は日本における子どもの権利状況が進んだといえるかである。否といわざるを得ない。国連「子どもの権利委員会」からの勧告に対して、「児童買春、児童ポルノに係る行為等の処罰及び児童の保護等に関する法律」（平成十一年法律第五二号）の制定や、「児童虐待の防止等に関する法律」（平成十二年法律第八二号）などのわずかな改善策を除くと、日本政府は何も対応していないからである。そのために、二〇一〇（平成二十二）年六月十一日の一五四一回会合において採択された「条約第四十四条に基づき締約国から提出された報告の審査　最終見解：日本」では、「委員会は、第二回報告の審査に基づき二〇〇四年二月に出された懸念及び勧告のいくつかに対処するためになされた締約国の努力を歓迎する。しかしながら、これらの懸念及び勧告の多くについて、完全には実施されてない、あるいは、全く対処がなされていないことを遺憾に思う。委員会は、本文書において、これらの懸念と勧告を繰り返す。」などとされたうえで、多くの事項について懸念及び勧告がなされている。[39]

日本でも国民の経済的格差が拡大してきていることが問題となっているが、この経済的格差の拡大は、確実に子どもにも及んでいる。なかでも子どもの貧困が問題となってきており、学力や健康、児童虐待や少年事件などに影響を及ぼしていることが指摘されている。これらは子どもの成長発達に深刻な影響を及ぼしている。にもかかわらず、政府は相変わらず子どもに関するあらゆる問題についての包括的な調査研究を行おうとしておらず、各省庁でばらばらに作成したものを寄せ集めた報告書を提出するばかりである。子どもの権利実現のための国内行動計画として出された青少年育成施策大綱は零歳から三〇歳未満までの青少年を対象としたもので、条約の求める権利基盤型アプローチに立ったものではない。

子どもを取り巻く状況はむしろ悪化しているとさえいってもよい。教育の分野で見ると、「子どもの権利委員会」から「締約国における高度に競争的な教育制度並びにそれが児童の身体的及び精神的健康に与える否定的な影響に鑑み、委員会は、締約国が、条約第三条、第六条、第十二条、第二十九条及び第三十一条に照らし、過度なストレス及び登校拒否を予防し、これと闘うために適切な措置をとることを勧告する」とされ続けている。にもかかわらず、学校教育制度の過度に競争的な傾向は、この二十数年間でそれほど変化はみられない。公立学校における学校選択制は全国一斉学力テストの実施とその結果の公表とあいまって学校間の格差を拡大し、中高一貫教育の導入もあって、競争は私立のみならず公立の小学校、中学校にまで広がっている。いじめ、体罰、校内暴力、自主退学・退学処分、不登校などの数も減少していない。ストレスの強い学校生活は子どもたちの心身に影響を及ぼし、日本の子どもの孤独感・自己肯定感の低さは顕著である。

特筆されるのは教育基本法が二〇〇六（平成十八）年に改悪されたことである。これも逆行する動きだといえよう。

1　雑賀美津枝「家族制度の変遷と教育」日本大学教育学会編『教育学雑誌』一二号（一九七八年）四三頁以下等を参照。

2　明治以降急速に発達した資本主義経済と産業化によって、大正期の日本では伝統的な「家」の役割は減退した。戦前の日本は家父長的家族（大家族）が多いといわれてきたが、大正九年の第一回国勢調査報告（内閣統計局『大正九年　国勢調査』等を参照）をみると、全国で家族数は一万一一一九家族、家族員数は五万八七人、一家平均員数は四・五人となっている。

3　菊田幸一『概説　少年法』（明石書店、二〇一三年）一三頁等を参照

4　『昭和43年版　犯罪白書』第三篇第一章「監獄法」などを参照。

5　吉田久一『昭和社会事業史』（ミネルヴァ書房、一九七一年）二〇―二一頁等を参照。

6　前掲・菊田、二四―二五頁等を参照。

7　その後、監獄法施行規則も何回か一部改正がなされている。戦後においても、作業賞与金の不計算（不収入）は行状不良にして作業成績劣等な者とし、その計算高を有する者が死亡したときは配偶者、子、父又は母に給与することとし、受刑者の衣類の赭色を廃して浅葱色とし、刑事被告人と弁護人との接見には立会を付さないこととしたなどの一部改正がある。昭和四十一年十一月に相当広範囲にわたる一部改正がなされ、同四十二年一月から施行された。その要点は、独居拘禁の期間を短縮し、交談禁止を改め、所長の裁量による開放的

処遇の実施を認め、新聞紙などの閲読を許可し、調髪を改めるなどである。

8　風早八十二『日本社会政策史』（日本評論社、一九三七年）によると、一九〇二（明治三十五）年の一四歳未満児の幼少労働者は六万五四三三人で、労働者総数の一三・一％を占めていたとされる。

9　農商務省商工局編・土屋喬雄校閲『職工事情』（生活者、昭和二十二―二十三年）によると、労働時間は男女、年齢にかかわらず一一時間又は一一時間半を通例とし、時には一八時間を通しての労働もあったという。幼少者も婦女も「悉ク徹夜業ヲナスハ一般ノ事実ナリトス」、「彼等ハ終日、同一ノ器械ノ側ニ立テ、極メテ単調無味ナル作業ニ従事シ、業務上精神ヲ慰ムヘキモノ無ク、過度ノ労働、就中徹夜業ノ如キ生理ニ反セル仕事ヲナシ、而モ休日休憩時間少ク、食後直ニ就業スルヲ以テ消化器病ヲ起シ、栄養不良ノモノ多シ、加フルニ工場ニハ屑線塵壊ノ飛散スルコト已甚シキモ、操業上通風ヲ忌ムカ故ニ窓戸ハ常ニ之ヲ密閉シ、他ニ換気ノ装置ヲ設ケサルヲ以テ、空気ノ不潔ナルコト甚シク［後略］」（解題四頁）という状態に置かれていた。

10　野澤正子「戦前の日本における児童の公的保護論の形成過程」『社會問題研究』第三五巻第二号（一九八六年）六頁などを参照。

11　前掲・野澤七頁。

12　前掲・菊田二六―二七頁等を参照。

13　武内謙治『少年法講義』（日本評論社、二〇一五年）三四頁以下等を参照。

14　旧少年法の施行区域は当初は東京等の三府二県に限定された。少年審判所は東京と大阪に設置され、少年保護司が置かれた。この少年保護司には民間人も嘱託された。旧少年法の実施区域はその後数回にわたって拡大され、全国施行が実現したのは、昭和十七年であった。（『更生保護50年史（第一編）』（全国保護司連盟、二〇〇〇年）一六四頁等を参照。

15　全国戦災遺族会がまとめた社団法人日本戦災遺族会『全国戦災史実調査報告書　昭和57年度』（昭和五十八年三月）等を参照。

16　児童福祉法と少年法の併存にかかわって、「同じ年齢の子供が、一つは厚生省關係のこの児童福祉法で保護され、またある一部分の者は司法省關係の少年法によつて処分されるというようなことは、母心として私はどうしても納得しがたいのでございます。」という山崎道子衆議院議員からの質問に対し、鈴木義男司法大臣から次のように答弁されている。

「児童福祉法を立案いたします場合に、ただいま山崎委員の御質問のようなことは一番問題になつた点であります。できるならば同一法案として司法省と厚生省との共管にするか、あるいはどちらか一方で管理することにするかということは考慮されたのでありますが、結局いろいろ考慮いたしました結果、一般的に言う不良少年はこの児童福祉法で救済をし、教育をし監護をしていこう、そして虞犯少年と申しておりますが、犯罪を犯すおそれのある少年と、現実に犯罪を犯した犯罪少年、この二つの類型に属するものは少年法に規定をし、司法省の所管とするということに相なつたのであります。」（第一回国会衆議院厚生委員会、昭和二十二年九月二十二日）。

17　児童福祉法第四条によると、「この法律で、児童とは、満十八歳に満たない者をいい、児童を左のように分ける。一　乳児　満一歳に満たない者　二　幼児　満一歳から、小学校就学の始期に達するまでの者　三　少年　小学校就学の始期から、満十八歳に達するまでの者」と定義された。児童福祉法と同じく満一八歳に満たないものを児童と定義するのは児童虐待防止法や児童買春・児童ポルノ禁止法などである。道路交通法では六歳以上一三歳未満の者が児童とされる。児童扶養手当法では満一八歳に達してから最初の三月三十一日を過ぎるまでの者が児童とされる。

他方、学校教育法では就学前教育の段階にある幼稚園児や保育園児は幼児、初等教育を受けている者（小学校・特別支援学校の小学部に在籍する者）は児童、中等教育を受けている者（中学校・高等学校に在籍する者）は生徒、高等教育を受けている者（大学・高等専門学校に在籍する者）は学生と呼称している。同じ「児童」という言葉であっても法律によってとらえ方が異なる。それは「少年」についても同様で、児童福祉法では右のように「小学校就学の始期から、満十八歳に達するまでの者」とされるが、少年法第二条によると、「この法律で「少年」とは、二十歳に満たない者をいい、「成人」とは、満二十歳以上の者をいう。」と定義されている。

18　第二回国会司法委員会、昭和二十三年六月十九日議事録第三六号。

19　少年院法案の趣旨説明は次のようなものであった。

「この少年院は従來の矯正施設たる矯正院に比べまして、矯正教育の徹底と基本的人権の保障において格段の進歩を遂げておるのであります。先ず少年院における保護収容の弊害を避けると共に、矯正教育を便宜にするために、少年院を初等少年院、中等少年院、特別少年院及び医療少年院の四種に分つたのであります。［中略］以上のごとく少年院を四種に分つて矯正教育を授け易くしたのでありますが、矯正教育は少年をして社会生活に適応させることを目的とするものでありまして、一面には自覚に愬《うった》えて、他面には規律のある生活の下に智的教育、職業輔導訓練、即ち徳育と体育と医療を授けるのであります。そうして智的教育について申しますれば、在院者の年齢、智能程度等を参酌して、第四條各号に揚げる教科を授けることにして、義務教育の年齢にある在院者には必ず義務教育を授け、義務教育年齢を超えた者でも、中途退学者等には必ず義務教育を授け、その他の者には必要な程度に應じて更に進んだ教育を授けるのであります。［中略］家庭裁判所の審判決定前の少年は、これを警察の留置所、矯正院の出張所、又は拘置監等に収容して置くことは弊害が多いので、この弊害を防止するため、独立した少年観護所を設け、更に医学、心理学、教育学、社会学その他の専門的知識に基いて少年の資質の鑑別を行う少年鑑別所を設置して、少年の科学的分類と矯正教育の基礎の確立を図つたのであります。（昭和二十三年第二回国会参議院司法委員会議録第四七号昭和二十三年六月二十五日）、五頁。

20　「虞犯少年と申しましても、児童福祉法によつてなし得るものを、更に司法少年的な系統においてこれをなすということは、むしろ逆行する状態になりまして、それでさような点は今度お考えになつておりまする分野からはつきり除いて行くことが、仮に文部省、労働省、厚生省、司法省、とありましても、国家という立場から考えたらダブツておる点は一つ改めて、そういうものを取り除いて案をお作りになる、又御提出になるということが必要ではないか。」（昭和二十三年第二国会参議院厚生委員会議録第一〇号六月十日）三―四頁。

21　深谷裕「戦後における更生保護制度の変遷——就労支援の位置づけを中心に」早稲田大学大学院社会科学研究科『社学研論集』七号（二〇〇六年三月）一七三頁等を参照。

22　大曽根寛・小澤温『障害者福祉論』（日本放送出版協会、二〇〇五）五二頁などを参照。

23　一四歳以上の少年についても児童福祉法（昭和二十二年十二月十二日法律第一六四号）によることとし、少年法の対象にはしないようにとの要望に対して、法務庁の政府委員の答弁は、厚生省の足元を見透かしたかのように、「飽くまでも虞犯少年を取扱つて参りたいという考を実は持つておる次第でございます。ただ裁判所にしましたところが、少し言い過ぎた言葉かも知れませんが、神様でもありませんし、その取扱について当を得ないということも考えなければならんのでございますので、とにかくそうした青少年に対してはできるだけ区分的に、分化的に取扱うために、実際の面におきましては従来の厚生省児童相談所と打合せしまして、そうして家庭裁判所が誤りを犯さないように十分な、慎重な態度を取つて参りたい。こういうふうに考えておる次第であります。」（昭和二十三年第二回国会参議院厚生委員会議録第一〇号六月十日、七頁）というものであった。

24　内閣レベルで青少年と成人の二系列の中央委員会をつくり、地方にも同様の委員会を置き、青少年および成人の犯罪や不良行為の予防事業を行う。そのうち中央青少年犯罪者予防更生委員会は、現職の司法大臣、内務大臣、厚生大臣および農林大臣、その他五名の学識経験者をもって構成し、青少年の犯罪者予防更生事業を管理運営する一般規則・実施規則の制定、関係人の召喚、書類の徴取、宣誓及び証言をすべき旨の要求、裁判所、内閣総理大臣及び各省大臣、官公庁に対する照会等の権能や職務を有する。成人については司法大臣を副委員長とするが、青少年については文部大臣を副委員長とする。すなわち、青少年については関係各大臣よりも文部大臣を上位に位置づける、というのが構想の主な内容であった（大坪與一『更生保護の生成』（日本更生保護協会、一九九六年）六七頁以下（第六章「GHQから来た最初の修正案」）等を参照）。

青少年に対する「治安政策」において、教育・文化行政担当機関の役割を重視する構想になっていた（鳥居和代「敗戦後の『青少年問題』への取り組み――文部省の動向を中心として」『金沢大学人間社会学域学校教育学類紀要』三巻一号（二〇一一年）六頁などを参照）。

25　同法案は、「中央少年保護委員会（中央少年委員会）」の組織について、内閣総理大臣を委員長とし、副委員長には文部大臣ではなく、成人と同様に法務総裁の職にある者を充てると規定していた。この委員構成は、十月一日に閣議決定された「犯罪者予防更生法案要綱」に引き継がれ、一九四九年（昭和二十四年）五月三十一日に公布された「犯罪者予防更生法」（昭和二十四年五月三十一日法律第一四二号）では、「法務府の外局として、中央更生保護委員会を置き、中央委員会の地方支分部局として、地方少年保護委員会及び地方成人保護委員会を置く」（第三条）、「中央委員会は、委員五人で組織する。前項の委員は、両議院の同意を経て、法務総裁が任命する。」（第四条）と規定された。これにより、青少年と成人の二系列の組織が一本化され、内閣の管理下から法務庁の外局へと変更されることになった（前掲・加藤、六頁等を参照）。

26　前掲・加藤、九頁などを参照。

27　前田偉男「不良化防止策はなぜ振わないか」全日本社会教育連合会編『社会教育』五巻二号（一九五〇年）五六頁以下等を参照。

28　加藤によると、犯罪者予防更生法の制定について、次の二点が指摘されている。「犯罪者予防更生法は、その対象を少年に限定していないにもかかわらず、国会での審議過程においては主に少年の受け皿を用意することが目的とされていた。予算の都合から、刑務所等の矯正施設の代替的措置として、刑罰ではなく、「教育」を施すことによって社会復帰を図ることが推奨されていた。そして、それは、「少年」や「教育」というレトリックを法案審議の中に忍び込ませることによって、戦前の思想犯保護観察法が持っていた「保護観察」における観察＝監視的なイメージを払拭し、保護＝見守ることを前面に出すことによって、制度の成立に反対する勢力を押さえて、保護観察制度を成立しやすくしていたと推測できる。」（前掲「戦前から戦後復興期における保護観察制度の導入と変遷」二二八頁）。

29　現に、思想犯保護観察法の保護観察制度との分水嶺だとされ、一九四五年（昭和二〇年）九月二十八日の刑政局の予算要求の中にはみられたものの犯罪者予防更生法では落とされた「満期釈放者に対する保護観察」は、その後、長期的な、しかも秘められた課題として復活することになった。そして、それは長い年月を経たが、二〇一三（平成二十五年）年六月十三日、懲役や禁錮刑の一部を執行した後に残りの刑期を猶予する「一部執行猶予制度」の創設を盛り込んだ刑法一部改正法案が全会一致で可決成立したことにより、実現に大きく近づくことになった。

30　解釈宣言は二つで、その一つは条約第九条第一項について、「第九条一は、権限のある当局が必要と決定する場合を除くほか児童がその父母の意思に反してその父母から分離されないことを確保する旨規定している。我が国は、この規定は父母が児童を虐待する場合のような特定の場合について適用されるものであり、出入国管理法に基づく退去強制の結果として児童が父母から分離される場合については適用されるものではないと解する旨の宣言を行う。」

その二は第十条に関して、「第十条は、家族の再統合のための児童又はその父母による締約国への入国又は締約国からの出国の申請について、締約国が「積極的、人道的かつ迅速な方法」で取り扱う旨規定している。

我が国は、この規定にいう「積極的、人道的かつ迅速な方法」で出入国の申請を取り扱うとの義務はそのような申請の結果に影響を与えるものではないと解する旨の宣言を行う。」

31 子どもの権利条約批准の会「子どもの権利条約批准と国内改革の課題」『部落解放研究』八六号(一九九二年)などを参照。

32 子どもの権利条約と子どもの「参加の権利」、子ども参加の今日的意義、子ども参加の理論と実践的課題等については、喜多明人「子どもの権利条約と子ども参加の理論」『立正大学文学部論叢』九八号(一九九三年)七三頁以下などを参照。また、自治体条例における子どもの意見表明権及び参加権の保障などについては、矢吹芳洋「自治体における子どもの意見表明及び参加保障の仕組と課題――上越市子どもの権利に関する条例を手掛かりとして」『専修大学人文科学研究所月報』二六三号(二〇一三年)一頁以下などを参照。

33 勧告の内容は、「43 裁判及び行政手続、学校、児童関連施設、家庭において、子どもの意見が考慮されているとの締約国からの情報に留意するが、委員会は、公的な規則が高い年齢制限を設定していること、児童相談所を含む児童福祉サービスが子どもの意見にほとんど重きを置いていないこと、学校が子どもの意見を尊重する分野を制限していること、政策立案過程において子どもが有するあらゆる側面及び子どもの意見が配慮されることがほとんどないことに対し、引き続き懸念を有する。委員会は、子どもを、権利を有する人間として尊重しない伝統的な価値観により、子どもの意見の尊重が著しく制限されていることを引き続き懸念する。」などというものである。

34 波多野里望『逐条解説 児童の権利条約』(有斐閣、一九九四年)などを参照。

35 各都道府県教育委員会その他宛の文部事務次官通知「「児童の権利に関する条約」について」(文初高第一四九号、平成六年五月二十日)のうち、校則などに関する部分は、「本条約第十二条一の意見を表明する権利については、表明された児童の意見がその年齢や成熟の度合いによって相応に考慮されるべきという理念を一般的に定めたものであり、必ず反映されるということまでをも求めているものではないこと」などというもので、子どもの権利条約は発展途上国の子どもたちのものであるというのが文部省の立場である。

36 二宮周平「家族法と子どもの意見表明権――子どもの権利条約の視点から」『立命館法学』(一九九七年、二五六号)一七八頁以下等を参照。

37　石川稔「親子法の課題――子どもの権利条約からみた課題を中心として」『講座・現代家族法　第三巻　親子』（日本評論社、一九九二年）三頁以下などを参照。

38　前掲、二宮論文、一三九一頁。

39　見解は以下のようなものである。

「83　委員会は、二〇〇〇年の少年法改正が処罰的アプローチをとり、少年犯罪者の権利や司法上の保障を制限しているとの、第二回政府報告に基づき二〇〇四年二月に表明した委員会の懸念を改めて表明する。特に、刑事責任年齢が十六歳から十四歳に引き下げられたことは、教育的措置の可能性を減らし、十四歳から十六歳の間の多くの少年を矯正施設への収容にさらすことになる。重大な罪を犯した十六歳以上の少年が刑事裁判所に送致されうる。観護措置期間が四週間から八週間に延長された。新たな裁判員制度は専門の少年裁判所による少年犯罪者の取扱いの支障となっている。」

「84　さらに、委員会は、成人刑事裁判所に送致される少年の顕著な増加を懸念するとともに、法令に違反する行為をした少年に対する、弁護士へのアクセス権を含む、手続的保障が制度的に実施されておらず、その結果、とりわけ自白の強要や違法な捜査実務を生む結果となっていることを遺憾に思う。委員会はまた、少年矯正施設の収容者に対する暴力の水準、及び起訴前勾留において少年が成人と分離されない可能性を懸念する。」

第六章　少年法の一部改正

1　日本版少年司法

家庭裁判所の少年審判手続で処理

第二次世界大戦後の日本では、少年非行の問題を福祉機関にではなく司法機関に委ねるものの、その司法機関は刑事裁判所ではなく家庭裁判所とし、この家庭裁判所が刑事手続によってではなく少年審判手続によって処理するという方式が、少年法を全面改正して新たに導入された。

旧少年法（大正十四年四月十七日法律第四二号）は少年の年齢を一八歳未満としていたが、新少年法（昭和二十三年七月十五日法律第一六八号）はこれを二〇歳未満に引き上げ、罪を犯した少年に対する検察官先議の制度を改めて家庭裁判所にその先議権を与えた。一四歳未満の少年に対しては原則として児童福祉法上の措置をとることにされた。また、新少年法は科学主義を重視し、少年審判手続の初期の段階から家庭裁判所調査官、保護観察官、少年鑑別所法務技官（心理）など、行動科学の専門家が一貫して手続決定や保護処分の選択・決定に重要な役割を果たすようにされた。

さらに、新少年法は保護処分決定機関を行政機関である少年審判所から司法機関である家庭裁判所に移し、審判の段階と執行の段階とを区別した。また保護処分は、少年が刑罰ではなく保護・教育の対象とされるという意味で、客観的には少年にとって利益のある措置だとしても、場合によると施設収容その他の自由制限が伴うという意味で、心情面などで少年自身にとっては不利益な措置である点に配慮した。すなわち呼出しや同行について令状主義を導入し、証人尋問、鑑定、押収、捜索等について保護事件の性質に反しない限り刑事訴訟法の規定を準用し、保護処分の決定に対し少年らによる抗告の制度を新設した。

保護処分の内容を保護観察、教護院・養護施設（一九九七年六月の児童福祉法改正に伴い、一九九八年四月から各々、児童自立支援施設・児童養護施設に改称）送致、少年院送致の三種類に整理したのも改正点の一つであった。少年審判では非形式主義・非公開主義がとられ、「審判は、懇切を旨として、和やかに行うとともに、非行のある少年に対し自己の非行について内省を促すものとしなければならない」（法二十二条一項）とされた。これは、少年審判というのは全過程が保護の過程であると理解されたためである。

しかし、この日本版少年司法は法務省と厚生省の妥協の産物という性格が強く、適正手続などを通じて意見表明権などをはじめとする子どもの権利を保障するという面から見た場合、課題を少なからず残していた。

少年審判における付添人弁護士の役割は、刑事裁判における弁護人のそれを上回るものがある。少年は自分の意見をはっきりと言うことができない、強く言われると反論できない、誘導に乗りやすいなど、成人よりも自分の身を守る能力が弱く、冤罪に巻き込まれる危険が高い。審判に当たって弁護士付添人の援助を受けることが不可欠である。加えて、付添人弁護士には、少年の反省を促したり、家族や少年の関係を改善したり、受け入れ先を探したりするなど、少年の立ち直りに重要な役割を果たすことが期待し得る。にもかかわらず、新少年法には当初、国選付添人制度は存在しなかった。これでは、新少年法の謳う「少年の保護」の実現は実際には審判官のパターナリズムに多くを委ねざるを得なかった。[1]

少年に対する刑罰に代わる保護処分も、パターナリズムを介して保安処分に転じる危険性を内包していた。[2]

適正手続の保障を口実にして少年審判手続を刑事手続化するのみならず、保護処分の保安処分的な運用では非行少年の問題に十分に対応することはできないとして、少年についても刑事裁判所の刑事手続の対象とし、厳罰を科すべきだという方向での見直しの動きが予想どおり、法務省及び最高裁判所の主導で具体化していくことになった。

法務省「現行少年法改正に関する構想」（一九六六年五月）、同「少年法改正要綱」（一九七〇年六月）、法制審議会答申「中間報告」（一九七六年十一月）、同「少年審判における事実認定手続の一層の適正化を図るための少年法の整備等に関する要綱骨子」（一九九九年一月）などの経過を経て、二〇〇〇（平成十二）年十一月、二〇〇七（平成十九）年五月、二〇〇八（平成二十）年六月、二〇一四（平成二十六）年四月という形で少年法の一部改正が相次いで実現された。その結果、少年司法は教育機能の後退、懇切で和やかな手続からの離脱を伴う、適正手続の形骸化などという重大な事態を招くことになった。[3]

少年司法の国際化の流れとの乖離

このような見直しの動きは、少年司法の国際化の流れとの間で乖離を拡げることになった。前述したように、国連は一九八五（昭和六十）年に開催された第七回「犯罪防止及び犯罪者処遇に関する国連会議」において「少年司法運営に関する国連最低基準規則（北京ルールズ）」を採択した後、同規則を同年の国連総会において採択し、引き続き、「少年非行の防止に関する国連指針（リヤド・ガイドライン）」（一九九〇年）及び「自由を奪われた少年の保護に関する国連規則（ハバナ・ルールズ）」（一九九〇年）を国連総会で採択したからである。一九八九（昭和六十四）年の国連総会で採択された「子どもの権利条約」でも少年司法についての規定が置かれた。[4]

子どもの権利条約の実施状況を監視する国連「子どもの権利委員会」は、少年司法の国際化を図るという観点から、日本政府に対し一九九八（平成十）年、二〇〇四（平成十六）年、二〇一〇（平成二十二）年に各「条約第四十四条の下での締約国により提出された報告の審査　子どもの権利に関する国連子どもの権利委員会の最終見解：日本」を示した。直近の二〇一〇年の「最終見解」では、少年司法についても見解が表明された。[5] しかし、国連の勧告は日本政府によって受け入れられるところとはいまだなっていない。

2　少年法の度重なる改正

二〇〇〇年の改正

少年法の一部改正は先に述べたように相次いでいる。二〇〇〇年の一部改正法案は第一四七回国会に上程された。同年五月十一日に開催された衆議院本会議における提案理由説明は、当時、いわゆる山形マット死事件をはじめ、少年審判手続における事実認定が問題となる事件が相次いで生じたこと、また、犯罪被害者に対する配慮を求める声が高まりをみせていることなどから、この法律案は、少年審判における事実認定手続の一層の適正化を図り、被害者に対する配慮を実現するための法整備を図るとともに、あわせて家事審判についても所要の法整備を行おうというものであった。[6]

法案は賛成多数で可決、成立した。[7] 法律第一四二号として公布され、施行は二〇〇一（平成十三）年四月一日からとされた。

主な改正点の第一は少年の厳罰化で、検察官に送致できる年齢を一六歳から一四歳に引き下げるとともに、犯行時一六歳以上の少年が故意の犯罪行為により被害者を死亡させた事件については原則として検察官に送致する。第二は事実認定手続の改正で、家庭裁判所は少年審判を合議体で行うことができる。また、故意の犯罪行為により被害者を死亡させた罪および死刑または無期もしくは短期二年以上の懲役もしくは禁錮に当たる罪の事件については検察官の出席を認める。この場合には国選付添人を付さなければならない。検察官は検察官出席事件において非行事実の認定に関し決定に影響を及ぼす法令の違反または重大な事実の誤認があることを理由とするときに限り、抗告受理申立を行うことができる。観護措置期間を最大限八週間まで延長することができる。少年付添人らは観護措置決定、同更新決定に対して異議の申立をすることができる。保護処分終了後においても保護処分の取消しを請求することができる。第三は被害者に対する対応で、被害者は審判開始決定があった後、事件記録の閲覧、謄写を請求できる。家庭裁判所は被害者からの申出があったときはその意見を聴取する。家庭裁判所は被害者からの申出があったときは決定の主文および理由の要旨等を通知する。このように改正された。

二〇〇七年の改正

二〇〇七（平成十九）年の一部改正法案は二〇〇六（平成十八）年十一月十四日、第一六五回国会に上程された。同月十四日に開催の衆議院本会議における提案趣旨説明は、①触法少年の事案について警察の調査権限を明確化するための法整備を図る、②触法少年についても早期の矯正教育が必要かつ相当と認められる場合に少年院送致の保護処分を選択できるようにする、③保護観察中の少年について遵守事項の遵守を確保し、指導を一層効果的にするための制度的措置を導入する、④非行少年の保護観察のあり方を見直し、触法少年事案に関する調査権限等を明確化する、⑤少年審判手続における国選付添人制度を整備する、などのために少年法、少年院法及び犯罪者予防更生法等を改正し、所要の法整備を行おうというものであった。[8]

同法案も対決法案であった。衆議院では約一七時間に及ぶ審議に加え、少年院、児童自立支援施設などの視察も行われた。少年院に送致可能な年齢の下限をおおむね一二歳とすること等を内容とする修正が行われた上で賛成多数で可決された。参議院でも参考人からの意見聴取に加え、愛光女子学園及び国立武蔵野学院の実情調査、厚生労働委員会との連合審査会の開催などが行われた。しかし、本会議では討論抜きで採決に入り、賛成多数で可決された。二〇〇〇年改正法案よりも反対は多かった。二〇〇七年改正法は法律第六八号として六月一日に公布された。

二〇〇八年の改正

二〇〇八（平成二十）年改正法案は第一六九回国会に上程された。二〇〇八年五月二十二日に開催の衆議院本会議における提案趣旨説明は、二〇〇四（平成十六）年に制定された犯罪被害者等基本法及びこれを受けて二〇〇五（平成十七）年に閣議決定された犯罪被害者等基本計画等を踏まえ、少年審判における犯罪被害者等の権利利益の一層の保護等を図るため、少年法を改正し、所要の法整備を行おうというものであった。[9]

六月十日の参議院法務委員会に参考人として出席した当時、日本弁護士連合会副会長の角山《かくやま》正は反対の立場から意見を述べた。しかし、参議院本会議における議決の状況は賛成が圧倒的多数であった。これには民主党・無所属クラブが賛成に回ったことが大きかった。二〇〇八年改正法は法律第七一号として六月十八日に公布された。ちなみに、衆議院における修正は、傍聴の対象となる少年審判の下限年齢の設定、弁護士である付添人からの意見の聴取、被害者等に対する審判状況の説明等についてであった。[10]

二〇一四年の改正

閣議決定を受けて国会に上程されていた少年法の二〇一四（平成二十六）年改正法は同年四月一日の衆議院本会議で可決、同月十一日の参議院本会議でも可決され、成立した。「成人と比べて刑が軽すぎる」等の批判を受けて量刑を重くしたものである。ただし、政府によると、厳罰化を意図するものではなく量刑の幅を広げることなどが目的だと説明された[11]。

主な改正点は、①一八歳未満の少年に対する有期刑の上限を現行の一五年から二〇年に引き上げたこと、②二〇歳未満の少年に対する不定期刑の上限を短期は現行の五年から一〇年に、また長期は現行の一〇年から一五年に引き上げたこと、③仮釈放の条件を現行の「三年経過後」から「刑の三分の一が経過後」に改めたこと、④検察官や弁護士が少年審判に立ち会える対象事件の範囲を拡大したこと、などである。

同案については、民主党・無所属クラブから修正案が提出された。しかし、法案は政府原案通り可決成立し、二〇一四（平成二十六）年四月十八日、同年法律二三号として公布された。本一部改正については各界から強い批判が寄せられた。青年法律家協会弁学合同部会も同年二月一日付で緊急声明を公表した。検察官関与対象事件の拡大についても厳しく批判された[12]。

少年院法の改正

少年院における在院者の処遇に関しては、これまで、一九四八（昭和二十三）年に制定された旧少年院法（法律第一六九号）に基づいて行われてきた。少年法の一連の改正を踏まえて、二〇一四（平成二十六）年六月に新たな少年院法（法律第五十八号）が制定された。従来の年齢区分を撤廃するなど少年院の種類の見直しが図られるとともに、現行法には明確に規定されていなかった矯正教育の目的とその内容が盛り込まれた。

新法では、少年矯正教育の目的は、在院者の犯罪傾向を矯正し、並びに在院者に対し、健全な心身を培わせ、社会生活に適応するのに必要な知識及び能力を習得させることと規定された。そして、少年院においては、①生活指導、②職業指導、③教科指導、④体育指導、⑤特別活動指導を行うと規定された。矯正教育の実施に当たっては、計画的、体系的な矯正教育の実施を確保するため、現行の少年院の種類を再編するとともに、法務省通達等で定められていた処遇課程を見直し、法務大臣が、一定の共通する特性を有する在院者の類型ごとに、その類型に該当する在院者に対して行う矯正教育の重点的な内容及び標準的な期間（矯正教育課程）を定めるとされた。各少年院の長は、この矯正教育課程に基づき、各少年院の施設の規模、人員体制等の実情に合った矯正教育の実施に関し必要な事項（矯正教育の目標、内容、実施方法、期間等）を少年院矯正教育課程として定めたうえ、さらに、在院者の特性に応じた矯正教育の目標、内容、実施方法及び期間等を個人別矯正教育計画として策定した。現行法に規定されている段階処遇の原則がより具体的に規定され、現在運用により実施されている集団処遇の原則が法定化された。

新少年院法は翌二〇一五（平成二十七）年六月一日に施行され、新たに少年矯正教育課程が整備された。[13]

二〇歳年齢の引き下げ

二〇一五（平成二十七）年六月に選挙権年齢を二〇歳以上から一八歳以上に引き下げる改正公職選挙法が成立した。付則で「民法や少年法などについても検討する」と明記された。これを受けて、法務省は二〇一五（平成二十七）年十一月に少年法の適用年齢引き下げに関する勉強会を設置した。翌二〇一六（平成二十八）年十二月に公表された報告書では、更生を目指す観点から現行法の二〇歳未満を維持すべきだとの意見と、公選法などに合わせて一八歳未満に引き下げるべきだとの意見が併記された。

報告書を踏まえて、金田勝年法務大臣は二〇一七（平成二十九）年二月九日、少年法の適用年齢を現行の二〇歳未満から一八歳未満に引き下げることなどについて法制審議会（法相の諮問機関）に諮問した。引き下げが実現すると、一八、一九歳の少年が再犯防止などに重点を置いた教育的処遇を受けられなくなるとの指摘もあるため、再犯防止の観点から作業義務のある懲役刑と義務のない禁錮刑を一本化した刑罰の創設など、新たな刑罰制度も含めて議論するという。

法務大臣から、「日本国憲法の改正手続に関する法律における投票権及び公職選挙法における選挙権を有する者の年齢を十八歳以上とする立法措置、民法の定める成年年齢に関する検討状況等を踏まえ、少年法の規定について検討が求められていることのほか、近時の犯罪情勢、再犯の防止の重要性等に鑑み、少年法における「少年」の年齢を十八歳未満とすること並びに非行少年を含む犯罪者に対する処遇を一層充実させるための刑事の実体法及び手続法の整備の在り方並びに関連事項について御意見を賜りたい。」との諮問を受けた法制審議会少年法・刑事法部会は、第六回会議を二〇一七（平成二十九）年十二月十九日午前、「少年法における「少年」の年齢を十八歳未満とすること及び非行少年を含む犯罪者に対する処遇を一層充実させるための刑事法の整備の在り方その他について」を議題として、東京高等検察庁第二会議室で開催した。

同会議では、配布資料17として「分科会における検討（中間報告）」が配布された。中間報告は、第一分科会、第二分科会、第三分科会に分かれ、第一分科会の中間報告は、「刑の全部の執行猶予制度の在り方」「自由刑の在り方」「社会内処遇に必要な期間の確保」「若年受刑者に対する処遇原則の明確化、若年受刑者を対象とする処遇内容の充実、少年院受刑の対象範囲及び若年受刑者に対する処遇調査の充実」について、第二分科会は、「宣告猶予制度」「罰金の保護観察付き執行猶予の活用」「若年者に対する新たな処分」について、さらに第三分科会は、「起訴猶予等に伴う再犯防止措置の在り方」「保護観察・社会復帰支援施策の充実」「社会内処遇における新たな措置の導入」「施設内処遇と社会内処遇との連携の在り方」についてからなる。

施設内処遇の代わりに社会内処遇を課すというのではなく、施設内処遇に加えて社会内処遇を課すというのが日本版社会内処遇の特徴の一つである。社会復帰よりも再犯防止が強調され、社会内処遇を担う保護司や民間施設に対してもそれを求める。中間報告もこの方向を爆走する内容になっている。

対象者の問題性を正確に把握することがないままにいたずらに制度をつくっても、問題性を見誤ったり、的外れなものになってしまって処遇の実が上がらないという真っ当な指摘は無視されている。

「施設内処遇と社会内処遇との連携の在り方」という提言も、このようなダブルスタンダードに立っているといえよう。社会内処遇を施設内処遇の前後に余さず残さず実施するために、社会内処遇の隙間を埋めようとしている点も中間報告の特徴とし得よう。起訴猶予等に伴う再犯防止措置、罰金の保護観察付き執行猶予、若年者に対する新たな処分などが提案されている。

中間報告では、この社会内処遇においても、再犯防止という観点から施設内処遇の要素を導入しようと、「社会内処遇における新たな措置の導入」などの提案をしている。社会内処遇が施設内処遇に近づき、保安処分の傾向が顕著となっている。

少年年齢を無理やりに一八歳未満に引き下げたことによって生ずる矛盾を糊塗するために、刑務所収容に馴染まない若年者について、少年院に収容すること、少年院収容に準ずる新たな施設内処遇を新設すること、あるいは、保護処分としての保護観察に準ずる社会内処遇を新設すること、などが提案されている。ここでも、社会内処遇への施設内処遇の要素の導入が検討されている。現在の家裁における調査、処遇と比較すると、あまりにも見劣りし、再犯防止という観点からみても不十分な提案といわざるを得ない。

中間報告では、このほか、保護観察の充実、社会復帰支援策の充実などという理由を名目にして、「民間施設等の処遇体制の整備について」として、民間施設等においても対象者を指導監督することができるようにすることも提案されている。また社会を保安処分の担い手にするという日本版の特質に沿ったもので、ここでも戦前回帰の傾向が顕著となっている。

3 改正のポイント

犯罪被害者・遺族の声を反映

少年法などの改正のポイントの第一は、犯罪被害者・遺族の声を反映した改正になっているという点である。二〇〇〇（平成十二）年の改正で、前述したように被害者に対する対応も新たに規定された。

この改正について、「全国犯罪被害者の会」は二〇〇六（平成十八）年二月一日付で法務大臣宛てに「2000年改正少年法5年後見直しの意見書」を提出している。①被害者の審判出席、②二〇〇〇年少年法改正で制定された被害者配慮規定の改正、③重大犯罪の原則逆送（重大犯罪の原則逆送に関する法二十条二項は原則どおりに実施されるべきである。）、④修復的司法、⑤被害者等の審判への不服申立制度、⑥少年法の範囲外で改正するべき点（被害者等に対しては、少年が逮捕された段階で、被害者等からの要求を待たずに、少年及び保護者の氏名・住所を通知するべきである。被害者等の未成年の兄弟姉妹に対する支援制度を創設するべきである。被害者等に、事件発生直後から公費で代理人がつく制度を創設するべきである。）がその要望事項であった。

そのうち、①の被害者の審判出席は、二〇〇八（平成二十）年の改正で、被害者等による少年審判の傍聴を許すことができる制度の創設、被害者等による記録の閲覧及び謄写の範囲の拡大、被害者等の申し出による意見の聴取の対象者の拡大という形で実現することになった[14]。

規範意識の覚醒と厳罰化

ポイントの第二は厳罰化である。検察官に送致できる年齢を一六歳から一四歳に引き下げるとともに、犯行時一六歳以上の少年が故意の犯罪行為により被害者を死亡させた事件については原則として検察官に送致することとなった結果、二〇〇〇年の改正後、刑事裁判所に逆送される少年事件の数が増えており、厳罰化は顕著である。家庭、学校、地域社会の教育力が低下しており、子どもたちにおける規範意識の形成が不十分となっている。厳罰によってこの不十分な規範意識を改善することが必要になっているというのがその根拠とされている[15]。

公衆に著しく迷惑をかける暴力的不良行為等を防止し、もって住民生活の平穏を保持することを目的とする「迷惑防止条例」も、現在では、東京都「公衆に著しく迷惑をかける暴力的不良行為等の防止に関する条例」（昭和三十七年十月十一日条例第一〇三号）をはじめ、全国すべての都道府県と一部の市町村で制定されている。自治体によって処罰化・厳罰化の程度は大幅に異なるが、違反に対して罰則も定められている。規範意識の覚醒が意図されている。

厳罰化の点についても、国連「子どもの権利委員会」の二〇〇四（平成十六）年二月二十六日付の第二回最終見解では勧告がなされた[16]。しかし、勧告を無視するかのように、二〇〇七（平成十九）年の改正では、①一四歳未満の少年に対する警察官の調査権限の付与、②一四歳満の少年が犯した一定の事件についての家庭裁判所への原則送致、③少年院送致年齢の引き下げ、④保護観察中の遵守事項違反に対する少年院等送致処分、が定められた。これまで一四歳未満の少年に対しては福祉的対応をしていたところで、調査という名のもとで警察の取り調べも可能となり、司法的対応が進められている。厳罰化傾向は低年齢の子どもでも進んでいる。

少年事件は今や重罰化を牽引する機関車の役割を担うことになった。この重罰化の波は保護処分にも及んだ。現に谷垣禎一法務大臣（当時）は、二〇一三（平成二十五）年十月二十九日に開催された衆議院法務委員会において、「法務省では、現在、［中略］少年法の見直し、少年院法案を初めとする少年矯正の基盤整備等につき、所要の検討、準備を進めております。いずれも国民生活や個人の権利義務に関する重要な法整備であり、私は、法務大臣として、引き続きこれらの法整備を速やかに、かつ、着実に進めてまいる所存です。」と表明している。少年法改正問題だけではなく、少年矯正関係法についての政府の動きも注目された。

厳罰化のための少年法の見直しは二〇一四（平成二十六）年の改正でも実現し、一八歳未満の少年に対する有期刑の上限が一五年から二〇年に引き上げられた。二〇歳未満の少年に対する不定期刑の上限も短期は五年から一〇年に、また長期は一〇年から一五年に引き上げられた。仮釈放の条件も三年経過後から刑の三分の一が経過後に改められた。国連の勧告に逆行する事態が進行している。

少年審判の刑事裁判化

ポイントの第三は、少年審判の刑事裁判化である。二〇〇〇（平成十二）年の改正で事実認定能力を高めるなどを理由に少年審判への検察官関与が認められ、二〇一四（平成二十六）年の改正で検察官が少年審判に立ち会える対象事件の範囲が拡大された。あわせて、検察官に事実認定及び法令の適用に関する抗告権が付与された。

現行少年法はＧＨＱとの妥協により少年事件の処理を司法機関たる家庭裁判所の少年審判廷に委ね、この審判廷をもって司法的機能とともに福祉的機能も営むと位置づけた（本書五章参照）。

福祉的機能とは「少年の健全な育成を期する」（少年法第一条）という機能であり、これによると、少年保護手続は非行に陥った少年に教育・保護を加えてその将来の自力改善・更生を促すことを直接の目的とする過去の非行に対する非難（責任非難）も、「保護における責任」あるいは「保護あっての責任」として、要保護性の一要素として位置づけられることになる。そして、この福祉的機能からは、

①処遇選択に当たり非行事実の軽重よりも要保護性の大小を重視するという個別処遇主義
②非行のある少年に対しては刑事処分よりは刑事処分以外の措置を優先するという保護優先主義
③厳格な手続的規定を置かずに家庭裁判所の能動的・裁量的手続運営を許容するという職権主義
④捜査機関に送致・不送致の裁量を与えないこと、が導かれる。

これに対し、司法的機能とは、司法機関としての家庭裁判所が、公共の福祉の維持および基本的人権の保障という観点から、少年の非行について、事実の認定、法令の適用、必要な処分を行う機能をいう。

これによると、少年保護手続は、一方で法秩序の回復・維持による社会防衛を目的とする刑事政策の一環という側面を持ちつつ、他方で少年の適正な手続を受ける権利（手続的権利）を保障するという側面も持つことになる。

問題は福祉的機能を主とし、司法的機能を従とするか、反対に司法的機能を主とし、福祉的機能を従とするかである。少年審判廷は現在、流行の司法福祉論の先駆けともいえるが、今や福祉的機能が大幅に後退し、司法的機能が前面に押し出されている。現行少年法が制定当初から内包してきた少年事件については刑事裁判を少年審判化するのか、あるいは少年審判を刑事裁判化するのかという問題は、いよいよその帰趨が明ら

かになった。[17]

少年審判で刑事裁判と同じように事実認定に力点が置かれるということは、処遇選択に当たり、要保護性の大小よりも非行事実の軽重を重視することを意味する。過去の非行に対する非難（責任非難）と要保護性の関係も逆転することになる。子どもの権利条約に逆行していることは明らかである。

このように司法的機能が重視されるなかで、誤判の問題は置き去りにされている。日本政府は、国連子どもの権利委員会などへのこれまでの報告において、少年えん罪事件に触れることはまったくなかった。しかし、自白の強要などの違法な捜査などを原因としてえん罪事件は毎年おこっている。最近でも大阪地裁所長襲撃事件（二〇〇四年）で成人と少年の「無罪・非行事実なし」不処分が確定している。にもかかわらず、警察の自白偏重の捜査姿勢は変わっていない。少年法の度重なる改正でこの点が問題とされたことはない。

少年院における矯正教育の重視——保安処分と保護処分の違い

ポイントの第四は、少年院における矯正教育が重視されている点である。二〇一四（平成二十六）年の少年院法の改正により少年院法の目的と内容が法定化された。犯罪対策閣僚会議の決定「再犯防止に向けた総合対策」（平成二十四年七月二十日）を踏まえたもので、同対策を受けて法務省が定めた「再犯防止に向けた矯正処遇等の充実（施設内処遇）」のうちの「対象者の特性に応じた指導・支援の強化（重点施策）」の最大の柱とされた。

少年院送致は保護処分の一つとされるが、問題は再犯防止と保護処分の関係である。再犯防止を強調しすぎた場合、保護処分が保安処分に変質することにならないか。現に通説的な見解によると、保護処分は「少年の健全な育成を目的とする保安処分」と解されている（団藤重光・森田宗一『少年法（第二版）』有斐閣、一九八四年、二五五頁などを参照）。確かに、保護処分も保安処分も主に特別予防の目的をもつ刑罰以外の刑事的効果という点では共通している。しかし、両者には次のような重要な相違点が認められる。

保護処分は少年の福祉の実現という福祉的要請から発展してきたもので、それゆえ、保護処分は刑罰を回避するためのものである。これに対して、保安処分は再犯防止という刑事政策的要請から発展してきたもので、保安処分は刑罰を補充するもの、あるいは代替するものである。また、保安処分では対象者を改善可能な者と改善不可能な者とに分け、改善不可能な者に対しては隔離を主眼とした処分が採用されるのに対して、保護処分の場合は改善を主眼とした処遇のみが認められる。さらに、保安処分の場合は犯罪的危険性を除去するための性格矯正が問題とされるのに対して、保護処分の場合は少年の健全育成がその目的とされるため、人的・物的条件などの環境整備が要求される。

保護処分の目的には、保安処分におけるような保安ないし隔離が入り込む余地はないといえよう。しかし、一連の法改正では、自己決定・自己責任の立場から再犯防止のための性格矯正に焦点があてられている。

この性格矯正の担い手の柱として、医師の他、法務技官（心理）が矯正心理専門職として少年鑑別所や少年院、刑事施設（刑務所、少年刑務所及び拘置所）に配置されている。刑事施設では、受刑者の改善更生を図るため、面接や各種心理検査を行い、犯行に至った原因、今後の処遇上の方針を明らかにすることが役割とされる。改善指導プログラムを実施したり、受刑者の対するカウンセリングを行ったりもする。少年院では、個々の少年に関する矯正教育の計画の策定や各種プログラムの実施、処遇効果の検証等に携わる。

すなわち、①少年の話にじっくり耳を傾け、少年の気持ちや考え方の特徴を理解し、今後の立ち直りを一緒に考える鑑別面接、②行動観察を担当する法務教官と少年の所内の生活や課題への取組みなどについて情報交換を行う、法務教官とのカウンセリング、③少年をより詳しく理解するために、必要に応じて個別方式の心理テストを実施する個別心理検査、④法務教官や医師などと共に、少年の処遇の方針を検討する判定会議への参加、⑤審判や少年院、保護観察所での指導・援助に活用される、わかりやすくエッセンスを盛り込んだレポートを作成する鑑別結果通知書の作成、⑥地域の一般の人や保護者、学校の先生などからの相談に応じる心理相談、などを行っている。

ちなみに、法務省矯正局に設置された「少年矯正を考える有識者会議」は、「少年鑑別所の矯正教育等への継続的関与の強化」と連携を提言している。[18]

二〇〇五（平成十七）年七月から医療観察法（「心神喪失等の状態で重大な他害行為を行った者の医療及び観察等に関する法律」）が施行されたことなどをきっかけに、精神医学と司法との連携を図り、司法精神医学・医療の充実と拡大、さらには人材の養成を含めた専門教育の確立、司法精神医学・医療の研究の発展を目的として、「日本司法精神医学会」も二〇〇五年五月に設立されている。

司法精神医学とは、心神喪失状態にある者が触法行為に至った場合の処遇や治療、経過観察を中心に研究する学問である。犯罪精神医学と似ているが、犯罪精神医学が犯罪の原因論全般を研究対象とするのに対して、司法精神医学は、触法行為者の責任能力の有無を判定することを主務とする。司法精神医学会は精神科医が主体の学会であるが、医療観察法の指定医療機関勤務者を中心に、看護師、精神保健福祉士、作業療法士、臨床心理技術者などのコメディカル（医療従事者）も会員であり、法律学者や弁護士などの法曹実務家も参加している。刑事施設や少年院に勤務の精神科医も多数、学会に加わっている。警察、あるいは裁判所からの依頼に応じて、精神鑑定書を作成し、責任能力判断に影響を与える精神科医の会員も少なくない。

再犯防止――保護よりも観察

一連の少年法の改正のうち、更生保護との関係で影響が大きいのは以下のような点である。

①児童相談所長等は一定の重大事件に係る触法少年の事件については原則として家庭裁判所送致の措置をとらなければならない。

②一四歳未満の少年についても家庭裁判所が特に必要と認める場合には少年院送致の保護処分をすることができる。

③一定の場合には観護措置の期間の更新を現行の一回を超えてさらに四回を限度として最長一二週間まで行うことができる。

④遵守事項を遵守しなかった保護観察中の者に対し、保護観察所の長が警告を発することができる。

⑤その者が遵守事項を遵守せず、保護観察によってはその改善更生を図ることができないと認めるときは家庭裁判所において少年院送致等の決定をすることができる。

⑥少年院及び保護観察所の長が保護処分中の少年の保護者に対し指導助言等をできる。

などとしたことである。

保護よりも観察が重視されている。これらにより保護処分の目的も、本人を保護することよりも社会を犯罪から守ることに著しく傾くことになった。それは、保護処分ないし保護観察の実施に直接携わる者らと対象者との信頼関係の形成にとっては大きな阻害要因となっている。

4　不安因子家庭

親の責任・家族の絆の強調

小泉内閣が設置した全閣僚からなる犯罪対策閣僚会議では、治安回復のための三つの視点として、

①犯罪の生じにくい社会環境の整備の一環として、道路・公園・建物等の設計に防犯の視点を織り込むこと

②治安に及ぼす影響を踏まえた外国人受入れ方策を検討すること

③地域の連帯や家族の絆を取り戻して犯罪や少年非行を抑止する機能を再生すること

が掲げられた。

地域の連帯や家族の絆の回復が重要視されているが、問題はそのことが何を意味するかである。少年非行問題についても、自助・共助の原則に基づいて対応する。すなわち、少年非行問題の原因と責任は当該少年と家庭にその多くがある。家庭の孤立もこれに関係しているかもしれない。したがって、問題解決は当該少年と家族の努力によって、そして場合によっては地域社会の協力によって、もっぱら図られるべきである。この努力を促し、あるいは指導・監督することが、公助としての国・自治体の責務である。このような方針が公式に、それも内閣レベルで打ち出されたものといえよう。

少年非行問題の要因の一つに親の問題が存することは確かである。家庭裁判所調査官研修所監修『重大少年事件の実証的研究』（司法協会、平成十三年）でも、具体的な重大事件の検討に基づいて「親の問題」にメスが入れられている。しかし、そこでも、単純に親の責任を追及することはできないし、適当でもないと指

摘されている。親の問題の背景には政治的・経済的・社会的な問題が伏在しており、それらが少年非行問題の間接的な要因、しかも直接的な要因にもまさる要因となっているからである。

にもかかわらず、犯罪対策閣僚会議では親の責任が前面に押し出されている。国の経済政策や労働政策、あるいは福祉政策、教育政策などの誤りを認め、これを見直すことによって問題の改善を図るといった方向は排除されている。児童相談所が少年非行問題に手が回らないなかでは、こうした自助・共助の支援・監督などはもっぱら警察が担うことになる。

家族の連帯責任の下で少年非行問題は非行少年から非行家庭へと対象が拡大され、警察などによる補導の対象も当該少年からその家庭に拡がることになる。この非行家庭はもちろん治安事象とされる。「不安因子家庭」といってもよい。治安事象として警察監視の対象となることが、家庭崩壊を加速させ、少年非行問題の解決を逆に阻害する場合も生じている。

家庭の選別

「不安因子家庭」というラベリングに関して注意しなければならないことは、現在の日本では問題を抱えていない家庭はないといっても過言ではないという点である。すべての家庭は表面化するかしないかは別にして、多かれ少なかれ問題を抱えている。その意味では、すべての家庭は不安因子家庭の烙印を押されかねず、監視の対象になりかねない。にもかかわらず、多くの家庭が、自分たちとは関係のない世界の話だと受け止め、自らと違うものとして不安因子家庭を選別しようとする。そのことが不安因子家庭の社会的な孤立をより深める結果になっている。

警察もこの孤立の問題に注目し、少年を見守る社会的気運の醸成を課題に掲げている。たとえば、三重県警察は、「平成23年から次代を担う少年の健全育成や少年の規範意識の向上、絆づくりの強化を図るために警察が牽引役となって●少年に手を差し伸べる立ち直り支援（三重県版コネクションズ）●少年を見守る社会気運の醸成を2本柱として「非行少年を生まない社会づくり」を推進しています。」とし、少年を見守る社会気運の醸成とは次のような取組みであると紹介されている。

> 少年が孤立して非行に走ることのないよう、地域社会全体で厳しくも優しい目で少年を見守る気運を醸成する為、職場体験を通じた大人との触れ合い・ボランティアによる通学時のあいさつ運動・低年齢少年等に対する非行防止教室を実施しています。

問題は地域社会の受け止め方である。少年非行の要因についての国・自治体及び警察の見方は、前述のように、自己決定・自己責任論に依っており、当該少年とその家庭の責任が強調される。警察によってＰＴＡ団体や自治会、企業等に対し地域の非行情勢や非行要因等について幅広く情報発信が行われれば行われるほど、地域社会においては、不安因子家庭に対する誤った理解とそれに基づく誤った対応がより多く生まれることになりかねない。犯罪少年・非行少年に対する社会の目は、マス・メディアによる「誤」報道などのために、ただでさえ厳しいものがある。警察活動はこの誤解を解くどころか、誤解を強めることにならないか。

1　国選付添人制度は二〇〇〇（平成十二）年の少年法の改正で導入され、二〇〇七（平成十九）年の法改正による裁量的国選付添人制度の導入を経て、二〇一四（平成二十六）年六月からは国選付添人制度の対象事件が被疑者国選弁護制度の対象事件と同一犯範囲にまで拡大されている。しかし、「虞犯《ぐはん》」少年については、少年送致決定を受ける割合が高いにもかかわらず、依然として国選付添人制度の対象とされていない。

2　拙著『更生保護の展開と課題』（法律文化社、二〇一五年）一一〇頁以下、一二九頁以下、三一〇頁以下などを参照。

3　葛野尋之『少年司法の再構築』（日本評論社、二〇〇三年）二二一頁などを参照。

4「第四十条　締約国は、刑法を犯したと申し立てられ、訴追され又は認定されたすべての少年が尊厳及び価値についての当該少年の意識を促進させるような方法であって、当該少年が他の者の人権及び基本的自由を尊重することを強化し、かつ、当該少年の年齢を考慮し、更に、当該少年が社会に復帰し及び社会において建設的な役割を担うことがなるべく促進されることを配慮した方法により取り扱われる権利を認める。」等の原則が謳われた。

5　本書第五章、註39を参照。

6　平成十二年第一四七回国会衆議院本会議録第三二号（平成十二年五月十一日）、七頁。

7　施行の五年後に改正後の規定の施行状況について国会に報告し、必要がある場合には法制の整備その他の措置を講ずることを政府に求めることを内容とする修正案が参議院で提出され、修正案も併せて可決された。

8　平成十八年第一六五国会衆議院本会議録第一六号（平成十八年十一月十四日）、三頁。

9　平成二十年第一六九国会衆議院本会議録第三一号（平成二十年五月二十二日）、三頁。

10　自動車の運転により人を死傷させる行為等の処罰に関する法律が二〇一三年（平成二五年）十一月二十七日に法律第八六号として公布された。同法の附則により少年法も一部改正され、少年法第二十二条の四第一項に、次の一号、すなわち「三　自動車の運転により人を死傷させる行為等の処罰に関する法律（平成二十五年法律第八六号）第四条、第五条又は第六条第三項若しくは第四項の罪」が加えられることになった。

11　第一八六回国会衆議院法務委員会平成二十六年二月十八日。谷垣禎一法務大臣によると、提案理由について、国会で、「少年法については、少年審判手続のより一層の適正化及び少年に対する刑事事件における科刑の適正化を図るため、家庭裁判所の裁量による国選付添人制度及び検察官関与制度の対象事件の範囲拡大並びに少年の刑事事件に関する処分の規定の見直しを内容とする少年法の一部を改正する法律案を提出しましたので、十分に御審議の上、速やかに成立させていただきますようお願いいたします。」と説明された。

12　検察官関与の拡大について、緊急声明は「例外的な位置づけであった検察官関与がむしろ原則化するおそれさえあるのである。かかる改正が実現すれば少年審判が職権主義構造を維持したまま刑事裁判化されることになり、少年法の保護主義理念は根底から崩壊してしまいかねない」などと批判した。

13『平成27年版　犯罪白書』によると、少年院における矯正教育については概要、次のように記されている。「少年院における処遇の段階は、その者の改善更生の状況に応じた矯正教育その他の処遇を行うため、一級、二級及び三級に区分されており、在院者は、まず三級に編入され、その後、改善更生の状況等に応じて、上位の段階に移行し、これに応じて、その在院者にふさわしい処遇が行われる。前記の五つの分野における指導の主な内容は、生活指導、職業指導、教科指導、特別活動指導成である。」

14　平成十八年十一月二十七日に最高検察庁会議室で開催された「平成12年改正少年法に関する意見交換会（第三回）」で、出席者の武るり子・少年犯罪被害当事者の会代表は以下のような発言を行った。
「一番大きなのは、やはり原則逆送です。原則逆送のただし書きを外してほしいと思います。私たちは最初から言っていたんですが、年齢で分けるのではなく、犯罪の種類で分けてほしいとお願いしてきました。せめて命にかかわる事件、それは刑事裁判にしてほしいと思います。」

「私は刑事裁判にして、対審構造というのがとても大切だと思います。そこでしっかりと事実認定をしてほしいんです。そうなると、捜査のやり方も変わってくると思うんです。刑事裁判がある、そこで事実認定をされると捜査にも力が入ると思います。」

15　岩井宜子「少年非行と学校教育」ＳＣＪフォーラム・学術の動向編集委員会編『学術の動向』（二〇〇一年十一月号）六六頁以下などを参照。

16「懸念の主要分野及び勧告」のうち、「8　特別な保護措置」の「少年司法」については、「53　委員会による第一回政府報告審査以降、締約国が少年法の改正を実施した点につき留意しつつも、委員会は、改正の多くが条約の原則や規定、そして少年司法の国際的基準の精神に則しておらず、とくに刑事責任の最低年齢を十六歳から十四歳に引き下げたこと、そして司法前拘留が四週間から八週間に延長されたことについて懸念する。委員会は、成人として裁判にかけられ、懲役を宣告された未成年が増えつつあること、そして、未成年が終身刑を宣告されうることを懸念する。最後に、委員会は、疑わしい評判がある場所に頻繁に出入りするなどの問題ある態度をとる少年が少年犯罪者として扱われることについて懸念する。」（「懸念の主要分野及び勧告」）などである。

17　教育的な雰囲気で行われた少年審判の場が糾問的な場へと徐々に変容していくことが危惧されるとの声が各界から寄せられた。二〇一四（平成二十六）年二月五日、「少年法「改正」に反対する弁護士・研究者有志の会」は、「少年法「改正」法案に反対する緊急声明」を発表し、「検察官関与対象事件拡大は、少年審判の刑事裁判化をさらに進め、少年法の理念を変容させるものである。また有期刑の長期化は子どもの更生を著しく困難にし、非行予防の効果もない。私たちは、検察官関与拡大と重罰化を内容とする少年法「改正」法案に、強く反対する」と批判した。

18　「少年鑑別所は、家庭裁判所の調査・審判に資する鑑別を実施するほか、保護処分の執行に資する鑑別を行うこともその業務としており、少年院からの依頼を受けて再鑑別を実施している。すなわち、処遇機関とは異なる独自の観点から、当該少年に対する処遇経過をも踏まえ、処遇方針等に係る提言を行う機能を担っている。少年の多様な特性やその変化も含めた教育上の必要性を的確に把握し、より有効な処遇を実現する上で、上述のような少年鑑別所の専門的な査定機能等をより積極的・継続的に活用することが必要である。こうした、少年鑑別所の矯正教育等への継続的関与を強化するため、次の［中略］のような事項（再鑑別の多様化・活発化等や少年院在院者の保護関係調整指導等のための少年鑑別所への収容、処遇プログラム等の企画・検証への参画等、児童自立支援施設在所者、保護観察対象者等を対象とした鑑別の実施—引用者）について一層の工夫と努力がなされるべきである。」（「少年矯正を考える有識者会議提言——社会に開かれ、信頼の輪に支えられる少年院・少年鑑別所へ」平成二十二年十二月七日）

第七章　変質を迫られる担い手たち

1　家庭裁判所調査官と保護観察官

調査官が担う社会調査

少年事件が受理された後の家庭裁判所における少年審判手続は調査過程と裁判課程に分かれる。少年法は、「家庭裁判所は［中略］審判に付すべき少年があると思料するときは、事件について調査しなければならない」（法第八条第一項）と規定し、調査を審判に優先させる調査前置主義を採用している。あらかじめ調査を尽くしておけば、そこで作成された資料に基づき審判の場で少年としっかりと向き合うことができ、少年をフォーマルな処分に付す必要があるか否かの見極めができることなどがそのメリットとされる。

調査は、さらに法的調査と社会調査に区分される。この区分は、非行の存在を十分に確認しないまま成育歴や社会環境などプライバシー領域に踏み込む危険性があるなどの前置主義のデメリットを最小化する方策の一つとされる。法的調査は、審判条件や非行事実の存否などにつき主に事件記録を用いて裁判官が行う。この調査では、強制力を伴う措置をとることも可能である（法第十四条、十五条、少年審判規則第十九条）。

これに対し、社会調査は要保護性判断のために行うものである。「家庭裁判所は、家庭裁判所調査官に命じて［中略］必要な調査を行わせることができる」（法第八条第二項）、「前条の調査は、なるべく、少年、保護者又は関係人の行状、経歴、素質、環境等について、医学、心理学、教育学、社会学その他の専門的智識特に少年鑑別所の鑑別の結果を活用して、これを行うように努めなければならない。」（法第九条）という規定により、裁判官自身が社会調査を行うことは許されないとされる。裁判官の調査命令に基づき家庭裁判所調査官が行うのが通例である。社会調査には強制的な措置による担保はない。実務上は非行事実存在の蓋然性が認められるすべての少年事件について社会調査がなされている。

社会調査の調査対象に関し、少年審判規則は、少年の家庭及び保護者との関係、境遇、経歴、教育の程度及び状況、不良化の経緯、性行、事件の関係、心身の状況等審判及び処遇上必要な事項の調査を行うと規定している（第十一条第一項）。家族及び関係人の経歴、教育の程度、性行及び遺伝関係等についても「できる限り」調査する（同第二項）。①少年・保護者、事件関係者への面接調査、②戸籍照会、学校照会、職業照会などの照会調査、③家庭、学校などへの訪問、地域環境調査などの環境調査、④心理テスト、医学的検査などの各種検査、⑤事件記録調査、調査記録調査、日記、手記などによる記録調査、⑥少年の行動観察、などが用いられている。

社会調査の結果は、調査官の処遇意見を付したうえで（少年審判規則第十三条第一項・第二項）、少年調査票の形で裁判官に報告される。少年事件送致書やその添付書類などは少年保護事件記録（法律記録）に編綴される。これに対し、少年調査票は学校照会回答書や少年鑑別所の作成の鑑別結果通知書、さらに前歴がある場合には前件に関する社会記録や保護観察結果報告書などとともに少年調査記録（社会記録）に編綴される。このように別に編綴するのは、少年調査記録は処遇の参考にするために、保護観察所や児童相談所、少年院などの保護処分の執行機関に送致する必要があるからである。

少年が被告人の刑事裁判では、少年調査票には少年の出生に関わる秘密や関係者のプライバシーが詳細に記載されており、少年法第五十五条に基づく再移送の前提となる保護処分相当性判断などの重要な証拠とされる。プライバシー保護を全うするために、その証拠調べについては朗読ではなく、要旨の告知ないしそれすらも省略するという実務上の工夫がなされてきた。[1]

簡易送致の導入

問題はこの社会調査の意義をどのように考えるかである。犯罪現象を単純に個人の自由意思の所産とはとらえずに社会の病気として受け止め、非行にまつわる少年の困難や生きづらさが解決されることで再非行が防止され、社会の安全が確保されるとし、少年などへの個別支援という観点から考えるのか、あるいは、犯罪現象を特殊な人が犯した個人的な事象としてとらえ、個人の危険な資質の解明と効率的な社会防衛措置の実施という観点から考えるのか、である。

前者の場合、人生行路において犯罪経歴からの離脱は可能で、その鍵は社会資源や社会関係資本が握っているとして、少年の成育歴を縦断的にみて、周囲の人的・物的資源とのつながりのなかで非行の継続・離脱原因を探ることがポイントになる。これに対し、後者の場合、調査は社会防衛と直結し、対象者の社会的危険性を判断するための資料の収集に力点が置かれることになる。

「子どもの権利条約」で規定された子どもの成長発達権を保障し、子どもの最善の利益を実現するためには子どもの意見表明権を保障して、本人の全体的、長期的な人生構想の促進と人格的統合の発達・維持に最も役立つ措置をとる必要があるという立場からは、前者の考え方が妥当ということになろう。[2] 従来はこの立場が支持されてきたが、変質化の動きがみられる。

その先駆けとなったのは一九六九（昭和四十四）年四月二十五日付の最高検察庁次長検事通達などによる

簡易送致の導入であった。これにより事案が軽微で保護処分や刑事処分が必要のないことが明らかな事件については、警察が少年に注意・訓戒を与えたうえで簡単な少年事件簡易送致書のみを検察庁、家裁に送り、家裁も特段の調べをすることなく審判不開始にするという運用がなされることになった。全件送致主義のみならず、軽微事件の社会調査も形骸化することになった。今日では一般保護事件の三〇％以上が簡易送致されているといわれている。

社会調査の迅速化・画一化の動きも特筆される。当時、東京家庭裁判所の所長であった矢口洪一（一九八五年十一月五日―八五年二月十九日の間、最高裁長官を務めた）は「家庭裁判所の三十周年を迎えて」と題した論文において、家裁の少年司法手続における司法的機能（社会防衛）の強調から、少年事件処理に当たって個人差を生み出すものとしてのケースワークを問題にし、ケースワークについて形式性や迅速性を求めた。[3]この「同質事件の同質処理」という矢口の見解はその後、最高裁によって採用され、一九八四（昭和五十九）年の「少年事件処理要領モデル試案」や一九八五（昭和六十）年の「少年事件処理要領モデル試案骨子」などに結実することになった。[4]

社会調査の変質化には、二〇〇〇（平成十二）年の少年法改正の影響も大きかった。同改正により挿入された法第二十条第二項の「前項の規定にかかわらず、家庭裁判所は、故意の犯罪行為により被害者を死亡させた罪の事件であつて、その罪を犯すとき十六歳以上の少年に係るものについては、同項の決定をしなければならない。」という規定は原則逆送を定めたものだというのが実務の解釈であった。そして、これに該当する事件の社会調査では、刑事裁判における犯情に該当する非行事実に関する基礎的な事項、すなわち、犯行の動機・経緯、犯行の態様、犯行後の状況などの調査が何よりも重要になるとされ、あわせて、被害者遺族の事件に関する認識や少年側に対する感情などを把握するための被害者調査のほか、事件の社会的影響の調査も必要になるとされたからである。[5]

被害者調査では、被害程度や被害者感情を少年に伝えることが当該少年の健全育成に効果があるとしてなされてきた従前の被害者調査と異なり、被害者感情を保護不適の判断要素として明らかにすることが目的とされた。[6]

裁判員裁判制度の導入の影響も看過し得ない。[7] 裁判員裁判の実施を目前に控えた二〇〇九(平成二十一)年四月一日に公刊された司法研修所編『難解な法律概念と裁判員裁判』(法曹会)において、従前、職業裁判官が少年調査票を丹念に読み込むことによって判断してきた保護処分相当性が難解な法律概念の一つとして取り上げられ、裁判員制度のための少年調査票の記載のあり方が提示された。保護処分相当性の判断に当たっては、少年について凶悪性、悪質性を大きく減じさせて保護処分を許容し得るような特段の事情の有無が問題になるとされ、[8] その内容は犯罪事実や重要な量刑事実に影響するものに限られるとした。その有無の判断は少年調査票における調査官の意見欄に基づいてなされれば足りるとして、意見欄については、特段の事情の有無を中心とした調査官意見の内容及びその判断の根拠が裁判員にも十分に伝わるような、かつ、少年その他のプライバシーにも配慮した「簡にして要を得た」記述が調査官に求められた。[9] 少年の成育歴、少年を取り巻く環境、少年などの資質の記載は、非行に至る経緯、犯行の態様、被害の状況、動機といった非行事実に関連する部分に限られると説かれた。[10]

このような社会調査の変質化の動きについて、日弁連は二〇〇九(平成二十一)年五月七日付で「少年審判における社会調査のあり方に関する意見書」を公表した。[11]

しかし、このような意見は無視され、簡にして要を得た少年調査票の記述方法は裁判員裁判の場合だけではなく、少年の刑事裁判一般にも拡がることになった。少年審判に提出される少年調査票の記述方法にも影響を及ぼした。現役の刑事裁判官からも、裁判員裁判下での「目で見て耳でわかる審理」の実現と少年調査票の秘密保持の要請との調和をいかにして図るかは困難な問題で、少年審判における少年調査票はもちろん、社会調査の在り方自体にも影響を及ぼしかねない大きな問題[12]とされている。

社会防衛のための更生保護

変質が迫られたのは家裁調査官だけではなかった。保護観察官に対しても再犯の防止という観点から変質が求められた。

二〇〇五（平成十七）年七月二十日、法務大臣により設置された「更生保護のあり方を考える有識者会議」の第一回会議が開催された。有識者会議はその後、約一一か月にわたって意見交換を重ねた。[13]有識者会議の多岐にわたった検討事項を[14]踏まえて、二〇〇六（平成十八）年六月二十七日、最後の第一七回会議が開催され、報告書「更生保護制度改革の提言――安全・安心の国づくり、地域づくりを目指して」が取りまとめられて法務大臣に提言された。[15]

有識者会議の改革の方向を示しているのは報告書の「第二　問題の所在と改革の方向」の部分である。保護観察を担うキーパーソンたる保護観察官に対して、保護観察の取消し、解除・仮解除等を適切に実施するために、保護観察対象者との信頼関係の形成を重視するあまり、更生保護制度が社会を保護することを目的とし、保護観察が刑事司法制度の一翼を担う保護観察所が行うものであることを没却したり、軽視したりすることがないように求めている点が注目される。有識者会議が社会防衛という観点から更生保護の改革を図ろうとしていることは明らかであろう。ただし他方で、バランスをとるという観点から就労支援及び定住支援の強化等を謳っている。

このような方向性に沿った改革の提言も多岐にわたっている。更生保護制度に関する法整備についても提言されている。[16] 提言を受けて、二〇〇七（平成十九）年三月二日、犯罪者予防更生法と執行猶予者保護観察法を整理・統合することを目的とした新法として更生保護法案が第一六六回国会に上程された。法案は可決成立し、六月十五日、法律第八八号として公布された。[17]

司法も、犯罪・非行者の社会復帰よりも社会防衛を優先させている。インターネットの検索サイトのグーグルに対し、自身の逮捕歴に関する記事の検索結果を削除するよう男性が求めた裁判の決定で、最高裁第三小法廷（岡部喜代子裁判長）は、二〇一七（平成二十九）年一月三十一日、請求を棄却した。[18] 同種の裁判で下級審の判断が分かれ、最高裁の統一判断が待たれていた。しかし、最高裁は「忘れられる権利」があるとする新たな考え方には言及せず、従来のプライバシー権の考え方をネット検索の特性に反映させて判断基準を導き出した。犯罪・非行者の社会復帰よりも社会防衛を求める国民の知る権利を優先させた決定だといってよい。

2　付添人

法的・社会的支援が一体化した弁護士付添人

旧少年法の規定[19]を継承して、現行少年法も「少年及び保護者は、家庭裁判所の許可を受けて、付添人を選任することができる。ただし、弁護士を付添人に選任するには、家庭裁判所の許可を要しない。」（第十条第一項）、「保護者は、家庭裁判所の許可を受けて、付添人となることができる」（同第二項）と規定した。職権による選任（国選）と保護事業従事者に関する部分は削除された。[20]

戦後、付添人活動は、弁護士による活動と、「少年友の会」に代表される一般市民による保護者的・社会篤志家的活動の二系統で展開されてきた。少年友の会は、家庭裁判所と連携して、少年事件の対象となった当事者への経済的援助、各種福祉機関への紹介、補導委託施設への援助のほか、保護的措置や試験観察に当たってのボランティア活動を行う組織で、二〇〇九（平成二十一）年十月に全国五〇庁すべての家庭裁判所に対応した少年友の会が設立された。そして翌二〇一〇（平成二十二）年十月に「全国少年友の会連絡会」が発足した。一般市民による保護者的・社会篤志家的活動については、その充実と弁護士付添人との連携が課題になっている。[21]

付添人の果たすべき役割については、旧法と新法では変化がみられる。旧法では、少年に近しい民間の支援者からとくに少年の要保護状態について情報を得るための仕組みとして付添人制度が設けられたために、国は国民の親であるという国親《くにおや》思想の下、少年の最善の利益を最もよく理解できるのは少年審判所であり、付添人はその協力者とされ、付添人と刑事弁護人の違いが強調された。[22] 少年の供述能力の不備を補う補佐人的なものとされ、弁護士が活動する場面は乏しかった。[23]

これに対し、新法では、付添人をあえて家庭裁判所の協力者とみる必要はなく、少年が固有の成長発達権に基づいて適正手続による最善の個別処遇を要求し、そのために審判において権利を行使するのを援助する少年のパートナーだと理解すれば足りるという見解（パートナーシップ論）が有力となっている。保護処分が不利益性を持つことは否定できないとして、処遇決定過程にも適正手続を及ぼすことを企図する見解（「最善の利益擁護者」論）も支持されている。弁護人的活動のなかに情状弁護の一環として積極的な環境調整や更生のための弁護が含まれるようになってきたことに対応するもので、弁護士付添人とそれ以外の付添人の役割を統一的に説明できる可能性を持っているとも説かれている。[24]

付添人の実際の活動については、法的援助と社会的援助とが一体化し、少年と保護者、学校・職場、被害者との関係調整や、身体拘束処分の回避、身体拘束時の学校・職場・家庭との連絡など、社会的援助の色彩が濃い活動が法的援助の一環として行われているのが特徴だとされる。[25] 弁護士付添人が、就労支援を行う「職親《しょくおや》」活動や少年友の会の保護者的付添人活動と協働するなど、注目すべき活動もみられる。[26]

少年のパートナー

付添人活動に関して興味深いのは、家庭裁判所裁判官の経験を持つ弁護士の多田元が、従来論じられてきた弁護人的機能と協力者的機能との間に生じる矛盾を解決すべく、家庭裁判所との関係においてではなく、少年との関係において、少年の主体的権利行使を尊重しつつ援助するという視点から付添人の機能を捉えることを提起し、それをパートナー的機能として性格づけている点である。[27]

付添人は、「少年が自ら選び、心を開くことのできるパートナーとしての信頼関係」を基盤としつつ、少年自身が主体的にかかわることができるように、その自己決定、意見表明等を援助しながら、冤罪の防止と適正手続の保障を確保する役割を果たすと同時に、少年の自由の拘束等の不利益を必要最小限にとどめながら、個別的な成長、自律を援助しうる処遇という意味の最善の個別的処遇を、少年が自分自身の成長発達のために求めることを援助する役割を果たすことである。少年審判はそれ自体教育の場であって、結論の妥当性とともに、そこに至るプロセスが重要であるが、このとき、付添人は、少年を説得する家庭裁判所の協力者であるよりも、不適切な取扱いによって傷つくことがないよう少年を防御しつつ、少年自身の理解と納得を助ける助言者であるべきである。また、付添人は、あくまで少年の立場から、その主体的権利行使の援助を行うべきであって、付添人は、少年の代弁者である前に、少年自身が主体的に審判に臨むように、自己決定と意見表明等を援助するパートナーでなければならない。

多田は、このように少年の立場から少年自身の権利主体性に基づく自己決定、意見表明、権利行使の援助を行う付添人の機能をパートナー的機能と性格づけ、その具体的活動の機軸をインフォームド・コンセントの原理に置いた。付添人には少年の訴えに謙虚に耳を傾け、少年とともに考えるという基本的態度が必要で、少年との面接においては徹底していわゆるインフォームド・コンセントを尽くす必要がある。そのために、わかりやすい言葉で共感をもって少年と対話する努力が要求されると説いた。

各地の弁護士付添人活動もこの「少年のパートナー」の立場から展開されている。福岡県弁護士会子どもの権利委員会も、少年との面会について次のように注意している。

少年自身の口から、非行事実の内容・非行を犯した理由・家族関係・交友関係など、要保護性に関する事情を一つでも多く聞き出しましょう。しかし、初めて会う少年が、信頼関係もないまま、本音を語ってくれることはありません。付添人のペースに引き込むのではなく、少年のペースに合わせ、焦らず会話を続けるしかありません。

少年の調書など法律記録・社会記録にも現われない事情を聴きだす必要があります。そのためには、付添人自身がありのままの少年を受け止め少年を好きになる必要があります。また、少年が自信喪失気味であれば、少年自身も気づいていないその長所を指摘してあげることも有用です。また、少年の問題点が、非行の重大性を感じられない点にあるとすれば、「次回の面会までに、被害者に言いたいことを考えておいてね」などと毎回宿題を与えることにより、内省を深めさせることもあります。付添人に手紙を書かせるなどの工夫があってもいいでしょう。

（『少年事件付添人マニュアル　少年のパートナーとして（第三版）』、八七頁）

まさに「子どもの権利条約」にのっとった付添人活動といえよう。

付添人と保護者との面会

付添人の活動にとって、少年の保護者に会うことは絶対に欠かせないことだといわれている。その理由として次のような点が挙げられている。[28]

少年の非行の原因は、従来、大半が家庭にあるといわれてきました。それは目に見える親子の軋轢の場合もあるでしょう。また、目に見えない親子の葛藤の場合もあるでしょう。その軋轢・葛藤が父親との間にあること、母親との間にあることもあるでしょう。このような非行の原因を、父母面会を通じて推測していくわけです。逆に、現代非行は、家庭の影響があるという図式では単純に割り切れないケースも少なくありません。学校、友人関係、それを無限に広げるネットワーク社会など、さまざまな要因が複雑に入り混じっています。このような少年を取り巻く複雑な環境を聞き出す必要もあります。さらに、子どもが非行を犯したという事実により、親としての自信を喪失し、疲れ果てている親も少なくありません。そのような状況の親を励ますことも肝要です。親は最大の社会資源ですから、その親を励ますことにより少年の更生がはかれる可能性も出てくるわけです。

問題は、付添人の活動は基本的に処遇決定までとされるために、処遇の段階では保護者との面会も行われていないという点である。しかし、この段階でも保護者を励ましつつ、子どもの最善の利益とは何かを保護者にインフォームド・コンセントする専門家の存在は欠かせない。少年の立ち直りもそこにかかっているといっても過言ではない。

処遇段階で子どもの意見表明権と少年参加をいかに保障するかも課題といえる。少年院では、専門の「少年の権利」擁護者はとくに用意されていないため、付添人活動の拡大が望まれる。少年には事件とこれまでの自己に真摯に向きあうことが要請され、それは処遇段階で具体化されることになる。しかし、真摯に向きあえば向き合うほど、問題の深刻さや大きさに打ちのめされ、時には精神の変調をきたし、自殺に至る恐れもある。処遇の段階でも、少年のパートナーとして少年を励まし、少年に対し最善の利益とは何かをインフォームド・コンセントし、少年と対話を重ねる専門家の存在が必要となる[29]。少年院職員の超人的な頑張りだけで実現できるものではない。そうした過度の期待は職員を二律背反の事態に陥らせかねない。

当番付添人（全件付添人）制度の自主的導入

二〇〇〇年代に入ると、付添人活動について制度的な不備がクローズアップされることになった。少年が罪を犯したとして家庭裁判所で審判に付されてもほとんどの場合、弁護士が付かなかったからである。少年鑑別所に身体を拘束された少年でさえ、弁護士付添人が付くのは全国平均で約二割しかなかった。少年は、自分の言い分を聞いてくれたり代弁してくれたりする人のいないまま孤独に審判に臨まなければならなかった。しかし、最高裁判所も法務省・検察庁も少年審判で言い渡される処分は刑罰ではなく保護処分であって、これは不利益処分ではないから弁護士付添人は必要ないとして、国選付添人制度の導入を拒否した。

　付添人弁護士の不在という制度的な不備を自力で補おうとする動きが九州地方で生まれた。福岡県弁護士会は二〇〇一（平成十三）年二月、全国で初めて当番付添人（全件付添人）制度を導入した。この制度は観護措置[30]をとられた少年で、かつ、付添人の選任を希望する少年全員に付添人をつけようとするものであった。裁判官がこの制度を告知し、家庭裁判所に送致され観護措置決定を受けた少年（未成年の少年・少女）やその家族・知人が「弁護士をお願いします」と希望すれば、弁護士が接見に駆けつけるという制度で、一回目の接見費用にかぎり無料。接見に出かけた弁護士は少年事件の手続など必要な助言を行い、付添人選任の意思を確認する。希望があれば引き続き弁護士に付添人を依頼することもできる。その場合は有料だが、費用が負担できない者には少年保護事件付添援助制度を利用する方法もある。

　この当番付添人制度は少年の付添人選任権を実質的に保障しようとする画期的なもので、またたく間に全国に広がった。ただ、財源を弁護士（会）のポケットマネーに頼っていたために、財源が限られており、不足する部分は被観護少年及びその家族に経済的な負担を強いるという難点があった。こうした経過もあり、国選付添人制度の創設がその後の少年法の改正で問題とされることになった。

　この当番付添人制度に先駆け、少年保護事件付添援助制度も一九九〇（平成二）年四月から自主的に実施されている。少年は弁護士に依頼するお金がないことがほとんどで、少年の保護者も経済的に裕福な家庭は少なく、資力があっても少年のために弁護士費用を支出することに消極的な場合が少なくない。そのような少年にも弁護士付添人を選任できるように、少年保護事件付添援助制度が導入された。この制度では、国選付添人対象外の事件及び対象事件であっても家庭裁判所が国選弁護人を選任しなかった事件について、少年が希望する場合、弁護士費用が援助される。その財源は全国の弁護士から特別会費を徴収した少年刑事財政基金で、援助総額は二〇一五（平成二十七）年度は約三億八二三〇万円となっている。

二〇一四（平成二十六）年以降は、対象事件が大幅に拡大された結果、国選付添人の選任が急増しているが、この国選付添人においても当番付添人の活動が大いに参考とされている。弁護士付添人の活動は少年司法の各段階で大きな成果を上げている。少年の身柄拘束についても、人質司法に穴をあけるべく、『少年事件付添人マニュアル』の活用が推奨される。

国選付添人制度

国選付添人制度は二〇〇〇（平成十二）年の少年法の改正で導入されることになった。[31] しかし、この国選付添人制度は対象事件が検察官関与事件というように非常に限定されていた上に、家庭裁判所が検察官関与の必要性を厳格に審査してその決定をしたため、国選付添人の選任も非常に限定された。[32] その拡大が求められた。[33]

二〇〇七（平成十九）年の少年法の改正で、国選付添人制度の対象事件が拡大された。[34] 観護措置の特別更新制度が導入されたことが大きかった。二〇〇八（平成二十）年の少年法の改正でさらに拡大された。[35] 被害者等に少年審判の傍聴が許可されたのに伴うものである。これらの拡大により二〇〇八（平成二十）年から二〇一一（平成二十三）年では国選付添人の選任数は三四二から五一二に増加した。付添人選任率は一九六四（昭和三十九）年には一・八％にすぎなかったが、二〇一一（平成二十三）年には一六・八％にまで上昇している。[36]

少年法の一部改正と国選付添人が付されるケースの変遷

二〇〇〇年改正	殺人、傷害致死、強盗などの一定の重大事件で、非行事実に争いがあり、検察官が関与する場合で、弁護士付添人がついていない場合に限って初めて導入。
二〇〇七年改正	検察官が関与しない場合でも、少年鑑別所に収容された少年についても家裁が必要と認めた場合、国選付添人を選任できる裁量的国選付添人制度を導入。
二〇〇八年改正	犯罪被害者に少年審判の傍聴を許す場合に、少年に弁護士付添人がついていない場合にも拡大。
二〇一四年改正	被疑者国選弁護人制度の対象事件が死刑又は無期、長期三年を超える懲役、禁錮に当たる罪に拡大されたのに伴って、国選付添人制度の対象事件をこれらの事件にも拡大。

それでも、いまだ八割以上の事件において付添人は付されていない状況にあった。[37] 加えて、二〇〇四（平成十六）年に刑事訴訟法が改正され、被疑者については死刑、無期もしくは長期三年を超える懲役・禁錮に当たる事件で勾留状が発せられている場合、請求による国選弁護が認められた。このため少年被疑者で国選弁護人が選任されている場合、事件が家庭裁判所に送致されると国選弁護人は地位を失い、[38] 非常に狭い範囲の国選付添人の対象事件[39]以外では付添人を私選で選任するほかなくなる。その後、事件が検察官送致（逆送）されて刑事事件になると国選弁護人の請求が可能となる。いわば国選付添人が谷間となるような事態が生じており、国選付添人の対象事件の拡大による解決が求められていた。

二〇一四（平成二十六）年の改正では、検察官が立ち会える対象犯罪を被疑者国選弁護対象事件[40]の罪や必要的弁護事件の罪[41]と同じ範囲とし、殺人や強盗だけでなく窃盗や傷害にも拡大した。これに伴って国選付添人の対象事件も拡大された。

問題はそれが少年審判への検察官関与などの導入や拡大、犯罪被害者等による審判傍聴の許可制度の導入などに付随するものだという点である。国選付添人制度の拡充は従で、少年審判の刑事裁判化が主である。[42]

被告人がたとえ少年であったとしても、刑事裁判では付添人活動は認められない。成人の被告人の場合と同じような弁護人活動が求められる。少年が自らの生いたちを問題にすることは、「反省がない」などとして重い刑を言い渡される可能性が強い。しかし、それで被害者意識の強い少年被告人が納得するのか。納得がないままに刑務所に送った場合、その少年に未来が開かれるのか。たとえ執行猶予になったとしても、一件落着ということにならない。このような弁護人の悩みは、国選付添人の悩みでもあった。国選付添人が付く対象事件は拡大したが、少年審判の刑事裁判化が急速に進行したために、付添人の役割は、家裁調査官や保護観察官と同様に、かえって低下しているからである。それは官製の民間ボランティアの活動についてもいえた。国による統制が強化されているからである。国の直轄事業の性格が強まっている。

弁護士ではない「少年友の会」の付添人も同時に運用されているが、二〇〇二（平成十四）年頃の三百件程度をピークに減少傾向にあるとされる。[43]

3　官製の民間ボランティア

保護司

保護司とは、少年法による保護観察処分を受けた者、少年院仮退院者、仮出所者、保護観察付きの執行猶予者などを対象とする保護観察において、対象者の更生を援助する役割を担う無給の非常勤の国家公務員である。任期は二年（再任は可）で、法務大臣が委嘱する。活動に要する実費の全部または一部が支給される。刑事施設や少年院に入所中から退所後の社会復帰のために、就労先を探したり、家族や学校その他の関係者との環境調整を図る。保護観察所の保護観察官を補佐する立場にあるが、実際にはそのほとんどを任されている場合が多い。活動内容の約七割が少年事件である。

二〇一一（平成二十三）年三月、法務省保護局長の下に「保護司制度の基盤整備に関する検討会」が設置された[44]。検討会の座長には宮川憲一・全国保護司連盟副理事長が就任し、一一名の委員には全国各地から多様な経験や役職にある保護司が集まった。第七回の会議で報告書が取りまとめられ、保護局長に提出された。報告書では、保護司関係の予算等はかなり増加しているもののまだまだ足りない。保護司候補者の確保や保護活動の充実等のためにも保護司組織体の役割を強化しなければならないが、強化のためには支援体制のあり方を見直すことも必要だとされた。

保護観察官の増員問題も深刻であったが、保護司および保護司組織の問題も深刻であった。検討会の提言からも明らかなように、更生保護法の制定によって問題が大幅に改善されたかというとそうではなかったからである[45]。

保護司のなり手不足と高齢化にも増して深刻な問題は、更生保護の役割に犯罪被害者支援が加わったという点である[46]。その結果、保護観察官と同じく保護司もまた、犯罪・非行者の社会復帰と被害者の社会復帰の調整という、ある意味で解決不可能な課題を背負うことになった。被害者が犯罪・非行者の社会復帰を快く思わない場合、その狭間に置かれる保護司はどのようにふるまえばよいのだろうか。保護司は、犯罪者の更生保護を援助することを使命としており、被害者支援の機能を併せて持たせることは、役割の混乱を招いて、更生保護にとっても被害者保護にとっても望ましくない結果になるおそれがあるとの指摘がみられるのも当然といえよう。現役の保護観察官からも批判が出ている。[48]

しかし、国による厳格な監督・統制を緩和し、対象者の自己決定権および適正手続の保障を尊重せしめることについても、国は国会質疑等において一貫して消極的な答弁を行ってきた。ともすれば対象者の保護に傾きがちな保護観察官に対して、再発を防止し社会を保護するという更生保護の目的を法で明記し、社会の安全・安心に対する責任意識の向上を図るのも更生保護法の趣旨だとされている。[47]

国は保護観察官等に対して全能性を求める。彼らが対象者との信頼関係の形成に努め、積極的な処遇を実施する他方で、公平な審判者の立場で対象者の更生状況の把握に努めろという。保護観察官等の全能性に期待し得るから、対象者の自己決定権および適正手続の保障を尊重することを法で明記しなくても特段の問題は生じないとする。

このような国の方針に呼応して、保護司からは「鬼面仏心」（表面は怖そうだが、内心はとてもやさしいこと）が対象者に接する保護司の真髄だと表明されている。しかし、このような担い手の全能性にもっぱら依存する形で二一世紀の日本の更生保護は賄い切れるのだろうか。人は神ではない。全能ではない。人が営む制度であるが故に法は適正手続を保障したのではないか。適正手続保障には国などのパレンス・パトリエ（国親思想）ないしパターナリズムが人権侵害を惹起することを予防するという役割も付与されている。対象者の自己決定権との対立をできる限り少なくするためには、パレンス・パトリエないしパターナリズムには「補充性」（ほかにとるべき方法がないこと）、「一時性」（当該措置が一時的であること）を満たすことが求められるが、この「補充性」、「一時性」の要件を満たしているかどうかもこの適正手続保障を通じてチェックされなければならない。更生保護法の国家審議において参考人から表明された適正手続保障を通じた自己決定権の尊重についても、もっと検討されて然るべきではないか。

協力雇用主

協力雇用主とは、犯罪・非行の前歴等のために定職に就くことが容易でない保護観察又は更生緊急保護の対象者を、その事情を理解したうえで雇用し、改善更生に協力する民間の事業主である。[49]

二〇〇五（平成十七）年二月、愛知県安城市で刑務所出所後間もない者が職を求めて公共職業安定所に行ったが職を得ることができず、やけになって重大事件を起こしたのがきっかけになって、二〇〇六（平成十八）年度から法務省と厚生労働省の連携により刑務所出所者等総合的就労支援対策が実施されている。同対策では、成人犯罪者のみならず非行少年も対象とし、矯正施設・保護観察所と公共職業安定所が連携して、刑務所入所中・少年院入院中から職業相談や求人情報の提供、職業紹介を行うとともに、保護観察の対象となった者には職場体験講習、セミナー・事業所見学、トライアル雇用、身元保証制度といった就労支援を行う。

身元保証制度とは、身元保証人を確保できない刑務所出所者等を雇用した場合、最長一年間、刑務所出所者等によって被った損害のうち、一定の条件を満たすものについて国から見舞金を支払うというものである。この身元保証制度の受け皿として「ＮＰＯ法人全国更生保護就労支援会」が設立され、それによって身元保証事業が成果を上げるとともに、その後、住居支援等の事業も併せて行われるようになった。

公共工事等、競争入札において協力雇用主に対する優遇措置を導入するなど、協力雇用主を支援する地方自治体が増加している。二〇一五年五月末現在、優遇措置は全国で約六〇の地方公共団体で導入されている（全国就労事支援業者機構発行の冊子『協力雇用主活動事例集　更生に寄り添う喜び』二〇一四年、などを参照）。

就労対策は一定の成果を上げているものの、刑務所出所者などの就労は依然として厳しい状況にある。

職親《しょくしん》プロジェクトは、日本財団及び関西の企業七社によって二〇一三（平成二十五）年二月に発足し、現在は北海道、東京、福岡の企業も含め、合計一一〇社（二〇一八年六月現在）が参加して運営されている。参加企業は少年院・刑務所に求人をしたうえ、応募した対象者の採用面接を少年院・刑務所で行い、採用が決まれば、対象者は出院・出所後に採用先の企業で六か月の就労体験をすることができる。就労体験の結果、対象者がその企業での就労を希望すれば、引き続き正式雇用へとつなげることも可能である。[51]

保護観察官と協力雇用主が緊密に連携し、協力雇用主のもとに雇用された者の職場定着を促進するとともに、協力雇用主の不安等の軽減を図ることにより、協力雇用主による雇用を拡大する方策の一つとして、二〇一三（平成二十五）年五月から、更生保護施設又は自立準備ホームに委託されている仮釈放者又は更生緊急保護対象者を雇用し、職場定着のための働き掛けを行った協力雇用主に対して、職場定着協力者謝金を支給する取組みが実施されてきた。二〇一五（平成二十七）年四月からは、これをさらに発展させて、保護観察対象者又は更生緊急保護対象者を雇用し、就労継続に必要な技能及び生活習慣等を習得させるための指導及び助言を行う協力雇用主に対して、就労・職場定着奨励金及び就労継続奨励金を支給する制度が開始されている。

これらの試み自体は高く評価される。しかし、官製の民間ボランティア活動に依存しているためであろうか、要支援対象者のうちでそれを利用できるのは、わずか三―五％程度にいまだとどまっている。[52]「刑務所出所者等総合的就労支援対策」についても総務省から改善勧告が行われている。[53]

生活困窮者自立支援法

犯罪・非行をした者に対する就労支援を充実・強化させるための方策として、二〇一五（平成二十七）年四月から生活困窮者自立支援法が施行された。同法は生活保護に至る前の段階での自立支援策の強化を図るため、生活困窮者に対し必須事業として自立相談支援事業の実施、住居確保給付金の支給を行うほか、就労準備支援事業、一般生活支援事業及び家計相談支援事業等を実施し、都道府県知事が就労訓練事業（中間的就労）を認定する。この生活困窮者には犯罪・非行をした者も含まれる。[54]

更生保護制度と生活困窮者自立支援制度は、制度の目的が異なり、支援内容にも違いがあるが、地域生活における必要な支援を円滑に行う観点から、矯正施設出所者に対する生活困窮者自立支援法に基づく各事業の利用等については、下記の点が問題となろう。

第一は、国は、矯正施設出所者の自己決定・自己責任を強調するが、[55]それは矯正施設出身者が生活困窮者自立支援制度の利用を抑制し、矯正施設出身者の円滑な社会復帰を損いかねない。

第二は、国は、更生保護法による支援と生活困窮者自立支援法による支援とはできる限り棲《す》み分けたいという意図も垣間見えるが、[56]この棲み分けは両者の間隙をともすれば生み、これもまた、矯正施設出身者の円滑な社会復帰を妨げかねないという点である。

4 「触法少年」から撤退する児童相談所

一時保護と凶悪虐待事案の放置

児童福祉法（昭和二十二年十二月十二日法律第一六四号）は、児童相談所[57]による一時保護について規定している。[58]一時保護の期間中、子どもたちは多くの場合、児童相談所の監督下にある一時保護所で生活することになる。[59]この期間、子どもたちは外出が許されず、通学や外部との接触も制限されることが多い。乳児は乳児院に一時保護委託される。[60]

一時保護期間中、児童相談所は親子の再統合を目指し、親子関係の調整を行う。厚生労働省による子ども虐待対応の手引きによると、児童相談所の子ども虐待事例に関しての保護者支援は児童相談所の業務の一環として位置づけられている。平成二四―二五年度厚生労働科学研究費補助金（政策科学総合研究事業）でも、「児童虐待事例の家族再統合等にあたっての親支援プログラムの開発と運用に関する研究」がみられる。しかし、この研究の時点では、保護者支援に関して特定の方法のプログラム等を実施している児童相談所は人手や時間の不足のために半数にとどまっていた。

一時保護した子どもについてさらに長期の親との切り離しが必要と認められる場合には、児童相談所は子どもを児童養護施設や里親等に委託する。しかし、国際人権団体などからは、そもそも児童養護施設に子どもを収容すること自体が児童虐待であると厳しく批判されている。[61]

問題は、児童福祉法第三十三条の一時保護が「児童相談所の所長は、必要があると認めるとき」とあり、その要件の記載はない点である。厚生労働省の児童相談所運営指針は「一時保護は原則として子どもや保護者の同意を得て行う必要があるが、子どもをそのまま放置することが子どもの福祉を害すると認められる場合には、この限りでない。」と定めている。「この限りでない」については何ら指針を示していない。第三者機関による事前事後のチェックなしに児童相談所の一存で一時保護を発動し、親権者の同意なく子どもを「連れ去って」いくことができることになっている。そのために、実際には子どもや親権者の同意なしに子どもを「略取する」権限として運用されている。

一時保護の現状は「一時」でも「保護」でもなく、実質的には面会禁止、通信禁止、照会禁止など長期の完全隔離であり、刑務所収容者の家族以下の処遇である。親権の実質的な停止ないし剝奪で、この一時保護の規定はいわば「家庭崩壊促進」条項だといってもよい。「子どもの権利条約」にも抵触していると指摘されている。憲法違反だとの批判もみられる。一時保護の逸脱運用の他方で、凶悪虐待事案が放置されているともいわれている。児童相談所が虐待の疑いを知りながら虐待死を防げなかった事例がマスコミで報じられている。[62]

改革の提言

児童相談所（児相）の改革はさまざまなところから提言された。弁護士・医師・ジャーナリスト・市民団体代表からなる二〇一四（平成二十六）年十月十五日付の「児童相談所改善のための要望書」もその一つであった。

要望の第一は、一時保護の事前・事後審査を裁判所が発行する令状によって行うものとし、令状取得の手続は現行犯逮捕・緊急逮捕と同様にする、裁判所による事前の証拠精査を必要とするというものである。学校からの通報によって一時保護を行おうとする場合、学校がその期待に沿わない児童生徒を排除するため児相送致する目的で通報することがあるので、人権擁護のため、裁判所による慎重な検討が絶対に不可欠であるとされている。

要望の第二は、一時保護中の子どもの親権者または親権者代理人弁護士に対しての面会、文通、電話等での交通権を保障するというものである。一か月から二か月間も特段の事情がなく面会通信の全部を制限するのは児童相談所による虐待を疑う。疎明責任は児童相談所にあるとされる。

要望の第三は、一時保護中の子どもに対する医療については親権者に対するインフォームド・コンセント制度を導入するというものである。一時保護中および施設入所中の子どもに対する精神科の薬物投与はその副作用の重大性等から一切の投与を禁止する。精神科医についてはその介入を禁止する。禁止できない場合は拘禁された子どもの親が推薦する医師の直接の診察によるセカンド・オピニオンの機会を保障するとされる。

要望の第四は、保護単価を廃止し定額制とすべきだというものである。前年度と比較した一時保護増を行政実績として評価しないようにするためである。

要望の第五は、弁護士の専門性と人権を護るため、委任主体を児童相談所から切り離したうえ、抽選でその都度人選するようにして、児相と癒着せず中立的判断ができるようにするというものである。このため、児相からの施設措置中立は、一般の裁判所同様の通常の訴訟案件とし、親権者を利害関係人ではなく、児相と同じ立場の訴訟当事者の地位に高めて、平等の地位で争えるようにし、精神科医には介入をさせないとされる。

要望の第六は、児童相談所職員の専門性を大幅に向上する必要があり、児童福祉・児童心理の専攻で大学を卒業し、その後、児童福祉関係で多年のキャリアを積み、試験に合格した職員のみが児相に勤務できるようにするというものである。これらの専門性を備えた職員は、より適切な養育を親に促すための指導・助言に限定された業務のみを行う。社会福祉士を採用するとされる。

要望の対象は多岐に及んでいる。ヒューマン・ライツ・ウォッチ（非営利の国際人権組織）の報告書『夢がもてない——日本における社会的養護下のこどもたち』（二〇一四年五月一日）も、「国会への提言」「厚生労働省への提言」「都道府県と政令指定都市への提言」に分けて詳細な提言を行っている。児童相談所の抱える問題は広くて深い。

厚生労働省児童虐待防止対策推進本部決定「児童相談所強化プラン」（平成二十八年四月二十五日）によると、平成二十八年度から三十一年度までのプランとして、①専門職の増員等、②資質の向上、③関係機関との連携強化等、が三本柱とされているが、これらの課題は今なお未解決である。

児童相談所も、法に触れた少年の保護者等が相談できる場所の一つといえるが、非行相談は触法相談やぐ犯相談とされており、それも家裁送致前となっているためにあまり活用されていないという状況にある。人的資源の問題などもあって、非行問題から撤退する傾向にある。厳罰化などを内容とする少年法の改正についても児童相談所から改正反対の見解が表明されていない。

警察・検察の関与強化

前述したように、二〇〇七（平成十九）年五月二十五日、参議院本会議において少年法改正法案が可決され、成立した。これにより、少年犯罪の凶悪化や低年齢化に対応するためという名目の下で、①少年院送致の年齢下限を現行の一四歳以上から「おおむね十二歳以上」に引き下げられ、②警察官が触法少年の疑いがある者を発見した場合の任意調査権が明文化されるとともに、少年や保護者を呼び出して質問できる権限が明記された。

同改正にあたっては、触法少年は児童養護施設で処遇するという原則、あるいは触法少年や虞犯《ぐはん》少年については児童相談所が必要な調査を行うという原則が形骸化することにならないかとの危惧が各界から表明された。国会でも危惧の声が上がった[63]。

法務大臣は、懸念に対し、今回の改正は少年に対する処遇をよりきめ細やかに行えるようにするものだと答弁している。しかし、そこにいう少年のよりきめ細かな処遇とは警察・検察の関与の拡大・強化以外の何ものでもなかった。

「虞犯」行状には相当の幅がある場合が多いのに対し、犯罪事実は通常、特定の日時・場所の一回の行為であるので、一般的には虞犯事実と犯罪事実に同一性はないとされる[64]。このような違いを無視して、警察・検察は犯罪事実のみならず虞犯事実の調査にも長けているといえるのであろうか。

問題は、このような法務省側の路線に対して厚生労働省側がどのような態度をとったか、児童福祉法の趣旨に基づいて正しく対応したかである。残念ながら否といわざるを得ない。少年法の改正に対して理解が示されているからである[65]。現行少年法の制定に際して厚生省がとった態度と酷似していた。

触法少年や虞犯少年についても児童福祉法の趣旨に基づいて対応すべきで、少年法の改正はおかしいのではないか、児童相談所は非行問題にもっと真剣に取り組むべきではないかという議員からの質問に対しても、厚労省からは、マンパワーの問題などもあって児童相談所では非行問題にまでは手が回らないと回答されているだけである。限られた人手を児童虐待問題に集中させたいということから、非行問題を警察・検察に任せたといってもよい[66]。

東京都目黒区で五歳女児が親から虐待を受け、ノートに「もうおねがい　ゆるして　ゆるしてくださいおねがいします」と書き残して死亡した事件を受け、政府は二〇一八（平成三十）年六月十五日、児童相談所の体制強化などを話し合う関係閣僚会議を首相官邸で開いた。今後、厚生労働省など各省庁で、①児童相談所の体制強化、②虐待の早期発見、③児相間の情報共有の徹底、④警察や学校など関係機関との連携推進、などを議論し、政府として一か月をめどに緊急対策をとりまとめる方針だと報じられた。児童相談所と警察との連携がさらに進められると想像される。

非行少年立ち直り支援センター

非行少年立ち直り支援センターも、警察主導で多くの自治体で設置され、立ち直り支援が開始されている。大阪府では、府内一〇か所に設置された少年サポートセンター（旧少年補導センター）の中に府警少年課が所管する「少年育成室」と、府青少年課が所管する「育成支援室」が置かれ、双方が連携して立ち直り支援が実施されている。少年育成室には警察官及び少年補導職員等が配置され、主として街頭補導、少年相談などを行っている。一方、育成支援室にはケースワーカー及び非常勤嘱託員（警察退職者・教員退職者など）が配置され、主として立ち直り支援と非行防止・犯罪被害防止教室を担当している。少年育成室が行動的役割を、育成支援室が教育的役割を担うという体制の下で支援を実施していることが特徴とされる。

補導されたり、府民からの相談及び学校からの紹介などがあった少年の中で、少年育成室が継続的に支援する必要性があると判断した者、もしくは警察・学校・児童相談所などから紹介があった少年の中で、育成支援室が継続的に立ち直り支援を必要であると認めた者が支援の対象となる。

支援の受付は少年サポートセンター配置のケースワーカーによって行われる。受理が決定すると初回面接日を設定し面接を行い、保護者からの承諾書をもらった上で、支援票を作成して支援を開始する。支援の期間は三か月単位とされている。支援期間の終了にあたっては、少年の状況と支援の効果を検証して支援報告書を作成し、状況に応じて更新を行う。問題行動の改善等で支援を終了した後は、フォローアップを含めた追跡調査も実施されており、支援終了前に保護者及び少年の了解を得たうえで、支援終了後の一—三か月後、半年—一年後に状況確認が行われている。

はじめに各少年サポートセンターにおいてケースワーカーが少年の面接を行い、非行の原因究明にあたる。その中で少年たちに内省の機会を与え、非行からの立ち直りができるよう支援していく。自己変容につながる機会の提供として、体験活動等を通したプログラムを実施している。

例えば、怠学傾向の改善をめざすための学習支援や、ルールを守ること等を学ばせるための音楽・スポーツ活動を行っている。支援には個人や少人数を対象としたものが多いが、集団での活動も実施しており、対象少年を集めて川の清掃を行うなど、社会貢献活動や他機関との共働事業も実施している。

主な対象少年は中学生であるが、近年では低年齢化傾向にあり、小学生も参加している。性別は男子が六—七割、女子三—四割であり、相談件数は警察と児相からがほぼ半数ずつである。事業数は年間延べ二千件、子どもの数でいうと五百名程度になるという。[67]

1　早川義郎「少年刑事被告事件の取扱いについて」『家裁月報』第二五巻第八号（一九七三年）二〇頁などを参照。
2　武内謙治『少年法講義』（日本評論社、二〇一五年）二五一頁などを参照。
3　『家裁月報』第三一巻第九号（一九七九年）五頁以下。
4　岡田行雄「社会調査実務の変化」武内謙治『少年事件の裁判員裁判』（現代人文社、二〇一四年）二〇四頁以下などを参照。

5　同書二〇九頁などを参照。
6　川出敏裕「処分の見直しと少年審判」斎藤豊治・守屋克彦編著『少年法の課題と展望　第一巻』（成文堂、二〇〇五年）一七五頁などを参照。
7　前掲・岡田、二一一頁以下などを参照。
8　北村和「検察官送致決定を巡る諸問題」『家裁月報』第五六巻第七号（二〇〇四年）七〇頁などを参照。
9　司法研修所編『難解な法律概念と裁判員裁判』六五頁などを参照。
10　家裁調査官研修部課題研究「原則検察官逆送事件の少年調査票の記載の在り方」裁判所職員総合研修所『総研所報』第五号（二〇〇八年）八〇頁などを参照。
11　意見の趣旨は、①少年保護事件における家庭裁判所調査官の調査は、原則逆送事案であるか否かにかかわらず、少年が非行に至った原因を、科学主義の原則にしたがって分析するに足りる十分な材料を提供すべく、質・量ともに充実したものであるべきである、②家庭裁判所調査官が作成する少年調査票には、少年の資質及び少年の成長過程や成育環境に関する事実等が正確に記載されるべきである、③少年調査票には、家庭裁判所調査官が行った社会調査の結果と少年鑑別所による心身鑑別の結果を踏まえ、少年が非行に至った背景・動機の、精神医学・心理学・社会学等人間諸科学の知見に基づいた丁寧な分析と、少年の非行性の除去のために必要な処遇計画の具体的な指針が記載されるべきである、というものであった。
12　田口治美「調査」、廣瀬健二編集代表＝川出敏裕・角田正紀・丸山雅夫編集委員『少年事件重要判例五〇選』（立花書房、平成二十二年）九三頁。
13　有識者会議の座長は元法務大臣の野沢太三で、座長代理は日本司法支援センター理事長・日本更生保護女性連盟会長の金平輝子であった。元保護局長の本江威憙も委員として参加するなど、官製の会議という性格が濃厚であった。
14　「更生保護の理念」「仮釈放のあり方」「矯正施設との連携」「保護観察官」「保護司」「更生保護施設」「官民協働態勢」「円滑な社会復帰のための施策」などが検討された。
15　有識者会議の姿勢を明確に示しているのは提言の「はじめに」の部分で、概要、「この報告書は、国が必要な制度改革や体制整備等を先送りにし、上記状況を放置してきたことが、更生保護制度の歴史的な構造上の問題点であると認識する。［略］「更生保護」は、犯罪や非行を摘発し、刑罰や保護処分を行う「刑事司法制度」の最終段階を担う重要な一環であり、その改革は、「裁判員制度」や行刑改革など一連の刑事司法改革の最後の仕上げである。この報告書が、将来にわたり、更生保護が国民の期待にこたえることができるよう、更生保護の進むべき道を指し示すものになることを願っている」などと記されている。

16　今後の更生保護制度は、刑事司法制度の一翼として、犯罪や非行をした人の改善更生を助け、再犯を防止し、社会を保護するとの目的を明確化し、保護観察の充実強化と実効性の高い官民協働の実現等を果たす必要がある。同時に、国民に開かれた存在となり、社会にとって有意義な制度として十分に認知され、理解される必要がある。そのために、更生保護制度の目的を一層明確にし、今後の更生保護制度に必要となる新たな制度を導入する立法措置を行う等、関係法律の整備を進め、国民に分かりやすい法律とすることを目指すべきであるとされる。

17　施行は翌二〇〇八年（平成二十年）六月一日。これにより犯罪者予防更生法と執行猶予者保護観察法は廃止された。

18　判示は、「児童買春をしたとの被疑事実に基づき逮捕されたという本件事実は、他人にみだりに知られたくない抗告人のプライバシーに属する事実ではあるが、児童買春が児童に対する性的搾取及び性的虐待と位置付けられており、社会的に強い非難の対象とされ、罰則をもって禁止されていることに照らし、今なお公共の利害に関する事項であるといえる。また、本件検索結果は抗告人の居住する県の名称及び抗告人の氏名を条件とした場合の検索結果の一部であることなどからすると、本件事実が伝達される範囲はある程度限られたものであるといえる。以上の諸事情に照らすと、抗告人が妻子と共に生活し、前記一（一）の罰金刑に処せられた後は一定期間犯罪を犯すことなく民間企業で稼働していたことがうかがわれるなどの事情を考慮しても、本件事実を公表されない法的利益が優越することが明らかであるとはいえない。」というものであった。

19　旧少年法は「付添人」制度について「本人、保護者又ハ保護団体ハ少年審判所ノ許可ヲ受ケ付添人ヲ選任スルコトヲ得」（第四十二条第二項）、「付添人ハ弁護士、保護事業ニ従事スル者又ハ少年審判所ノ許可ヲ受ケタル者ヲ以テ之ニ充ツヘシ」（同第三項）と規定していた。

20　付添人は、観護措置決定・更新決定に対する異議申立権・特別抗告権（少年法第十七条の二、第十七条の三）、保護処分決定に対する抗告権・再抗告権（同第三十二条、三十五条第一項）、記録・証拠物の閲覧・謄写権（少年審判規則第七条第二項）、証拠調べ手続における立会い権・尋問権・証拠調べの申出の権限（同第十九条、第二十九条の三）、審判出席・意見陳述権（同第二十八条第四項、第二十九条の二、第三十条）、審判で少年に発問する権利（同第二十九条の四）、審判書の謄写請求権をもつ。弁護士付添人は、加えて、少年鑑別所や少年院において施設職員の立会いなしに面会を行う権利（少年鑑別所法（平成二十六年六月十一日法律第五十九号）第八十一条第一項、第八十六条第一項、第八十九上、第九十一条、少年院法（平成二十六年六月十一日法律第五十八号）第九十三条）をもつ。

21　前掲・武内『少年法講義』五一二頁などを参照。

22　武内謙治「戦前期における附添人（一）―（三・完）」、『法政研究』第七八巻第二号（二〇一一年）八五頁、第七八巻第四号（二〇一二年）一七八頁、第七九巻第一号（二〇一二年）一六六頁などを参照。

23　廣瀬健二「付添人の役割と課題――国選付添人制度拡充にあたって」『総合法律支援論叢』第三号（二〇一三年）四頁などを参照。

24　前掲・武内『少年法講義』五一六頁などを参照。

25　山崎健一「付添人から見た少年事件実務の課題」『家裁月報』第六三巻第三号（二〇一一年）一頁、岩佐嘉彦「付添人の活動と国選付添人制度の導入」斎藤豊治・守屋克彦編『少年法の課題と展望　第一巻』（成文堂、二〇〇五年）七〇頁、福岡県弁護士会子どもの権利委員会編『少年事件付添人マニュアル（第三版）』（日本評論社、二〇一三年）二〇四頁以下などを参照。

26　前掲・武内『少年法講義』五一七頁などを参照。

27　多田元「少年審判における付添人の役割」加藤幸雄他編著『司法福祉の焦点　少年司法分野を中心として』（ミネルヴァ書房、一九九四年）九六頁。

28　前掲『少年事件付添人マニュアル（第三版）』九三頁などを参照。

29　この点で注目されるのは、付添人活動を行った弁護士が少年の両親と委任契約を締結し、それを法的根拠にして審判後の「見守り」活動を行ったという事例である。鴨志田裕美「被疑者弁護から少年審判後に至るまでの連携と協働」岡田行雄編著『非行少年のためにつながろう――少年事件における連携を考える』（現代人文社、二〇一七年）一〇二頁以下などを参照。法的根拠ができたことで、保護観察所や他の機関との連携をスムーズに行ううえで思った以上の効力を発揮したという。

30　観護措置とは、家庭裁判所が調査・審判を行うために少年の身体を拘束するとともに、その心身の鑑別を行うための措置をいう。家裁調査官による在宅観護（調査官観護）と少年鑑別所送致（収容観護）の二つが認められており、少年法第十七条第一項は「家庭裁判所は、審判を行うため必要があるときは、決定をもつて、次に掲げる観護の措置をとることができる。一　家庭裁判所調査官の観護に付すること。二　少年鑑別所に送致すること。」と規定している。収容観護の場合、鑑別の機能に加えて、身体拘束の機能を持つことから、観護措置も憲法第三十四条にいう「拘禁」に当たると理解され、観護措置を決定するためには相応の適正手続保障が不可欠だとされている。

二〇〇〇年の少年法の改正で非行事実認定のための観護措置の特別更新制度が導入され、非行事実認定が困難なケースについては観護措置期間を最長八週間とすることとされた。適正手続の保障がより必要になったことから、あわせて、観護措置に対する異議の申立ての制度（法第十七条の二）も新設された。問題は観護措置期間中の外部交通権をいかに保障するかである。

31　同改正により、少年審判への検察官の関与が認められた。故意の犯罪行為により被害者を死亡させた罪および死刑または無期もしくは短期二年以上の懲役もしくは禁錮に当たる罪の事件については、検察官の出席を認めることとされた（法第第二十二条の二）。また、検察官は、検察官出席事件において、非行事実の認定に関し、決定に影響を及ぼす法令の違反または重大な事実の誤認があることを理由とするときに限り、抗告受理申立を行うことができることとされた（第三十二条の四）。これに伴って、国選付添人制度も導入されることになった。検察官関与決定をした事件で弁護士付添人がない場合、家庭裁判所は、また抗告受理決定があって弁護士付添人がない場合、抗告裁判所は、弁護士である付添人を付さなければならないとされた（法第二十二条の三、第三十二条の五）。

32　二〇〇一（平成十三）年から二〇〇六（平成十八）年までに検察官関与決定があった少年の人員は年平均一九・三人で、国選付添人の選任は年平均四・二件に過ぎなかった（廣瀬健二「付添人の役割と課題――国選付添人制度拡充にあたって」『総合法律支援論叢』第三号、二〇一三年）一一頁などを参照。

33　一九九九（平成十一）年七月二十七日に内閣総理大臣官邸大客間において第一回会議を開いた司法制度改革審議会は二〇〇一（平成十三）年六月十二日開催の第六三回会議において「司法制度改革審議会意見書――二十一世紀の日本を支える司法制度」を最終的に確認し、内閣総理大臣に提出した。同意見書も「刑事司法制度の改革」のなかで「刑事裁判の充実・迅速化」や「公訴提起のあり方」、「新たな時代における捜査・公判手続のあり方」と並んで「被疑者・被告人の公的弁護制度の整備」の一環として「少年審判手続における公的付添人制度についても、積極的な検討が必要である」と提言した。

34　家庭裁判所は、一定の重大事件について、少年鑑別所送致の観護措置がとられている場合において、少年に弁護士である付添人を付すことができるとされた。

35　「家庭裁判所は、前条第一項の規定により審判の傍聴を許すには、あらかじめ、弁護士である付添人の意見を聴かなければならない。」「家庭裁判所は、前項の場合において、少年に弁護士である付添人がないときは、弁護士である付添人を付さなければならない。」（少年法第二十二条の五第一項）と規定された。

36　この変化には付添人扶助制度や少年保護事件付添援助制度が大きく寄与している。

37　前掲・廣瀬、一二頁などを参照。

38　少年法第四十二条第二項を参照。

39　第二十二条の三第一項及び第二項、および本章註34を参照。

40　刑事訴訟法第三十七条の二を参照。二〇一六（平成二十八）年の刑事訴訟法の一部改正（同年六月三日公布）により、被疑者国選弁護対象事件は、勾留状が発布されているすべての事件に拡大された。

41　同法第二百八十九条第一項を参照。

42　家庭裁判所、法律扶助協会、弁護士会の三者協議によって一九七三（昭和四十八）年から実施されてきた付添人扶助制度は、日本司法支援センター（法テラス）の設立に伴って法律扶助協会が解散して以降、日本弁護士連合会の少年保護事件付添援助制度として引き継がれ、法テラスへの業務委託（日弁連委託援助業務）として行われている。

43　荒井史夫「少年事件の付添人」第一東京弁護士会『ICHIBEN Bulletin（会報）』第四八四号（二〇一三年）巻頭言などを参照。

44　設置の経過については概要、「近年、薬物やアルコール依存、高齢、精神疾患、発達障害など保護観察対象者の抱える問題が複雑・多様化しているほか、家族関係や地域のつながりの希薄化が進み、家族や地域の協力が得られない対象者が増加し、さらに現在の厳しい社会経済情勢を背景として自立困難な対象者が増加するなど、更生保護に対する国民の関心と期待が高まる中で、保護司の処遇活動はますます困難化しており、個々の保護司の力だけでは立ち直りを実現することが難しくなってきている。［中略］刑の一部の執行猶予制度が導入された場合には、薬物事犯を中心に保護観察事件等が増加することが予想される。そこで、保護司制度を充実させるための基盤整備の在り方について検討するため、法務省保護局長により本検討会が設けられたものである。」（保護司制度の基盤整備に関する検討会『報告書』平成二十四年三月二十一日、三頁）とある。

45　保護司の数は二〇一五（平成二十七）年一月一日現在で四万七八七二人となっており、二〇一〇（平成二十二）年以降、六年連続で減少した。保護司の平均年齢も過去最高の六四・七歳で、なり手不足と高齢化が深刻化している。団塊の世代が保護司の再任用期限（七六歳）を迎えると一気に数が減り、更生支援に影響がでると懸念されている。

46　二〇〇四（平成十六）年、犯罪の被害者ならびにその家族・遺族の救済・支援を図るという目的で、「犯罪被害者等基本法」が制定された。これを受けて、翌年十二月には「犯罪被害者基本計画」が策定された。これまで犯罪・非行者の社会復帰を扱ってきた更生保護制度においても、被害者の心情を重視し、被害者の社会復帰や生活再建のための支援を行うことになった。二〇〇七年三月から導入された「しょく罪指導プログラム」はこの「犯罪被害者基本計画」の中に含まれるもので、保護観察の対象者に自己の犯した犯罪と被害の重大さを認識させ、被害者への慰謝の措置を講じる責任を自覚させて具体的な贖罪計画を立てさせる指導が行われることになった。

47　加藤倫子「更生保護制度における矛盾が保護司の処遇実践においてどのように現れているか――「しょく罪指導プログラム」の運用と「社会的包摂」という政策理念をめぐって」『公益財団法人日工組社会安全財団 二〇一二年度若手研究助成研究報告書』（二〇一三年）四頁などを参照。

48　現役の保護観察官からの、「どんなに公的機関が権力的にその人を変化させようとしても、その人自身が変わろうという思いがなければ変えることはできない。むしろ、強制的に本人に変化を要求した場合、その時はその場しのぎで上辺だけ変化したように見せるだけで、本質的に何も変わっていない事が多いのではないだろうか。再犯防止のための変化は、犯罪をした本人が実際に行動することでしか発現せず、変化のための行動は、その人自身が変わりたいという思いや、自分の問題点は何なのかという気づきによって始まるのではないかと思う。」牧山夕子「未熟な若年者に対する処遇」今福章二・小長井賀興編『保護観察とは何か』（法律文化社、二〇一六年）二三九—二四〇頁、などの指摘は重要であろう。

49 本書第八章二三六頁以下、「就労支援事業者機構」の項も参照。

50 二〇〇七（平成十九）年度から毎年二千人以上の刑務所出所者等を就労に至らせたなど。

51 吉開多一「犯罪・非行をした者に対する就労支援の現状と課題（独立行政法人日本学術振興会科学研究費助成事業基盤研究（C）子どもの非行・虐待防止のための地域社会ネットワークの実証的研究報告）」『早稲田大学社会安全政策研究所紀要』七号（二〇一四年）二〇九頁などを参照。

52『平成24年版　犯罪白書』二三二—二三五頁によると、保護観察対象者のうち毎年九千人程度（平成二十三年度は八九二六人、二四・一%）が無職状態で保護観察を終了し、就職しても早期に退職したり、職場に定着できず転職を繰り返したりする者も少なくないこと、就労形態も臨時や日雇い等の不安定雇用が多く、就労先の業種にも偏りがあるという。

53 二〇一〇（平成二十二）年度から二〇一二（平成二十四）年度までの支援対象者のうち、刑務所入所・少年院入院中に就職が決定した者は毎年一〇〇—一五〇人前後であり、支援対象者等約三千人の「わずか三〜五%程度」にすぎないこと、矯正施設・保護観察所と公共職業安定所の連携が不十分で、職業相談等が実施されていないなどといった不適切な例があることから、改善が必要である旨の勧告が行われた。総務省「刑務所出所者等の社会復帰支援対策に関する行政評価・監視　結果報告書」（二〇一六年三月）を参照。

54 前掲・吉開、二九八頁などによると、生活困窮者自立支援法による支援の実施状況によっては、先行する「刑務所出所者等総合的就労支援対策」との関係や同法を担う機関の連携のあり方が今後、問題になるとされる。

55「更生保護法に基づく支援等は、保護観察期間中又は矯正施設出所後から原則六か月という一定期間に限定された支援であるため、保護観察所等が行う更生保護法に基づく支援を行ってもなお矯正施設出所者への支援が必要な場合が考えられる。その場合は、矯正施設出所者の自己選択、自己決定を基本に、必要に応じ生活困窮者自立支援法に基づく自立相談支援事業につなぐこととする。」（厚生労働省社会・援護局地域福祉課長「矯正施設出所者の生活困窮者自立支援法に基づく事業の利用について（各都道府県等生活困窮者自立支援制度主管部（局）長宛通知）」（社援地発〇三二七第八号、平成二十七年三月二十七日）とある。

56　「更生保護制度を利用している矯正施設出所者、例えば、更生保護施設に入所している矯正施設出所者については、更生保護施設に入所中に一時生活支援事業を利用することはできない。ただし、居住場所の喪失を防ぐ観点から、自立相談支援機関において、更生保護施設退所後の一時生活支援事業の利用に向けた事前相談を更生保護施設入所中から行うことは可能である。」（同右）とされている。

57　児童福祉法第十二条に基づき、児童福祉の専門機関として、児童相談所が日本の各都道府県、政令指定都市及び中核都市に設けられている。児童相談所の業務内容は、児童及び妊産婦の福祉に関し、①市町村相互間の連絡調整、市町村に対する情報の提供その他必要な援助を行う、及びこれらに付随する業務を行う、②児童に関する家庭その他からの相談のうち、専門的な知識及び技術を必要とするものに応ずる、③児童及びその家庭につき、必要な調査並びに医学的、心理学的、教育学的、社会学的及び精神保健上の判定を行う、④児童及びその保護者につき、右の調査又は判定に基づいて必要な指導を行う、⑤児童の一時保護を行う、などと規定されている（同第十二条等）。

相談業務としては、①養護相談（保護者の家出・死亡・服役等により、養育することが困難となった子ども、虐待を受けた子ども等に関する相談）、②非行相談（ぐ犯行為や触法行為のあった子ども等に関する相談）、③障害相談（身体・知的・重症心身障害のある子ども、自閉症や自閉症同様の症状のある子ども等に関する相談）、④育成相談（性格行動の問題のある子ども、不登校状態にある子ども等に関する相談）、⑤保健相談（未熟児、虚弱児、内部機能障害等のある子どもに関する相談）、⑥その他の相談（里親等に関する相談）、などである。

58　法第三十三条第一項は、「児童相談所長は、必要があると認めるときは、第二十六条第一項の措置を採るに至るまで、児童の安全を迅速に確保し適切な保護を図るため、又は児童の心身の状況、その置かれている環境その他の状況を把握するため、児童の一時保護を行い、又は適当な者に委託して、当該一時保護を行わせることができる。」と規定している。この規定による一時保護の期間は「当該一時保護を開始した日から二月を超えてはならない」（同条第三項）、「前項の規定にかかわらず、児童相談所長又は都道府県知事は、必要があると認めるときは、引き続き第一項又は第二項の規定による一時保護を行うことができる」（同第四項）とされており、延長可能となっている。延長回数には制限はない。

59 一日あたりの一時保護所の保護人員の平均は全国で一五四一人、平均在所日数は、二〇一一年の場合は二八日である。平均在所日数が最も長い千葉県では、子どもの平均在所日数は五三日である。長いケースでは二年近く、子どもが一時保護所に滞在するという場合もある。三六％（二〇一一年）の自治体が、定員を超えた数の子どもを収容せざるを得ない一時保護所をかかえる状態となっている（ヒューマン・ライツ・ウォッチ『夢がもてない――日本における社会的養護下のこどもたち』（二〇一四年、一一―一二頁などを参照）。

60 同右、三頁などを参照。

61 子どもの権利条約第三十七条（b）は「いかなる少年も、不法に又は恣意的にその自由を奪われないこと。少年の逮捕、抑留又は拘禁は、法律に従って行うものとし、最後の解決手段として最も短い適当な期間のみ用いること。」と定めている。しかし、日本の児童相談所の一時保護は、「最後の解決手段」ではなく、事前調査もなく、当初からいきなり子どもを一時保護（連れ去り）し、その後、長期にわたって拘禁すると批判されている。

62 児童相談所が虐待の疑いを知りながら虐待死を防げなかった事例が過去一〇年で約一五〇件に上ることが二〇一七年二月二十三日、虐待防止に取り組むＮＰＯ法人「シンクキッズ」（東京）の調べで分かった、同法人は同日、児相と警察との連携不足が虐待死の要因にあるとみて、関係機関の情報共有を義務づけた児童福祉法などの法改正を警察庁と厚生労働省に要請したと報じられている（産経新聞、二〇一七年二月二十四日）。

63 二〇〇七（平成十九）年四月十三日に開催された第一六六回国会衆議院法務委員会厚生労働委員会連合審査会においても、例えば、石井郁子議員と法務大臣・厚生労働大臣・政府委員との間でやり取りがみられた（同議事録第一号を参照）。虞犯少年に対して警察の調査を認めたことについて、法務省側は国家公安委員会規則を持ち出して正当化を図ろうとしている。石井委員の指摘が的を射ていたことから、このように答弁せざるを得なかったものと思われる。児童福祉法からみた場合、あるいは子どもの権利条約からみた場合にはどうかというような視点は微塵もうかがえない。

64　廣瀬健二「審判に付すべき少年（二）」廣瀬健二編集代表、川出敏裕・角田正紀・丸山雅夫編集委員『少年事件重要判決五〇選』（立花書房、平成二十二年）二二〇頁などを参照。

65　註63参照。

66　なお、厚生労働省雇用均等・児童家庭局総務課「児童相談所における非行相談について」（平成十五年三月二十六日）によると、非行相談が次のように分析されている。

児童相談所における全相談件数は増加傾向にあるが、非行相談件数は年間一万七千件前後でほぼ横ばい傾向で、全相談件数に占める割合は四―五％である。相談内容は、触法相談の場合は窃盗、横領が大半を占め、ぐ犯相談では家出、外泊が多い。相談事案では家庭の養育基盤が弱く、要保護性の高い事例が多く見られ、非行問題の背景に虐待が潜在している事例も少なくない。八割以上が在宅指導となっており、継続した指導・支援を行うためには地域の複数機関、関係者の協力と連携が不可欠であり、特に学校、少年補導センター、少年サポートセンター等との連携は重要となる。子どもへの指導・支援のみならず、個々の状況に応じた家庭支援を行う必要があり、各機関の機能を活かした地域ネットワークの構築が必要となる。その際、児童相談所にはケースマネジメント機能が期待される。また、保護者の指導、支援に対する動機付けも課題となる。

平成十三年度厚生労働科学研究「非行問題に対応する児童福祉サービスのあり方に関する調査研究」（主任研究者・野田正人）における「非行事例への児童、相談所の対応に関する調査」では、児童相談所の八割が近年の非行児童には質的変化があるとみており、その主なものは衝動的傾向の増加、人間関係がとりにくい、ネグレクトの増加、学習障害（ＡＤＨＤ）で、八割強の児童相談所が非行相談の処遇の困難化を感じている。主な理由は、家族への対応の困難、児童の多忙、非行内容の変化、児童自立支援施設への入所が困難といった状況が報告されている。

67　ちなみに、宍倉悠太「加害少年・被害少年の立ち直り（自立）支援における多機関連携の一考察――地方自治体における取り組みに注目して」『早稲田大学社会安全政策研究所紀要』五号（二〇一三年）六一頁以下では、中学生の非行少年等の立ち直り支援に力を入れている滋賀県・大阪府・京都府の取り組みが詳しく紹介されている。

第八章　求められる自力更生

1　自助・共助・公助

公助の意味

一般の福祉においてと同様、更生保護においても国は自助・共助が基本で、公助は最後の手段だと位置づけている。これによると、更生保護に対する国の責任は自助・共助を促進する責任ということになる。これに対し、国の政策を批判する側は、自ら更生保護を推進するという意味での国の責任を伝統的な社会権論に拠りつつ説いた。

しかし、それでは、関係者の努力にもかかわらず、厳しい行財政事情のなかで更生保護に対して大幅な予算増、定員増を確保することは至難の技であった。「更生保護の在り方に関する有識者会議」の提言のうち、観察の強化や再発防止の重視等の部分は更生保護法に取り込まれた反面、就労支援その他、保護や改善の充実・強化等に関わる部分は盛り込まれなかった理由の一つも、この行財政事情にあった。国は安全社会、安心社会を実現するための更生保護の重要性という主張に基づいて予算要求したが、伝統的な社会権論では更生保護の予算は後順位に回されがちであった。更生保護法の偏りを是正するためには新たな社会権理論を提示する必要があったが、国の政策を批判する側においてその必要性が十分に認識されたかというと必ずしもそうではなかった。

対抗軸の引かれ方の不十分さという問題に加えて、引かれるべき対抗軸がそもそも引かれていないという問題もみられた。国の統制と保護観察官等の自主性、独立性。同じく国の統制と地方公共団体の自主性、独立性。これらの対抗軸は二十一世紀に入ると、ますます顕在化した。更生保護法を制定する理由の一つも、この保護観察官に対する、そして地方公共団体に対する国の統制の強化に置かれていたからである。

二十一世紀に入っても日本の更生保護制度は矛盾の解消に向かうどころか拡大の方向にある。国の基本政策が国民のための国家から、国家のための国民に暗転すれば、これに応じて更生保護制度も戦前の思想犯保護観察制度に類したものに転化する。この転化を防止する保障を内在化させるという課題も依然として未解決であった。伝統的な対抗軸では有効な切り込みはなかなか難しかった。日本国憲法の下で、国の更生保護施策を批判する勢力は量的には拡がったが、質的には大きな変化はなかった。国の側での問題解決が続いた。少年に対する厳罰化、少年審判の刑事裁判化、保護処分の文字どおりの保安処分化などを内容とする少年法の度重なる一部改正が行われていることは前章で述べたところである。

自助・共助の責任原則

問題は、拡大する矛盾を解消の方向に転じさせ、二十一世紀の日本の更生保護を牽引するような指導理念をどう構築するかである。理念をめぐる本質的な対抗軸は、更生保護における自助・共助の責任原則、および自助・共助に対する国による監督・統制原則の是非に関わる。これらの原則を墨守したうえで二十一世紀の日本の更生保護を展望するのか、あるいはこれらの原則を見直すのかである。

「自助・共助の責任」原則によると、更生保護における国の責任はあくまでも改善更生についての本人および家族の自助、そしてこの自助に対する社会の共助を支援し、促進する範囲に限定されることになる。しかし、他方で、国はこの自助・共助に対する国による厳格な監督・統制を強調する。支援・促進のためには国による厳格な監督・統制が欠かせないとされる。更生保護は一面において再犯防止・社会防衛という刑事政策的な機能を有していることから、更生保護の担い手および関係者はこの刑事政策的な機能を実現させるために国の厳格な監督・統制が肝要だと主張する。とすると、たとえ国の責任が自助・共助の支援・促進にとどまるとしても、この国による厳格な監督・統制のために、改善更生も、司法福祉にいう福祉も、再犯防止・社会防衛という色彩を濃厚に帯びることになる。それは更生保護の展開が刑法全面改正作業や少年法改正作業と連動する形で進められてきたことからも明らかであろう。

そこで、度重なる国会決議に沿う形で、これらの原則を見直し、更生保護における「公序の責任」原則を確立し、他方で、国による厳格な監督・統制を緩和し、対象者の自己決定権および適正手続の保障を尊重せしめることが問題となる。もっとも、これには国の側から、罪を犯していない人と比べて不平等ではないかという疑問が国会審議等で提示されてきた。この疑問を多くの人は無批判で受け入れ、国に対して「自助の責任」原則の見直しを迫ることを躊躇してきた。しかし、それは逆であろう。「障がい者権利条約」は障がい者に特別な権利を創造するものではなく、社会的障壁の故に健常者が共有し得る自由権および社会権等を障がい者が享受し得ないとすれば不平等で、この不平等を是正する義務が国にはあるとする。この考えを更生保護についても採用できないか。「公序の責任」原則を確立したとしても、それは対象者に特権を認めるものではなく、他の者と平等に扱おうとするものでしかない。検討されて然るべきではないか。

改善更生についての共通の目標

併せて検討されなければならないのは、改善更生について共通の目標および規準を設定することである。さまざまな立場で多様な理解があり得る。これを放置した場合、対立や混乱が生じることにもなりかねない。共通の尺度を設けることによって、実施者と対象者がこの共通の尺度に従って協働していくことが可能となろう。ここでも掘り下げた検討が必要となろう。

それは国際人権法が求めるところでもある。例えば、「子どもの権利条約」第四十条は「締約国は、刑法を犯したと申し立てられ、訴追され又は認定されたすべての少年が尊厳及び価値についての当該少年の意識を促進させるような方法であって、当該少年が他の者の人権及び基本的自由を尊重することを強化し、かつ、当該少年の年齢を考慮し、更に、当該少年が社会に復帰し及び社会において建設的な役割を担うことがなるべく促進されることを配慮した方法により取り扱われる権利を認める。」と規定している。

「少年司法運営に関する国連最低基準規則」（北京ルールズ）も、「手続のあらゆる段階において、少年に、宿所、教育または職業訓練、雇用その他の有益かつ現実的な援助などの、社会復帰過程を促進するために必要な援助を提供する努力が行われなければならない。」（第二十四条）、「ボランティア個人、ボランティア組織、地域の諸機関、その他の社会資源は、コミュニティ内、それもできるかぎり家庭内での少年の立直りに有効に寄与するように活用されなければならない。」（第二十五条）と規定している。

しかし、国はこのような検討を放棄している。自助・共助論に基づいて多くを民間ボランティアに委ね、それを再犯防止（社会防衛）という観点から指導・監督することが国の務めだとする態度を墨守している。その結果、保護司もＢＢＳ（Big Brothers and Sisters Movement　約百年前にアメリカで始まったボランティア活動。日本にも連盟がある）も協力雇用主も深刻な状況に陥っている。犯罪・非行者の社会復帰はますます自力更生に傾いている。

2　社会復帰支援対策の推進

「世界一安全な日本」創造戦略

検挙人員に占める再犯者の割合や入所受刑者に占める再入所者の割合が上昇の一途をたどり、満期釈放者の過半数が五年以内に再入所しているなど、再犯防止が重要な政策課題となったこと。また、刑務所等における施設内処遇から出所後の社会内処遇への継続性と一貫性を保ちつつ、改善更生を促し、刑務所出所者等の生活基盤を整えて円滑な社会生活への移行を促進する社会復帰支援対策は再犯防止を図る上で極めて重要な取組みであること。これらのことから、野田佳彦内閣は二〇一二（平成二十四）年七月二十日の犯罪対策閣僚会議において「再犯防止に向けた総合対策」を策定した。[1]

二〇一二（平成二十四）年十二月、野田内閣に代わって第二次安倍晋三内閣が誕生した。安倍内閣は翌二〇一三（平成二十五）年十二月十日の閣議で「世界一安全な日本」創造戦略を決定した。そのうち犯罪の繰り返しを食い止める再犯防止対策の推進の内容は次のようなものであった。

○高齢者、障害者、女性、少年、若年等それぞれの特性に応じた指導及び支援の強化（法務省）
○少年非行対策の推進（警察庁）
○薬物事犯者に対する指導及び支援の充実強化（法務省）

○行き場のない刑務所出所者等の住居の確保の推進（法務省）
○就労支援の推進（法務省）
○協力雇用主等に対する支援の推進（法務省）
○保護司制度の基盤強化（法務省）
○再犯防止に対する国民の理解と協力の促進（内閣官房・法務省）

民主党・国民新党から自民党・公明党へと政権交代があったが、再犯防止は変わることなく重点施策とされ続けた。

更生保護施設

更生保護施設はすべて民間の非営利団体であり、一〇三の施設のうち一〇〇施設は法務大臣の認可を受けた更生保護法人により運営されている。近年は事業認可を受けた社会福祉法人や特定非営利法人も更生保護事業に参入している。更生保護施設の数は二〇一七（平成二十九）年一月現在、東京都一九、北海道八、福岡県七、愛知県六、大阪府四、神奈川県四をはじめ、計一〇三施設である。このうち男子専門施設は八九、女子専門施設は七、少年専門施設は二である。更生保護施設全体の収容定員は約二四〇〇名で、定員百名を超える大規模施設もみられるが、定員二〇名以下の施設が全体の八割近くに上り、一施設当たりの平均収容定員は約二三名である。

更生保護施設の運営費の九割近くは国からの更生保護委託費で賄われており、残りは寄付金などによって補われている。更生保護施設では年間約一万人を保護しており、主な被保護者は刑務所からの仮釈放者、満期釈放者及び刑の執行猶予者である。少年院からの仮退院者、家庭裁判所で保護処分を受けた少年も保護している。被保護者の施設利用期間は数日から一年と多様で、平均利用期間は三か月となっている。

更生保護施設の本来的な業務は、自立に必要な指導や援助等を行い、その再出発を支えることである。①生活基盤の提供（宿泊場所や食事の提供など、入所者が自立の準備に専念できる生活基盤の提供）、②円滑な社会復帰のための指導や援助（日常の生活指導など）、③入所者が地域社会の一員として円滑に社会復帰するための指導、④自立に向けた指導や援助（入所者ができるだけ早く一人立ちを果たし、退所した後も自立した生活を維持していけるように必要な就労支援や金銭管理の指導など）、⑤入所者の特性に応じた専門的な処遇（酒害・薬害教育、ソーシャル・スキル・トレーニング（社会生活技能訓練）、心理学の認知行動療法に基づいて対人関係場面でのふるまい方を体験的に学ぶ）、コラージュ療法（芸術療法の一つ。雑誌などから好きな写真やイラストを切り抜いて台紙に貼り付け、言葉にできない感情を表現し、心理的な開放感や思考の深まりを促し、情緒の安定を図る）、パソコン教室、ワークキャンプ、料理教室など）などが行われている。

就労による自立支援や退所後の住居確保など、施設退所後の円滑な地域移行への支援も本来的な業務とされる。退所後も通信や通所による相談援助などのフォローアップ支援に力を入れている施設もある。

日本では社会内処遇として保護観察（保護処分としての保護観察と刑事処分としての保護観察）が実施されており、その実施方法の一つとして「指導監督」のほかに「補導援護」がある。

補導援護の内容としては、①同居可能な家族と連絡をとらせることや身寄りがない者について更生保護施設等への入所を調整することなどの住居・宿泊場所についての援助、②病状に応じて適切な医療機関に関する情報の提供や通院や服薬を継続するよう助言することなどの医療・療養についての援助、③就労に関する情報の提供やハローワークへの同行などの職業補導・就職援助、④ボランティア活動への参加を促すことや健全な余暇の過ごし方を助言することなどの教養訓練の援助、⑤学校への協力依頼や家族関係の調整などの生活環境の改善・調整、⑥アルコールや薬物依存からの回復を支援する団体の情報提供やＳＳＴ（社会生活技能訓練）の実施などの生活指導、が定められている

更生保護施設ではこの補導援護の実施も受託している。限られた期間内に被保護者の円滑な社会復帰を支援するために、各施設の特色や被保護者の特性に合わせた指導、支援がなされている。

施設被保護者の退所先は借家、就業先、親族、知人、社会復帰施設などの順となっており、八割以上の被保護者は再犯や無断退所することなく、居住場所を見つけて自立退所しているとされる。[2]

自立更生促進センターと就業支援センター

民間の更生保護施設では社会復帰のために必要な環境を整えることができない刑務所出身者等を対象として、保護観察官が直接、濃密な指導監督と手厚い就労支援等を行うことで改善更生と再犯防止を図ることを目的として、国は保護観察所に宿泊施設を併設した特定の問題性に応じた重点的・専門的な社会内処遇を実施する施設を「自立更生促進センター」、主として農業等の職業訓練を行う施設を「就業支援センター」と呼んでいる。二〇〇九（平成二十一）年六月から北九州市に、また、翌年八月から福島市に自立更生促進センターが、そして、二〇〇七年十月から北海道沼田町に、また二〇〇九年九月から茨城県ひたちなか町に就業支援センターが設置されている。

北九州自立更生促進センターは刑務所からの男性仮釈放者を対象とし、定員一四名で、入所期間はおおむね三か月。①再犯防止プログラムの実施、②薬物依存回復訓練の実施、③臨床心理士によるカウンセリング、④社会貢献活動、が処遇の内容である。福島自立更生促進支援センターも刑務所からの男性仮釈放者を対象

とし、定員二〇名で、入所期間はおおむね三か月。①再犯防止プログラムの実施、②外部講師による園芸療法、③贖罪指導の実施、④断酒会等自助グループとの連携、⑤協力雇用主との連携による就労支援、が処遇の内容である。

茨城就業支援センターも刑務所からの男性仮釈放者等を対象とし、定員一二名で、入所期間は六か月。法務省が指導監督等を、厚生労働省が公共職業訓練の嘱託及び訓練中の手当支給を、農林水産省が就農先確保の支援等を、という形の三省連携で職業訓練が実施されており、ほうれん草、なすなどの野菜の採種・植え付けから収穫・出荷及び学科指導などの農業実習を行う。

これに対し、沼田町就業支援センターは男子少年院仮退院者を対象とし、定員一二名で、入所期間は六か月から一年程度。沼田町及び職安と連携して就労支援を行っており、農業実習を沼田町就農実習農場に委託し、椎茸・イチゴ・トマト・じゃがいもなどを栽培する。[3]

地域生活定着支援センターと特別調整

更生保護法によると、矯正施設から出所する人については、出所後に福祉的な支援を必要とする場合も含め、保護観察所による生活環境の調整を行うこととされている（第八十二条第一項）。しかし、保護観察所等の司法機関には福祉に関するノウハウの蓄積が十分になく、福祉的な支援を必要とする矯正施設出所者に対して十分な調整が行われないため、矯正施設出所後、生活に困窮して再犯を繰り返してしまう高齢者、障がい者が後を絶たなかった。このような状況を改善すべく、厚生労働省は、二〇〇九（平成二十一）年度から、矯正施設出所後の生活の安定を図る「地域生活定着支援センター」を各都道府県に設置し、高齢、障害により矯正施設出所後自立した生活を営むことが困難と認められる者に対し、矯正施設入所中の段階から、福祉サービスの利用支援を行うことなどにより、円滑な地域生活への移行を図ることにした。

都道府県の設置するセンターは、保護観察所等からの依頼を受けて、主に高齢者（概ね六五歳以上）または障害を有する入所者のうち、出所後の住所のない者等について、次の業務を行うとされている。①矯正施設出所後の受け入れ先となる社会福祉施設の斡旋や福祉サービスの申請支援を行うコーディネート業務、②矯正施設出所者を受け入れた施設等に対して、福祉サービスの利用、生活上の助言を行うフォローアップ業務、③矯正施設出所者の福祉サービス利用に関して、本人またはその関係者からの相談に応じて、助言その他必要な支援を行う相談・支援業務。センターは、個々の支援業務について、矯正施設出所者の希望や意思を踏まえつつ、地方公共団体、関係機関と必要な協議を重ねながら、受け入れ先の確保や福祉サービスの利用につなぐ支援を実施し、必要な場合、適時、関係機関と情報を共有し、連携を図っていくための支援調整会議などを行っている。

同センターの設置に合わせ、法務省でも生活環境調整の特別の手続として、高齢又は障害により自立が困難で住居もない矯正施設出所者について、矯正施設出所後速やかに社会福祉施設に入所するなど適切な介護、医療などのサービスを受けることができるようにする「特別調整」を二〇〇九（平成二十一）年から実施した。特別調整では、保護観察所ごとに担当の保護観察官が配置され、センターと連携して、出所後の福祉的支援を調整している。[4]

更生緊急保護

更生緊急保護は、更生保護法（第八十五条以下）により行われる保護である。保護観察と異なり、本人の申立によって開始される。更生緊急保護の対象となる者は、①刑務所からの満期釈放者・仮釈放期間満了者、

②保護観察に付された者、③起訴猶予者、④罰金または科料の言渡しを受けた者、⑤少年院からの退院者・仮退院期間満了者、などである。

これらの人のうちには、拘禁をとかれていわゆる自由の身となっても家族や身寄りがなく、当面の衣食住に窮する結果になる人が少なくない。こうした人びとには本来、生活保護法その他、社会福祉の制度が保護の手を差しのべなければならないが、そうした社会福祉の保護の措置がとられるにはある程度の日時を要し、その間の保護の空白は本人をきわめて不安な状況に陥れ、再び罪を犯させる危険性を多分に生ぜしめる。しかも、これらの人びとはかつて罪を犯した者であり、また罪を犯しやすい条件をもっている場合が少なくないから、適切な保護の必要はいうまでもない。こうしたことから緊急保護制度が設けられたのである。

緊急保護の対象者は法的には拘束を受けていないので、本人の保護を受けたいという申出によって実施される。検察官または監獄の長が、本人に保護の必要を認め、または本人の希望によって、保護の必要性その他参考事項を記載した書類を本人に交付し、これを本人が保護観察所長に提示することによって開始される。

国家の強制権を内包する保護観察とは性格を異にするが、更生緊急保護の実施は国の責任でなされるものであって、民間の篤志家による従前の釈放者保護とも異なる。緊急保護は無期限に行われるものではなく、緊急性という建前から六か月を超えない期間で、しかも、本人の更生に必要な限度に限られている。この六か月に加えて、さらに六か月を超えない範囲内において保護を行うことができる特別法定期間も定められている。

緊急保護の内容は、①補導、②宿泊所の供与、③食事付宿泊の供与、④食事の供与、⑤医療および保養の援助、⑥帰住の援助、⑦金品の給与または貸与、などである。このうち、①②③の三つは、実務上、更生保護会に委託して行われている。その期間は、予算上の制約のため、宿泊の供与は通じて六〇日以内で、三〇日以内の延長を認める。食事付宿泊の供与は通じて二〇日以内で、一〇日以内の延長を認めるとされている。補導の委託も、宿泊または食事付宿泊の委託にあわせてのみ行うか、あるいは、その委託期間が経過してなお引き続きその更生保護会が任意の保護として本人に宿泊または食事付宿泊の供与をする場合、六か月の範囲内で継続して行うことができる。

更生保護法第八十五条第五項によると、国は、緊急保護を行うに当たっては、その対象となる者が公共の衛生福祉機関等から必要な保護を受けられるよう斡旋するとともに、緊急保護の効率化に努め、その期間の短縮と費用の節減を図らなければならない。[5]

応急の救護

保護観察においても緊急の措置が規定されている。「応急の救護」（更生保護法第六十二条）がそれで、保護観察対象者に緊急事態が発生し、適切な医療、食事、住居その他の健全な社会生活を営む手段を得ることができないため、その改善更生が妨げられる恐れがある場合に、必要な救護を受けられるように設けられた制度である。補導援護（更生保護法第五十八条）の一形態とされているが、公共の衛生福祉機関等では必要な応急の救護が得られない場合に、保護観察所の長が自らまたは更生保護事業を営む者その他、適当な者に委託して措置をとることができる点に意義がある。

保護観察所の長が行う応急の救護の内容は、①適切な住居その他の宿泊場所がない者に対し、宿泊場所並びに宿泊に必要な設備及び備品を提供する、②適切な食事を得ることができない者に対し、食事を供与する、③住居その他の宿泊場所への帰住を助けるため、旅費を給与し又は貸与する、④その他、就業又は当面の生活を助けるために必要な金銭、医療、器具その他の物品を給与し又は貸与する、などである。

応急の救護を行うに当たっては、更生保護法第五十八条、第六十二条第四項などにより、「自助の責任」「必要かつ相当な限度」「公共施設優先の原則」「社会資源の活用」に留意して実施することとされている。[6]

刑務所出所者等に対する就労支援

国は犯罪の繰り返しをくい止める再犯防止対策として、就労支援事業および刑務所における職業訓練の適正かつ効果的な実施の推進を目指した。前者は法務省と厚労省が連携して行うこととし、刑務所及び少年院並びに保護観察所が、刑務所出所者等のうち、稼働能力、就労意欲等一定の要件を満たした者を、支援対象者又は准支援対象者に選定し、公共職業安定所に就労支援の協力依頼を行うことにより実施する。

また、刑務所出所者等の住居等の確保は、更生保護施設や自立更生促進センターへの受け入れが促進され、かつ福祉的な支援が必要な高齢者・障がい者に対する特別調整が適正かつ円滑に実施されることで行われる。

満期釈放者に対する指導の充実と保護カードの適切な交付、更生緊急保護に係る全国共通の電話番号の導入が策定され、釈放前の受刑者に対し釈放後の社会生活において直ちに必要となる知識の付与や釈放後の生活に関する指導等（釈放前指導）のほか、満期釈放者が出所する際、更生緊急保護の必要があると認めるとき、又はその者がこれを希望するときは、その者に対し更生緊急保護の必要性に関する意見等その他、参考となる事項を記載した書面（保護カード）を交付し、保護観察所は、満期釈放者等の申出に基づき、緊急に金品や宿泊場所の供与等を行う更生緊急保護を実施するとした。

就労支援事業者機構

刑務所出所者等の再犯を防止し、その改善更生を図るために就労の確保が極めて重要なことは改めて詳述するまでもない。法務省の統計資料によると、二〇〇九（平成二十一）年から二〇一三（平成二十五）年の五年間において保護観察終了時に無職であった者の再犯率は有職者の再犯率の約四倍にも上ること、また、二〇一三年に刑務所に再入所した約一万四千人のうち、約七割の者が再犯時に無職であったことなどから、就労の有無と再犯との間には大きな関係があるとされる。刑務所出所者等の再犯を防止するためには、これらの者が安定した仕事に就き、職場に定着して、責任ある社会生活を送ることが重要である。しかし、過去に犯罪や非行をしたことの影響、あるいは教育機会や対人間関係形成能力の不足その他、諸般の事情から、就職においては相当の困難を伴う。

法務省は、二〇〇六（平成十八）年度から、厚生労働省に協力して総合的な就労支援対策を行っており、その施策の一環として、七章で述べたように「協力雇用主」制度を実施している。

刑務所出所者等の就労支援にとって就労支援事業者機構の存在も大きい。二〇〇九（平成二十一）年一月に中央の経済諸団体等が発起人となって全国就労支援事業者機構を発足させ、東京都からNPO法人として設立認証を受け、活動を開始した。その後、二〇一一（平成二十三）年五月からは国税庁長官認定のNPO法人として活動している。[7] 全国機構の活動を受け、各都道府県を単位（北海道は四か所）とする都道府県就労支援事業者機構が順次組織され、いずれもNPO法人として設立認証を受けている。二〇一〇（平成二十二）年からは全国機構と連携して、全国ネットワークとして活動している。

都道府県機構の事業内容は、都道府県の事情などにより多種多様であるが、おおむね、①刑務所出所者等の雇用に協力する事業者の増加を図る、②求職情報の把握、求人情報の開拓・把握を行っているハローワークを通じ個別の就労を支援する、③刑務所出所者等を雇用した事業者への給与支払いの助成、④刑務所出所者等の職場体験講習、就労支援セミナー、事業所見学会などの実施、⑤犯罪予防を図るための世論の啓発及び広報、である。

二〇一一（平成二十三）年度から更生保護就労支援モデル事業も実施されている。これは国が民間団体に就労支援を委託し、民間団体はそのノウハウを活かして、就労先を確保する就職活動支援のみならず、就労の継続のための職場定着支援まで行い、さらに必要があれば定住先の確保や生活設計に関しても助言をする。二〇一四（平成二十六）年度からは更生保護就労支援事業として、全国一二庁の保護観察所で実施されるに至っている。

全国機構及び地域機構の活動もあって、協力雇用主の登録数は増加傾向にあり、二〇一七（平成二十九）年四月現在、全国の保護観察所に登録されている協力雇用主の数は一万八千事業主を超えているとされる。さまざまな雇用主が登録しており、業種別の内訳は、建設業（五〇%）、サービス業（五%）、製造業（一二%）、卸販売業（五%）、運送業（四%）、水道工事（三%）、農林漁業（二%）などである。農林漁業が意外と少ない。協力雇用主の従業員規模は、百人未満の事業主が大半を占めている。大企業の協力雇用主は見られない。登録数は増加傾向にあるが、実際に刑務所出所者などを雇用している雇用主は一万八千事業主のうちの四%強にすぎない。協力雇用主が何とか雇用しようとしても適任者が少ないことなどによるものと推察される。雇用の拡充が望まれる。

更生保護法と特別調整

二〇〇七年（平成十九年）六月十五日、更生保護法が法律第八八号として公布された。これにより犯罪者予防更生法と執行猶予者保護観察法は廃止された。①犯罪者予防更生法及び執行猶予者保護観察法を整理統合したこと、②保護観察における遵守事項の整理及び充実を図ったこと、③社会復帰のための環境調整の充実を図ったこと、④犯罪被害者等に関する制度を導入したこと、が主な柱であった。

これらの改正は長期的な視点に立ったものとは必ずしもいえなかった。「更生保護の在り方を考える有識者会議」報告書（平成十八年六月二十七日）で提言された地方更生保護委員会委員への民間有識者の積極的登用や協力雇用主の三倍増、保護観察官の倍増等は法案に織り込まれなかった。再犯防止のための諸規定をとりあえず新設したという面が強かった。

更生保護法では、生活環境調整と特別調整についても規定が置かれた。[8] 前者は保護観察所の長が行う入所者等の矯正施設退所後の住居、就労先その他生活環境の調整をいい、後者はこの生活環境調整のうち、高齢（おおむね六五歳以上）であり、又は障害を有する入所者等であって、かつ、適当な帰住予定地が確保されていない者を対象として、特別の手続に基づき、帰住予定地の確保その他必要な生活環境を提供する。[9]

特別調整は、前述したように、地域生活定着支援センターの設置にあわせて実施されたもので、法務省が厚生労働省と連携して行う。特別調整の支援を開始するまでの手続は、①刑務所等において特別調整候補者を選定し、保護観察所に通知、②通知を受けた保護観察所が特別調整対象者として選定、③保護観察所は対象者について適切なサービスが受けられるように地域生活定住支援センターに協力を依頼、④支援センターが対象者の受入先等の調整を実施する。

3　犯罪者・非行少年のための福祉施策

低調な制度運用

国の社会復帰支援対策が全体として低調な運用にとどまっている要因として、予算[10]及び人員不足のほかに、厚労省機関と法務省機関との連携不足が挙げられている。これは福祉目的と再犯防止目的の間でしばしば生じる葛藤・対立に由来する原理的・構造的なものだといってよい。

問題はこの葛藤・対立をどのように止揚するかである。刑罰国家においては福祉が治安に従属せしめられるために、社会復帰支援対策においても治安という観点から止揚されることになる。再犯防止が主目的とされ、この再犯防止目的に役立つ限り、あるいはこれに抵触しない限りにおいてのみ個人の福祉が認められるに過ぎない。社会復帰においても自助・共助が原則で、公助はあくまでもこの自助、共助を支援するものということが強調される所以であろう。厚労省も犯罪者・非行少年の福祉を一般の福祉から切り離し、ともすれば白眼視するという態度をとってきた。

しかし、これでは社会復帰支援対策の運用を抜本的に改善することは難しい。社会復帰支援対策を治安対策としてではなく、本来の福祉施策として確立していかなければならない。

自治体が社会復帰支援に取り組む難しさ

「更生保護のあり方を考える有識者会議」に委員として参加した三鷹市長（当時）の清原慶子は、二〇〇五（平成十七）年九月二十七日に開催された第四回会議に「論点整理に向けて――自治体の視点からのいくつかの問題提起」と題されたペーパーを提出した。そのうち「地域社会の中での新しい支援のあり方について」の項で、清原は概要、次のように説いた。

「現代社会では、犯罪増加に対する住民不安が増長されており、自治体では主として防犯という観点から「安全安心なまちづくり」が期待され、推進されている。また、近年は犯罪被害者の視点を尊重する意識も高まりを見せている。こうした環境においては、地域住民の意識構造として、更生保護対象者に対しては、必ずしも温かく優しい眼差しで包み込むような環境であるとはいえない。保護対象者が困難を抱え込んでいても、地域は容易には「受容」（ソーシャル・インクルージョン）するわけではない。一方、更生保護対象者の立ち直りと社会復帰のためには、「孤立」と「排除」の対極の「共生」と「受容」の環境（地域社会）が不可欠である。この隘路から抜け出す安直な処方箋はおそらく存在しない。更生保護対象者が地域で、地域住民から「信頼」を得る結果を示せば、地域で受け入れられる要素となる可能性がある。そこで、たとえば更生保護対象者が、地域活動・地域福祉活動などにおいて一人の住民として、ボランティアとしての存在感を示し、認められる存在となることが有用である。そこで、難しい課題ではあるが、自治体行政もそうしたことが実現するような仕組みづくりの役割が期待されるのかもしれない。」

このように清原によると、自治体が社会復帰支援対策に取り組むことがいかに難しいかが訴えられている。更生保護対象者による社会奉仕活動の実施も実現可能な案とは到底、思えない。就労どころか住居にさえも事欠くような者に社会奉仕活動に時間を割くような余裕はそもそもないからである。まして一般の住民においても社会奉仕活動を敬遠する傾向がみられる時代である。不可能なハードルを設定して、それをクリアーした場合に支援の手を差し伸べるというのは支援しないといっているに等しい。

にもかかわらず、有識者会議報告書「更生保護制度改革の提言――安全安心の国づくり、地域づくりを目指して」（平成十八年六月二十七日）は、地方公共団体が、更生保護を地域社会の課題とし、自ら更生保護施設を設置・経営することも含め、更生保護事業に対し積極的な関与、協力を行うよう、地方公共団体に必要な働きかけを行うべきであると提言した。[11] 机上の議論に近い。

4 NPOの支援事業

NPO法人「田川ふれ愛義塾」

有識者会議報告書は、民間の更生保護施設の役割とその充実・強化についても提言した。[12] 民間の更生保護施設についても、純粋な民間施設としてその自主運営に任せるのではなく、国家にとって最重要の再犯防止という国策を最前線で担う機関と位置づけ、その実効を確保するために、国による統制・監督を強化するとともに、他方で、予算などの面で必要な手当を講じる。このような方針が打ち出された。もちろん、それは施設と施設利用者との関係に変質を迫ることになった。[13] 地方自治体も含めた再犯防止のための官民一体の体制作りが目指されたものといえる。

少年専用の更生保護施設としては、現在、更生保護法人「少年の家」（静岡市）、更生保護施設「立正園」（名古屋市）、NPO法人「TFG（田川ふれ愛義塾）」（福岡県田川市）が運営されている。

このうち、NPO法人「TFG（田川ふれ愛義塾）」は、二〇〇八（平成二十）年六月に設立された。[14] 施設を運営するのは元暴走族の総長という異色の経歴を持つ工藤良さん（三〇歳、当時）で、自分も非行の経験があるからこそ自身が親代わりとなって向き合い自立を促したいと取り組んでいるという。同法人は二〇一六（平成二十八）年二月、全国唯一となる少女対象の更生保護施設を開設した。

開設時、一六―一九歳の五人が共同生活を送り、自立への道を歩んでいるという。施設は木造二階建ての女子寮で、再出発の思いを込め、外装と内装は白色を基調としている。五人のうち二人は女子少年院を出て保護観察中で、残り三人は非行に悩む親の勧めで入寮した。五人は午前八時頃には起床し、掃除や洗濯をする。施設を定期的に訪れる福岡県立大学（田川市）の学生から、勉強を教えてもらうこともあるという。

これまで数多くの少年たちの更生で実績を積んできた工藤さんのモットーは「決して諦めない」ことだが、少女ゆえの自立の難しさにも直面しているという。

NPO法人「再非行防止サポートセンター愛知」

社会復帰に向けた役割に期待が高まる一方で、地方自治体からの補助金の削減や企業などからの寄付金の減少により、更生保護施設の運営は苦しくなっている。そのため法務省の働きかけにもかかわらず更生保護施設の数は増えていない。成人の更生保護施設入所対象者と比較し、少年の入所者は三倍手がかかるといわれるなか、少年施設の奮闘が続いている。少年専門の更生保護施設が増えないのはそのためであろうか。

そのような厳しい状況のなかで、高坂朝人[15]らによってNPO「再非行防止サポートセンター愛知」が二〇一四（平成二十六）年一月十一日に設立された。NPO法人「TFG（田川ふれ愛義塾）」の設立から九年後のことであった。同年八月十九日に法人資格を取得し、十一月一日から活動を開始した。法人の理念とされたのは次のような点であった。

一　私たちは、非行少年・少女が、保護観察になっても、逮捕されても、少年院に入っても、細く長く、時には太く、直接、人として関わり続けることを大切にします。

二　私たちは、非行少年・少女の、一人一人の「本音と希望」を尊重しながら、さまざまなバックグラウンドを持ったスタッフと会員がチームとなり、再非行防止サポートに取り組みます。

三　私たちは、非行少年・少女が、本音で希望してくれた場合には、当法人のスタッフ、又は、会員として積極的に迎え入れていきたいと思っております。そして、元非行の当事者が、非行の当事者をサポートする、当事者支援のサイクルを構築することを目指し続けます。

この理念に基づき、非行少年・少女の「本音と希望」を基に、再非行防止サポートを実施し、再非行を減らし、笑顔を増やしたいということが法人の任務とされる。そこから、二〇一五（平成二十七）年十二月、少年院を出院後戻る家庭がない少年を受け入れる自立準備ホーム（4sホーム）を開所し、同年十月からは自立準備ホーム（4sホーム）七室を運営し、二〇一六（平成二十八）年一月、再非行防止サポート研修相談センターを開所した。

現在、法人の活動内容とされているのは、再非行防止施設内サポート、再非行防止社会内サポート、再非行防止衣食住サポート、再非行防止家族向けサポートである。

施設内サポートとは、鑑別所面会と当事者付添人（自分の子どもが逮捕されたと親や関係機関などから連絡があった場合、少年鑑別所に送致された少年については、緊急サポートとして、少年院経験のある法人スタッフが少年の付添人になって鑑別所に何回も面会に行き、少年審判にも付添人として出席する）、少年院面会、手紙サポート（少年が少年院に送致された場合、スタッフが月に一回程度のペースで少年院に面会に行ったり、手紙の交換をしたりしながら本人との関係性を築くもので、一人の少年に対し必ず二人のスタッフ、うち一人は少年院経験者、もう一人は大学生・社会人を付ける）というものである。

社会内サポートとは、少年が少年院から退所した後は、少年との面会で培った関係性を生かし、「信頼できる大人」「気軽に相談できる相手」としておかえり合宿や就労・就学サポート等を通して、家族や各関係機関、地域の人たちと協力しながら、再非行から離れていくために必要なことに取り組む。サポート期間は半年だが、その後はサポートする側、サポートされる側というのではなく、友達・知り合いとして「細く長く」つきあう。おかえり合宿（一泊二日で少年と二人のスタッフの参加で合宿に行き、少年から本音と希望を教えてもらう）、サポート計画（少年や保護者その他の人と相談しながら、サポート計画を作る）、就労支援・就学支援・余暇支援等（サポート計画などに基づいて支援等を実施する）、再非行防止勉強（日本福祉大学の名古屋キャンパスで月に一回、非行から離れるために必要な勉強会を開催する。半年間のサポート終了にあたっては、この勉強会で本人から三〇分程度、自分のストーリーについて話してもらう）、その他、本人の本音と希望を基にしたサポートなどが内容である。

家庭向けサポートとは、親向けのサポート（電話相談・メール相談・面談相談）、きょうだい向けのサポート（電話相談・メール相談・面談相談）がその内容である。少年鑑別か少年院に送致されている少年がサポートの対象とされている。再非行防止衣食住サポートにとどまらず、再非行防止社会内サポートの前段階として再非行防止施設内サポートも行っている点が本法人の活動の特徴である。[16]

5 社会復帰のためのハンドブック

少年にかぎらず、受刑者の社会復帰と支援活動の現状を見てみよう。

「新たな政策動向を踏まえ、各施設が多くの困難を抱えながらも受刑者の円滑な社会復帰を目指して実施している保護的措置の実態を調査し、実施上の工夫や苦労等について調査・考察するとともに、保護的措置に係る受刑者のニーズについても把握することで、今後の保護的措置の充実化に資する具体的な資料・意見等を提供したい。」このような目的から、矯正協会附属中央研究所は、二〇〇九（平成二十一）年八月二十四日から同年十月十六日にかけて、拘置所を除くすべての刑事施設本所及び大規模刑務支所（札幌・釧路・福島・横須賀・豊橋及び尾道刑務支所）に収容の受刑者を対象としてアンケート調査を実施した。この調査結果[17]からも、更生保護施設や社会福祉施設を利用できる者が限られており、多くの者は自助・共助による更生が求められていることが分かる。[18]

自立更生促進センター

国は、民間の更生保護施設では円滑な社会復帰のために必要な環境を整えることができない刑務所出所者等を対象として、保護観察所に併設の一時的な宿泊場所を提供するとともに、保護観察官が直接、濃密な指導監督と手厚い就労支援により、これらの者の改善更生を助け、再犯を防止し、安全・安心な国や地域づくりを推進することを目的として、自立更生促進センター等を設置・運営している。しかし、これも北九州自立更生促進センター（平成二十一年六月開所）と福島自立更生促進センター（平成二十二年八月開所）の二施設に過ぎない。

NPO法人「監獄人権センター」

監獄人権センター（CPR）は、刑務所や拘置所での被拘禁者の人権問題に関心をもつ弁護士が中心となり、一九九五（平成七）年三月十一日、二年間の準備期間を経て、刑事拘禁施設及び出入国管理施設の人権状況を国際水準に合致するよう改善していくこと、及び死刑制度を廃止すること等を目的とする任意団体として発足した。センターはその後、二〇〇二（平成十四）年六月、法人格を取得し、NPO法人（特定非営利活動法人）となった。二〇一七（平成二十九）年三月十一日で団体結成二十二週年を迎えた。[19]

センターは、二〇一二（平成二十四）年十月から二〇一三（平成二十五）年九月にかけて、信頼資本財団のソーシャル・ジャスティス基金（SJF）[20]から助成金二三万八千円の支給を受けて、刑務所出所者の社会復帰を促進するための包括的な政策提言基盤整備という助成事業を行った。受刑経験者が社会復帰しやすい環境を実現するため、福祉団体、更生保護団体、ホームレス支援団体、生活保護申請支援団体等の市民団体の経験を共有する意見交換と、その政策提言基盤整備事業を行うというのが、この助成事業の概要であった。

どうする？　刑務所出所後の具体的な手続き情報

センターは、二〇一二（平成二十四）年四月、二〇一一年度パルシステム東京市民活動助成基金の支援により、受刑者の社会復帰に資する情報をまとめた『社会復帰のためのハンドブック』を作成した。刑務所から社会に戻った際に社会復帰を少しでも円滑に進めていけるように支援することがこの冊子の目的である。冊子は「出所前後の手続きについて」「どうする？　お金がない！」[21]「どうする？　身分を証明するものがない！」「どうする？　住居がない！」「どうする？　仕事がない！」の各項目からなっている。

「出所前後の手続きについて」では、特別調整対象者の手続きが取り上げられ、「受刑者が直接地域生活定着支援センターへ依頼することはできない点に注意が必要です。したがって、地域生活定着支援センターの支援を受けようとする場合、出所以前に刑務所の社会福祉士に相談してください。」「センターでは、刑務所を出所した後に、一般的な情報機関、関係機関等への紹介等をしてもらえる可能性があります。」と助言されている。

問題はこのような特別な支援が用意されていない非特別調整対象者の手続である。「出所後、年金・健康保険の手続きをするために市区町村の役所に出向きます。」「出所後、生活保護を受ける場合は、まず福祉事務所に行きます。」と助言されている。

「どうする？　お金がない！」では、当面の生活を支えるためのお金を得るための制度（生活保護）、年金や保険の制度について説明されている。「刑務所から釈放時に全く手持ちのお金も身寄りもない場合、まず考えるべきは、更生緊急保護でしょう」として、更生緊急保護制度の概要とその手続が紹介されている。

生活福祉資金貸付制度も併せて紹介している。

「出所後、家族を支えなくてならないという場合には、世帯単位で、低率の利子がつきますが、「生活福祉資金貸付制度」という制度もあります。」

「市区町村の「社会福祉協議会」または「民生委員」に相談しましょう。」

生活保護についても「いろいろな偏見や誤解がありますが、当面の生活を立て直すために、援助を求める他の方法がない場合には、ためらわずに申請することが強く勧められます」として、申請にあたっての注意事項が紹介されている。[22]

国民年金のうちの老齢年金と障害年金とをQ＆A方式で取り上げている。[23]

「受刑中は国民年金の被保険者としての資格はどうなりますか？　国民年金の保険料は納めなければならないのでしょうか？」

「自分は高齢者又は障害者で、年金を給付されていました（あるいはこれから給付されることになっています）。受刑中はどうなるのでしょうか？」

「行政の窓口はすべてのサービスが無料なのでしょうか？」

「どうする？　身分を証明するものがない！」についても、出所前にできる準備と出所後にすべきことに分けて情報が提供されている。前者では、「在所証明書の発行を求める（出所時に交付を受けなくても、出所後に郵便等を利用して発行を求めることもできる。）」「更生緊急保護を求めて、保護カードの発行を受ける」こと[24]、後者では、住民登録して住民票をとることが勧められている。[25]

「どうする？　住居がない！」では、満期出所の場合のように保護司などの指導・監督・助言を受けることができず、かつ家族や友人・知人の協力が得られない場合にどうすればよいかという問題を取り上げて、出所前の準備と出所後にすべきことが説明されている。

「出所が決まったら、帰住地の福祉事務所に連絡して、出所の期日と、出所後に生活保護の申請を希望している（場合はその―引用者）ことを伝え、必要な対応についてアドバイスを求めましょう。」

「行き場のない刑務所出所者等の帰住先・定住先を確保するため、二〇〇一年度から「緊急的住居確保・自立支援対策」による住居の確保の施策が実施されています。」

「（この―引用者）自立準備ホームへの入所は保護観察所の判断によって決定されるため、更生保護施設等への入居を希望する旨伝え、相談しましょう。」というのが出所前にすべきことの説明である。

出所後にすべきことでは、保護観察所へ行くこと（出所前に更生緊急保護を求めて保護カードの発行を受けている者）とアパートを借りることが次のように助言されている。[26]

「生活保護申請と同時に、アパート入居費の一時扶助を申請することもできます。」「もしも申請が却下された場合は、不服申立を行うこともできます。」「何度申請しても一時扶助を受けられない場合は弁護士や司法書士に相談してみましょう。」

「どうする？　仕事がない！」では、協力雇用主による就労の場合は職種などもごく限られているのが現状で、ほとんどの出所者は、一般の人々と同様、家族や友人の伝手《つて》、雑誌やホームページなどの求人広告、ハローワーク（公共職業安定所）などの行政機関のあっ旋などを通じて仕事を探すことになる。出所者の就職活動に特有の困難として、「保証人とは？」「履歴書はどう記載すればよいか？」、「資格制限とは？」の問題が取り上げられ、各解説がなされている。

このようにハンドブックの助言は具体的で出所者の目線に立っている。特筆されるのは、「いずれも「これでOK」といった解決策があるわけではありません。出所者は、厳しい現実を直視せざるをえません。そして、問題にぶつかるたびに、家族、友人、同僚等との日常の人間関係を有効に維持することがどんなに大切かも改めて気づかされることでしょう。」と注意を喚起するとともに、先輩たちの試行錯誤の経験談を載せている点である。[27]

『社会復帰のためのハンドブック』では「こんな場合は」として、高齢の方が抱える困難、病気や障害のある人、依存症を抱えている場合も取り上げて、必要な情報提供に努めている。画期的な取組みであり、いくら評価しても評価し過ぎることはない。

しかし、この冊子が雄弁に物語っているのは、刑務所出所者等が社会から激しいバッシングを受けながらも社会復帰という高くて険しい壁を自らの力だけで必死によじ登ろうとしている、そして、時には力尽きて谷底に転落していく姿だといえよう。[28]

1　再犯防止のための重点施策とされたのは、①対象者の特性に応じた指導及び支援を強化する、②社会における「居場所」と「出番」を作る、③再犯の実態や対策の効果等を調査・分析し、更に効果的な対策の効果等を調査・分析し、効果的な対策検討・実施する、④広く国民に理解され、支えられた社会復帰を実現する、などである。

2　藤本哲也・生島浩・辰野文理編著『よくわかる更生保護』（ミネルヴァ書房、二〇一六年）九四頁などを参照。

3　同右、九六頁以下などを参照。なお、北九州自立更生促進センターについて、西日本新聞二〇一二（平成二十四）年四月二十五日朝刊が報じている。「民間では対応が難しい人たちに国が手を差し伸べる。こう理念は掲げたが、地域では「治安が悪くなる」「怖い」と反対運動が火を噴いた。やむなく刑期八年未満の仮出所者に限るなどの受け入れ基準で船出した。開設から三年を迎えるのに、周辺には「仮出所施設反対」の看板が立つ。定員は男性一四人。一〇の居室には「生活の案内」という三〇頁超の規則集が備え付けてある。職員の同行なしには敷地の外に一歩も出ることはできない。常に居場所が把握できるよう、衛星利用測位システム（GPS）付きの携帯電話を離さないこと。部屋に現金は一円も置いてはならない。あまりにも厳しい管理に、民間の施設などからは「社会内刑務所だ」と揶揄（やゆ）する声もある。」「午後一〇時の消灯を過ぎて入所者一人の行方が分からないと、職員一〇人全員に緊急招集がかかる。捜索する班と関係機関へ出す書類を作成する班に分かれて対応。これまでに無断外泊で仮釈放を取り消したのは四人。禁酒を破った二人も刑務所に送り返した。更生保護に国が本腰を入れると期待された自立更生促進センターは、北九州市と福島市（一〇年八月開設）にしかできていない。国は一一年度には、NPO法人などに仮釈放者の宿泊を委託する「自立準備ホーム」のしくみをつくった。センターと更生保護施設と、どうすみ分けるのだろう。更生保護の行く末を国自身が描けず、迷走しているようにもみえる。確かなのは、社会で生きていくために支えを求める人がいること。センターに電話をしてきた男性のように。」

4　同右、一二二頁以下などを参照。

5　同右、一〇八頁以下などを参照。

6　同右、一一二頁などを参照。

7　同全国機構によると、設立の趣旨は概要、次のようである。

「治安の確保による恩恵は、社会全体にもたらされるものであり、犯罪者や非行少年の就労の確保についても、本来、ごく一部の善意の篤志家の手によってではなく、経済界全体の協力と支援によって支えられるべきものと思われます。そうであるとすれば、事業者団体は、犯罪者等の就労支援が重要であるとの考えを傘下の事業者に浸透させることに協力するとともに、自らは犯罪者等を雇用できない企業その他の企業は、資金面で協力することとし、その資金を利用して実際に犯罪者等の雇用に協力する事業者の数を増やすとともに、それら事業者が犯罪者等へ支払う給与等について助成するなどのスキームが必要であると考えます。そのようなスキームを可能にする組織として、我々は、認定特定非営利活動法人全国就労支援事業者機構を設立しようとするものであります。」

8　厚労省社会・援護局総務課長（各都道府県民生管部（局）長宛）発出「地域生活定住支援センターの事業及び運営に関する指針」（平成二十一年五月二十七日）などを参照。

9　更生保護法は、特別調整のほか、廃止された更生緊急保護法に代わって、更生緊急保護についても規定し、「この節において「更生緊急保護」とは、次に掲げる者が、刑事上の手続又は保護処分による身体の拘束を解かれた後、親族からの援助を受けることができず、若しくは公共の衛生福祉に関する機関その他の機関から医療、宿泊、職業その他の保護を受けることができない場合又はこれらの援助若しくは保護のみによっては改善更生することができないと認められる場合に、緊急に、その者に対し、金品を給与し、又は貸与し、宿泊場所を供与し、宿泊場所への帰住、医療、療養、就職又は教養訓練を助け、職業を補導し、社会生活に適応させるために必要な生活指導を行い、生活環境の改善又は調整を図ること等により、その者が進んで法律を守る善良な社会の一員となることを援護し、その速やかな改善更生を保護することをいう。」（第八十五条）としている。この場合、保護観察所は、保護観察の期間終了者等の申出に基づき、緊急に、宿泊場所や金品等の供与等を行うことができる。

10　平成二十七年度の活動費は一二一億三六一七万九千円、うち保護司実費弁償金は四九億四七四万八千円、更生保護委託費は四八億五三七七万八千円である。

11　報告書、二四頁。

12「施設整備のための補助金や委託費制度のあり方を見直すなどし、例えば、社会福祉法人など、更生保護法人以外の者による更生保護事業への参入を促進すべきである。」「民間の更生保護施設の入所者に対する保護観察官の直接的な処遇関与を拡充するなど、保護観察所と更生保護施設の連携を強化し、国が適切な役割を果たすようにすべきである。民間の更生保護施設は、単なる宿泊施設ではなく、入所者の自立更生を指導・援助し、その再犯を防止する処遇施設としての機能を更に高めていくべきであり、そのために、処遇施設にふさわしい能力と専門性を備えた将来性豊かな人材を職員として確保し、育成することが必要である。国は、更生保護施設が優秀な人材を確保できるよう、その経営基盤確立に必要な予算措置をすべきである。また、地方公共団体に対しても民間更生保護施設経営支援のための予算措置を講ずるよう必要な働きかけを行うべきである。さらに、例えば、更生保護施設に対し、生活技能訓練や酒害・薬害教育等の効果的な特別の補導援護処遇を委託したり、宿泊保護対象者だけでなく通所する保護観察対象者についても委託できるように、これに対する予算措置を行うべきである。」（同報告書、二四頁）とも提言されている。

13　同報告書、一二―一三頁。有識者会議は保護観察官に対しても意識改革を求め、次のように提言していた。「保護観察官は、就労の確保や生活習慣の改善等により生活の安定を図ることを保護観察の主目標と考え、対象者の円滑な社会復帰を支援するということを重視する一方、対象者による再犯を防止して社会を保護するという意識が不十分である。［中略］保護観察官は、更生保護制度が社会を保護することを目的とすることを明確に意識し、立ち直りのための種々の資源を援助することと、社会の順良な一員となれるよう対象者を十分に律することをバランスよく実施すべきであり、保護観察が刑事司法制度の一翼を担う保護観察所が行うものであり、信頼関係の構築を重視して活動するとともに、必要があれば、仮釈放の取消し等の措置をとらなければならない立場にあることを認識すべきである。」

国はこのような意識改革を保護監観察官に対してだけでなく、民間の更生保護施設に対しても求めた。

14　同法人は翌二〇〇九（平成二十一）年八月、法務大臣より更生保護事業法第四十五条、同法施行規則第二十二条に基づく継続保護事業経営の認可を受けた。更生保護施設の大半（一〇〇施設）は更生保護法人により運営されており、社会福祉法人（一施設）や社団法人（一施設）による開設例はごく少数で、NPO法人に対する同認可は全国で初めてであった。これにより全国で六か所目となる未成年者専用の更生保護施設が開設されることになった。全国的に注目を集め、メディアでも大きく報道された。

15　高坂は一四歳の時から広島市で暴走族のメンバーになり、一六歳の時に事件を起こして愛媛県にある松山学園という少年院に送致され、一六歳の後半頃に松山学園を退院したが、その後も二四歳まで犯罪を繰り返して何度も逮捕され、逮捕回数は一四回を数えたという。

16　高坂朝人・湯原悦子「NPO法人再非行防止サポートセンター愛知の活動紹介――再非行を減らし、笑顔を増やしたい」『更生保護学研究』第八号（二〇一六年一二頁以下などを参照。高坂らの活動を政府も高く評価しているが、だからといって国が更生保護施設の自主運営を民間に任せることも、「再犯防止」という国策を最前線で担う機関としての実効を確保すべく統制・監督を強化する方針を変更することも、もちろんなかった。

17　調査結果は多田一・東山哲也「受刑者に対する保護的措置に関する研究」『矯正協会附属中央研究所紀要』第一九号（二〇〇九年）三一頁以下で公表された。

18　二〇〇九（平成二十一）年九月一日から同年九月三十日までの間に、満期釈放ないし仮釈放により各施設を退所した受刑者の数は総計二六四六人、うち満期釈放者が一三三七名（五〇・五％）、仮釈放者が一三〇九名（四九・五％）で、帰住先は親族が一四三八名（五四・三％）と過半数を占め、次いで不明・その他四九三名（一八・六％）、更生保護施設三六一名（一三・六％）であった。仮釈放者においては親族及び更生保護施設を帰住先とする者の割合が高く、満期釈放者においては不明・その他及び知人・協力雇用主等を帰住先とする者の割合が高い。

釈放時年齢は、三〇歳以上四〇歳未満が七三六名（二七・八％）、四〇歳以上五〇歳未満が六八六人（二五・九％）で、次いで五〇歳以上六〇歳未満が四六六名（一七・六％）、六五歳以上が二〇〇名（七・六％）であった。仮釈放者においては、三〇歳未満の割合が高く、満期釈放者においては五〇歳以上の者の割合が高い。満期釈放者においては、帰住先が親族の者は四〇歳未満の割合が、知人・雇用主等の者は四〇歳以上五〇歳未満の者の割合が高いことが分かる。五〇歳以上から、帰住先が不明・その他の割合が高くなっている。六五歳以上の者については、更生保護施設、社会福祉施設などへ帰住する割合が高くなっている。反対に、六〇歳以上六五歳未満の者で、不明・その他の割合が高いことが注目に値する。仮釈放者においては、帰省先が親族の者は、満期釈放者と同様、四〇歳未満の者の割合が高いが、知人・雇用主等については、五〇歳以上の者も比較的多い。更生保護施設については、五〇歳以上六五歳未満の者の割合が他と比べて高い。

障害をもつ満期釈放者のうち、帰省先が不明・その他は、知的障害の場合が二八名中六名（二一・四％）、精神障害の場合が一七四名中六五名（三七・四％）、身体障害の場合が一二〇名中四八名（四〇・〇％）で、仮釈放者のうち帰省先が不明・その他はいずれもゼロ名であった。

満期釈放者一三三七名のうち四四名（三・三％）の者が出所時所持金五千円未満で、仮釈放者の場合は、一三〇九名のうち四名（〇・三％）であった。

19　センターによると、主な活動は、①拘禁施設内の人権侵害の事実を調査し、国内外に公表すること、②必要なケースについては弁護士による助言、訴訟提起などにより個別的な救済を図ること、③刑事拘禁に関する国際人権諸基準を研究し、紹介しながら人権条約の批准を求めること、等である。

20　同ファンドは、「社会的公正」の視点から、社会の一般的な考えや今の政策・制度では見逃されがちだが、大切な社会的課題に取り組み、解決策の提案（アドボカシー活動）を行うことによって、課題となる「社会の不公正」の原因を正そうとするアドボカシー活動を支援する日本で初めての市民ファンドである。

21　例えば、更生保護施設へ行く旅費については「釈放時に帰る先への旅費がない場合には、旅費（帰住旅費）が支給されます（刑事収容施設及び被収容者等の処遇に関する法律第百七十五条）が、釈放される被収容者がこれに相当する費用を有しない場合であって、かつ、その者を出迎える者がない場合又は出迎える者がその費用を負担しない場合に限り、支給する」ものとされています（被収容者等の保釈に関する訓令［平成十八・五・二十三法務省矯正訓第三三七二号］）というように情報提供されている。

22　「早めに申請する。」「説明内容をメモして、わからないことは質問する。」「福祉事務所に行くときには、信頼できる友人・知人、親族、支援グループ、弁護士などの同席を求める。なお、法テラスでは日弁連の委託により弁護士による生活保護申請の同行支援を行っています。（場合によっては無料）」「保護申請時には、細かな個人情報を質問することになるので、相談室での面談を求める。」「生活保護申請にあたっては、住民登録（住民票）は不要です。［中略］申請時には、「申請書」だけで申請ができます。それ以外に、提出する必要のある書類は後日でも構わないのです。」など。

23　たとえば、アンサーとして、「実際には、障害基礎年金受給者だった人が（刑務所に）収容されると、「年金支払いの保留措置」がなされるとされています。出所時には、年金事務所に対して、いわゆる在所証明書の提出が必要とされています。さらには、税申告手続きも求められるとされています。職員に相談したり、年金事務所に問い合わせましょう。」「戸籍謄本、住民票等を発行してもらう為には手数料がかかります。出所時に必要な最低限度の資金を出所時に持って出られるように、受刑中から計画的に領置金や作業報奨金を使うようにしましょう。」とある。

24　補足として、刑事施設在所中に自動車運転免許証の更新期限が切れてしまった場合の回復措置（矯正施設に収容中の「特定失効者」に対して施設内で適性試験と講習を実施して、受講者については免許を回復）も紹介している。

25「住民登録は「居住地」で行うことになっていますので、［中略］まず、住む場所を確保することが必要となります。」

「刑事施設在所中は住民票を刑事施設の住所に移すことができます。この場合、住民登録が職権抹消されることはありません。出所後は居住地で住所変更の手続きをしてください。」などと助言されている。

26　補足として、二〇一五年四月から発足した「生活困窮者自立支制度」（宿泊場所の提供が一定期間受けられる「一時生活支援」と、宿泊場所退所後の生活に向けた就労支援等の自立支援）を利用することもできるとされる。

27　例えば以下のような談話である。「女子刑務所を出てから、いくつかパートを経験しました。求人雑誌で見つけています。ハローワークにはわざわざ行くのも面倒で。履歴書には、服役期間は空欄で出しました。面接で聞かれたらどうしようかな［中略］と緊張しましたが、幸い、そのことは不問でした。女性の場合、多少、無職の期間があってもそれほどうるさく聞かれないのかもしれません。聞かれてたら？　正直に言うか、親の介護をしていたとでも言おうか、と悩んでいました。以前、執行猶予中にアルバイトしていたとき、同僚に執行猶予中であることを、ふと漏らしたら、次の日に、クビを言い渡されたこともありましたので。」

28　政府の少年非行対策について、総務省は二〇〇七（平成十九）年一月、「少年非行対策に関する政策評価」

の結果をまとめ、関係府省へ意見の通知を行っている。この評価結果について、行政監視委員会調査室・柳沼《やぎぬま》充彦「少年の非行対策に関する政策評価——政府の少年非行対策の検証」『立法と調査』二六八号（二〇〇七年）三一頁以下によると、①不良行為少年への対応、②いじめ・校内暴力に起因する非行の防止対策、③初発型非行の防止対策、④薬物乱用防止対策、⑤再非行（再犯）の防止対策、⑥サポートチームによる連携、の六つの施策群のうち、②及び④は国全体として効果を上げていると推測できるが、①、③及び⑤は国全体として効果を上げていると推測できる状況になく、⑥は現時点で政策効果を表す指標を設定できず、効果を把握・分析することができないと判断されたと紹介されている。

第三部　子どもの未来は人類の未来

第九章　社会モデルによる少年の社会復帰支援

1　医学モデルから社会モデルへの転換

障がい者権利条約と障害者差別解消推進法

「障がい者の権利に関する条約」（障がい者権利条約）は、障がい者の人権及び基本的自由の享有を確保し、障がい者の固有の尊厳の尊重を促進することを目的として、障がい者の権利の実現のための措置等を規定し、市民的・政治的権利、教育・保健・労働・雇用の権利、社会保障、余暇活動へのアクセスなど、さまざまな分野における取組みを締約国に求めている国際条約である。同条約は、二〇〇六（平成十八）年十二月十三日に第六一回国連総会において採択され、二〇〇八（平成二十）年五月三日に発効した。二〇一八（平成三十）年六月三十日現在、締約国・地域・機関数は一七七となっている。

日本は条約の起草段階から積極的に参加し、二〇〇七（平成十九）年九月二十八日に高村正彦外務大臣（当時）が条約に署名した。条約の締結に先立ち、国内法の整備をはじめとする諸改革を進めるべきとの障害当事者等の意見も踏まえ、政府は二〇〇九（平成二十一）年十二月、内閣総理大臣を本部長、全閣僚をメンバーとする障がい者制度改革推進本部を設置し、集中的に国内制度改革を進めていくこととした。これを受け、障害者基本法（昭和四十五年法律第八十四号）の改正（二〇一一年八月）、障害者自立支援法（平成十七年法律第一二三号）の改正による「障害者の日常生活及び社会生活を総合的に支援する法律」（障害者総合支援法）の成立（平成二十四年三月二十七日公布、平成二十五年四月一日施行）、障害者差別解消法（平成二十五年六月二十六日法律第六十五号）の成立（平成二十八年四月一日施行）及び障害者雇用促進法（昭和三十五年七月二十五日法律第一二三号）の改正（平成二十五年六月）など、さまざまな法整備等が行われた。これらの法整備等により国内の障がい者制度の充実が一応なされたことから、日本政府は二〇一四（平成二十六）年一月二十日に国連に批准書を寄託し、同条約は同年二月十九日に日本について効力を発生した。

条約は、①一般原則（障がい者の尊厳、自律及び自立の尊重、無差別、社会への完全かつ効果的な参加及び包容等）、②一般的義務（合理的配慮の実施を怠ることを含め、障害に基づくいかなる差別もなしに、すべての障がい者のあらゆる人権及び基本的自由を完全に実現することを確保し、及び促進すること等）、③障がい者の権利実現のための措置（身体の自由、拷問の禁止、表現の自由等の自由権的権利及び教育、労働等の社会権的権利について締約国がとるべき措置等を規定。社会権的権利の実現については漸進的に達成することを許容）、④条約の実施のための仕組み（条約の実施及び監視のための国内の枠組みの設置。障がい者の権利に関する委員会における各締約国からの報告の検討）、からなっている。

条約は、「障害」について「医学モデル（個人モデル）」の考え方に代えて「社会モデル」の考え方を採用した。医学モデル（個人モデル）とは、障がい者が困難に直面するのはその人に障害があるからであり、克服するのはその人と家族等の責任だとする考え方である。それに対して社会モデルは、社会こそが障害（障壁）をつくっており、それを取り除くのは社会の責務だと主張する。人間社会には多様な人々がいるにもかかわらず、社会は少数者の存在やニーズを無視して成立している。学校や職場、街のつくり、慣習や制度、文化、情報など、どれをとっても健常者を基準にしたものであり、そうした社会のあり方こそが障がい者に不利を強いている。このように考えるのが社会モデルである。

改正された障害者基本法や障害者差別解消法などでも、条約にしたがって、この社会モデルの考え方が採用された。[1] 障害者差別解消法でも、社会モデルの考え方にのっとって、障がい者とは、「身体障害、知的障害、精神障害（発達障害を含む。）その他の心身の機能の障害（以下「障害」と総称する。）がある者であって、障害及び社会的障壁により継続的に日常生活又は社会生活に相当な制限を受ける状態にあるものをいう。」（第二条第一号）と定義され、また、社会的障壁とは、「障害がある者にとって日常生活又は社会生活を営む上で障壁となるような社会における事物、制度、慣行、観念その他一切のものをいう。[2]」（同第二号）と定義されている。

子どもも「社会モデル」の対象

障がい者への不当な差別的取扱いの禁止や合理的配慮の提供が義務ないし努力義務とされた障害者差別解消法が施行されたのを受けて、文部科学省では、教育分野での障害を理由とする不当な差別的取扱い、合理的配慮等の具体例をまとめている。

そのうち、合理的配慮に当たり得る具体例として、物理的環境への配慮、意思疎通の配慮、ルール・慣行の柔軟な変更が問題とされている。物理的環境への配慮の具体例では、

①所管分野事業者が管理する施設・敷地内において、車椅子利用者のためにキャスター上げ等の補助をし、又は段差に携帯スロープを渡す。

②配架棚の高い所に置かれた図書やパンフレット等を取って渡す。

③目的の場所までの案内の際に、障がい者の歩行速度に合わせた速度で歩いたり、介助する位置（左右・

前後・距離等）について、障がい者の希望を聞いたりする。
④疲労を感じやすい障がい者から別室での休憩の申出があった際、別室の確保が困難である場合に、当該障がい者に事情を説明し、対応窓口の近くに長椅子を移動させて臨時の休憩スペースを設ける。
⑤聴覚過敏の児童生徒等のために教室の机・椅子の脚に緩衝材を付けて雑音を軽減する、視覚情報の処理が苦手な児童生徒等のために黒板周りの掲示物等の情報量を減らすなど、個別の事案ごとに特性に応じて教室環境を変更する。
⑥移動に困難のある学生等のために、通学のための駐車場を確保したり、参加する授業で使用する教室をアクセスしやすい場所に変更したりする、が掲げられている。

意思疎通の配慮の具体例では、
①学校、社会教育施設、スポーツ施設、文化施設等において、筆談、読み上げ、手話、点字など多様なコミュニケーション、分かりやすい表現を使って説明をするなどの意思疎通の配慮を行う。
②情報保障の観点から、見えにくさに応じた情報の提供（聞くことで内容が理解できる説明・資料や、拡大コピー、拡大文字又は点字を用いた資料、遠くのものや動きの速いものなど触ることができないものを確認できる模型や写真等の提供）、聞こえにくさに応じた視覚的な情報や、知的障害に配慮した情報の提供（伝える内容の要点を筆記する、漢字にルビを振る、なじみのない外来語は避ける等）を行う。
③意思疎通が不得意な障がい者に対し、絵カード等を活用して意思を確認する。
④知的障害のある利用者等に対し、生活上必要な言葉等の意味を確実に理解できるようにする。
⑤比喩表現等が苦手な障がい者に対し、比喩や暗喩、二重否定表現などを用いずに説明する。
⑥事務手続の際に、教職員や支援学生が必要書類の代筆を行う、が掲げられている。[3]

問題は、このような合理的配慮等がパターナリズムによってではなく、当事者参加、当事者主権にのっとって行われているかである。

法的根拠の確保

社会モデルによる少年の社会復帰支援を実現していくうえで、支援のための法的根拠を確保することが柱の一つとなる。その確保は難しいように思われるかもしれない。しかし、そうではない。身体障害、知的障害、精神障害を抱える非行少年・犯罪少年の社会復帰については、障害者差別解消法等により、合理的配慮等を行うことが国及び自治体に義務づけられ、民間団体等についても努力義務が課されているからである。もっとも、そのことが明文規定とはなっていないために、条例のレベルではあるが、明文規定を設けようとする動きがみられる。注目されるのは大分県である。

すべての県民が、障がいの有無によって分け隔てられることなく、相互に人格と個性を尊重し合いながら共生する社会を実現し、誰もが心豊かに暮らすことができる大分県づくりに資するために「障がいのある人もない人も心豊かに暮らせる大分県づくり条例」が、二〇一六（平成二十八）年三月三十日に制定され、同年四月一日に施行されている。[4]

条例の特徴の第一は、第三条で次のように基本原則を定めている点である。

①全て障がいのある人は、必要な支援を受けながら、自らの意思により選択し、自分の人生を自分らしく生きることができる。

②全て障がいのある人は、社会を構成する一員として社会、経済、文化その他あらゆる分野の活動に参加する機会が確保される。

③全て障がいのある人は、どこで誰と生活するかについての選択の機会が確保され、地域社会において他の人々と共生することができる。
④全て障がいのある人は、言語（手話を含む。）その他の意思疎通のための手段についての選択の機会が確保されるとともに、情報の取得又は利用のための手段についての選択の機会の拡大が図られる。
⑤障がいを理由とする差別の解消を図るための施策は、障がいのある人の性別、年齢、障がいの状態及び生活の実態に応じて、策定され、及び実施される。
⑥障がいのある人に対する理解を深めること及び障がいを理由とする差別を解消することは、全ての県民が取り組むべき課題であるという認識が共有される。

このような基本原則が謳われている。

特徴の第二は、当事者等への詳しい実態調査に基づいて、福祉サービスの提供、医療の提供、商品の販売及びサービスの提供、労働及び雇用、公共的施設及び公共交通機関の利用、不動産取引、情報の提供及び受領における障がいを理由とする差別の禁止、教育における合理的配慮について規定している点である。

特徴の第三は、特定相談について規定を置き、第十七条で「何人も、障がいを理由とする差別があったときは、県に対して、当該障がいを理由とする差別に係る事案（以下「対象事案」という。）についての相談（以下「特定相談」という。）をすることができる。」「県は、特定相談があったときは、次に掲げる業務を行うものとする。（1）特定相談に応じ、必要な助言及び情報提供を行うこと。（2）対象事案の関係者（以下「関係当事者」という。）間の調整を行うこと。（3）関係行政機関への通告、通報その他の通知を行うこと。」と規定している点である。

専門相談員についても「知事は、前条第二項各号に掲げる業務その他障がいを理由とする差別を解消するための取組を適正かつ確実に行わせるため、障がいを理由とする差別の解消及び障がいのある人の権利擁護に関し優れた識見を有すると認められる者を専門相談員として任命することができる。」（第十八条第一項）と規定している。

原案では障がい者の更生についても規定が置かれ、社会モデルにのっとって、この更生に取り組むことも合理的配慮等の一つとされ、自治体の義務とされていた。条例では削除されている。国の更生保護事業が「自助」原則によっていることに配慮したものであろうか。しかし、削除されたからといって、自治体の義務が免除されるわけではない。前述したように、身体障害、知的障害、精神障害を抱える非行少年・犯罪少年の社会復帰については、「自助」原則は障害者差別解消法によって事実上、修正されたといえるからである。

問題は、この障害者差別解消法の社会モデルという考え方を、すべての非行少年・犯罪少年に及ぼしていくことである。そのための法的根拠を確保することである。国や社会からの合理的配慮等が必要なのは障害を抱えた子どもたちだけではない。その他の子どもについても、その成長発達のために合理的配慮等が必要とされる場合は少なくない。なかでも特筆されるのは非行少年・犯罪少年だといってよい。非行少年・犯罪少年が立ち直るにあたってはさまざまな社会的障壁が立ちはだかっているからである。

子どもの権利条約第三条第二項は、「締約国は、子どもの父母、法定保護者又は子どもについて法的に責任を有する他の者の権利及び義務を考慮に入れて、子どもの福祉に必要な保護及び養護を確保することを約束し、このため、すべての適当な立法上及び行政上の措置をとる。」と規定する。また、第四条は、「締約国は、この条約において認められる権利の実現のため、すべての適当な立法措置、行政措置その他の措置を講ずる。締約国は、経済的、社会的及び文化的権利に関しては、自国における利用可能な手段の最大限の範囲内で、また、必要な場合には国際協力の枠内で、これらの措置を講ずる。」と規定している。

さらに、第六条第二項は、「締約国は、子どもの生存及び発達を可能な最大限の範囲において確保する。」と規定しており、第十八条第二項は、「締約国は、この条約に定める権利を保障し及び促進するため、父母及び法定保護者が子どもの養育についての責任を遂行するに当たりこれらの者に対して適当な援助を与えるものとし、また、子どもの養護のための施設、設備及び役務の提供の発展を確保する。」と規定している。

これらの規定によると、障害を抱える非行少年・犯罪少年と同様、その他の非行少年・犯罪少年についても、右の合理的配慮等は条約上の義務だということになろう。

ただ、これには、条約上の義務では根拠として不十分だという反論があるかもしれない。確かに、非行少年・犯罪少年の立ち直りについて個人モデルから社会モデルへのパラダイムの転換を図り、それを広く国民に啓発し、国・自治体の施策に具体化していくためには国内法上の根拠規定、それも明文規定が必要だといえるかもしれない。この明文規定の確保が国レベルでは当面は難しいというのであれば、大分県条例の制定に見られたような都道府県のレベルにおける確保がさしあたりの課題となろう。

もう一つの課題は、合理的配慮等の担い手をいかにして確保していくかである。かりに法で明文規定を設けたとしても、担い手が確保されなければ、絵に描いた餅に帰すからである。

2 九州での取組みから

元非行少年を信じる

全国就労支援事業者機構は、その設立趣旨にも見られるように、政府の「世界一安全な国、日本」政策実現を下支えする官民共同体の一つとも目される。そこでは再犯防止が強調されており、当事者の目線に沿った少年の立ち直りの支援という活動からみた場合、矛盾する局面も少なくないが、福岡県協力雇用主会会長、福岡県就労支援事業者機構理事などの要職を占める野口義弘さんの存在は救いといってよい。少年法研究者のインタビューに応じて、その思いを語っている。[5] 非行少年の就労支援に取り組むきっかけは、次のようなものであったという。

今から二十年以上前に、保護司をしていた妻から、とてもいい子がいるんだけれども、非行歴があるということだけで、どこも履歴書すら見てくれないので、当時私が勤めていたガソリンスタンドで雇ってもらえないかと頼まれて、少年補導員の委嘱を受けていた手前、春子という少年に会うことになったのがきっかけです。〔中略〕

この春子と出会うまで、私は外見で子どもたちを判断していました。しかし、春子との出会いを通して、子どもたちと同じ目線で、子どもの顔をじっと見つめて真正面から向き合って、じっくり話を聴くと、子どもたちも、この人は自分の気持ちを理解してくれる、とか、この人は私が困ったときに助けてくれると感じて、初めて心を開くのだということを学びました。

面接した少年は必ず雇う、解雇はないということについても概要、次のように語っておられる。

（非行少年と接するときに心がけているのは――引用者）面接した少年は絶対に断らないということです。というのも、せっかく働く気になって、私のところにつながって来て、これから更生しようという気持ちになっている元非行少年たちを失望させたくないからです。できるだけ少年たちを雇えるように、私の役員報酬は辞退していて、少年たちと同じ程度の給料しかもらっていません。それでも、雇える少年の数には限りがあるので、必ずしも面接を希望している少年すべてと面接できているわけではなくて、その点は心苦しく思っています。また、野口石油には、解雇と言う言葉がありません。店の金を盗んで逃げた少年も謝りに来たら再雇用します。非行を重ねて、四回も雇用している少年もいます。

雇った時には、その少年の状況に合わせて出勤のシフトを組みます。しかも、遅刻した場合でも、出勤してきたら、「よう来たね〜」と拍手で迎えるようにしています。少年を褒めて、ハグもします。勤務時間もいきなり長時間ではなくて、少年たちの多くは夜型なので、最初は午後から三時間で、慣れたら、少しずつ増やしていきます。だんだん早い時間に出勤できるようになってから、シフトを午前にもっていくようにします。つまり、少年が自分に自信を持てるように、こちらで工夫しているのです。

職場に入ったばかりの少年には、直近に入った非行歴のある先輩少年に指導してもらうようにしています。こうすることで、入ったばかりの少年たちも、自分の気持ちを一番よく理解してもらえると感じることができます。さらに、先輩少年も、指導を任せることで大きく成長します。このようにガソリンスタンドという職場が、元非行少年たちが成長できる居場所になるように心がけています。

何よりも重要なことは元非行少年を信じることだとして、この点についても概要、次のように語っておられる。

お金を持ち逃げされたケースもあります。雇用した少年たちが、全て一度で立ち直るわけではありません。むしろ、一度はつまずくことが当たり前です。何度もつまずく少年もいます。雇っていて、事件を起こしたとして逮捕された元非行少年がいました。その少年が働いていたスタンドを切り盛りしていた私の長男が、家庭裁判所で、家庭裁判所調査官に、この少年を少年院に送るのは簡単でしょうが、働きながら社会の中で更生させるべきだと強く言ってくれました。そして、この少年を雇う旨の雇用証明書と嘆願書を出したこともあって、この少年の非行は三度目だったのですが、少年審判の結果、保護観察処分で終わったということもありました。ちなみにこの少年は、今年の九月から社員に登用されてから、母親と妹を社会保険の扶養家族に入れて、十月のタイヤキャンペーン販売で三〇人のスタッフ中で販売数が一番になりました（涙）。

私が雇ったからには、少年たちを全力で信じます。信じるからこそ、お金の扱いまで任せるのです。こうして信じてもらったという体験をした少年たちは、つまずくことはあっても、最終的には立ち直っていくのです。また、信じた少年が仕事で失敗したときも、「大丈夫、大丈夫」と声をかけて、不安を取り除いてあげるようにしています。少年たちを信じるということはそういうことだと思います。

ステップアップした少年は、野口石油より大きな、給料の高い会社へ転職します。手塩にかけた少年を送り出す時は涙が出ます。

非行少年が教えてくれたことの一つとして、野口さんは、「(私は春子と出会って―引用者) 生まれながらの悪い子は一人もいないことを知ったのです。非行少年は、親や周囲の人たちから適切な教えや支援・愛情を受けておらず、まともな居場所がないからこそ非行に走っているのです。また、非行少年の中には、被差別地域で生まれ育ったために、社会的に様々なハンディキャップを背負わされてきた者も少なくありません。」と語っている。

このように非行少年を生む原因が社会の側にあるとすれば、元非行少年の立ち直りを支援する義務も社会の側にあるということになる。もちろん、そのことは元非行少年の自主性を尊重することと矛盾しない。野口さんが元非行少年たち（の立ち直りの力）を信じることの重要性を繰り返し強調している。

国・自治体は、非行少年の更生保護についても、成人のそれと同様に、個人モデルにとどまっている。しかし、民間有志の中には、野口さんのように、個人モデルから社会モデルに転換して、元非行少年の立ち直りの支援をする人も少なからず現れるに至っている。

弁護士・就労支援事業者機構・保護観察所の連携

弁護士付添人が就労支援を行う必要性は、少年審判において就労先が決まれば試験観察もしくは保護観察だが、決まらなければ少年院送致になる可能性が高いという場面が最も高まる。少年の特性に合わせた就労支援を実現するためには、さまざまな職種の雇用主がいてくれることが望ましいが、一人ひとりの弁護士にそのような人脈を求めることは不可能である。かりに弁護士が個人的な伝手に頼って新たな雇用主を探してきたとしても、家庭裁判所から見ると実績がないという理由でなかなか安心してもらえないということもある。このように弁護士付添人が個人として就労支援をするにはいくつものハードルがある。

事態を打開すべく、福岡県弁護士会子どもの権利委員会は、二〇〇九（平成二十一）年からある取組みを始めた。これまでの少年事件などを通じて雇用をしてくれた雇用主、もしくは顧問先などで、これから少年を雇用してもいいよと言ってくれる企業の情報提供を弁護士会会員に要請し、集まった情報をもとに名簿を作成する。名簿の利用方法などについてルールを作り、これを周知することで就労支援を実現するというものであった。しかし、この取組みはまったくの失敗に終わった。他の弁護士会でも同様の取組みがなされているが、やはり苦労しているという。就労支援の問題解決を弁護士だけの力でやろうとしたことが最大の問題点だったとされる。

同委員会ではその後、協力雇用主との連携を模索するようになった。前出の、これまで非行少年を百人以上（二〇一四年末時点）ほど雇ったというガソリンスタンドを経営する北九州市の野口石油代表の野口義弘さんを通して、野口さんが会長を務める福岡県連合協力雇用主会、また野口さんが理事を務める福岡県就労支援事業者機構と弁護士付添人が協力する体制が整えられることになった。機構の常務理事を務める北崎秀男さん（元長崎・熊本保護観察所長）を窓口に付添人と保護観察所との連携も図られた。その結果、二〇一一（平成二十三）年三月末時点で一二〇社しかなかった協力雇用事業所（福岡県就労支援事業者機構に登録している雇用主）は五年後の二〇一六（平成二十八）年八月時点で七百社を超えるまでになった。

保護観察所にとっても大いに歓迎された。就労支援事業者機構はNPO法人として、保護観察所から保護観察対象者の就労支援を任される立場にあり、保護観察所に登録している協力雇用主の名簿と機構の協力事業所の名簿とはほぼ一致しているが、付添人弁護士はこの名簿をもとに適当な協力雇用主を探すことができるようになったという。[6]

少年についても、捜査機関や家庭裁判所と福祉機関の連携が図られている。問題はその意義である。政府は捜査機関や家庭裁判所と福祉機関との連携を図る意義を、成人や高齢者のそれの場合と同様に再犯防止に求める見解[7]を示し、全国就労支援事業者機構もこのような見解に立っている。しかし、福祉との連携によって刑事手続が早く終わったとしても、その後に強制入院や施設入所となって社会から隔離されるのであれば、本人にとって利益でない可能性に注意しなければならないのみならず、再犯防止が、社会の要請として、あくまでも治安維持や社会防衛としてなされる以上、必然的に障がい者本人の自由や人権関係と緊張関係を持つ。再犯防止が第一になると、福祉や医療の名の下に本人の自由や人権が無限に制限されたり剝奪されたりすることになりかねない。[8]

多機関連携により福祉機関や医療機関が、もともとその傾向が強い社会防衛という作用を再犯防止の名の下により強め、対象者の自由や人権を侵害することを防止するのも、弁護士付添人が多機関連携に加わることの重要な意義といえよう。

熊本少年友の会

「少年友の会」は、家庭裁判所との協力関係をもちながら、非行で家庭裁判所に送致された少年の審判や更生を支援するボランティア団体である。一九六六（昭和四十一）年、東京家庭裁判所の裁判官であつた野田愛子や三淵嘉子らが中心となって東京家庭裁判所内に「東京少年友の会」が作られたのが最初である。現在、家庭裁判所本庁五十庁にすべて少年友の会が設立されている。家事調停委員が主力で、家庭裁判所が取り扱っている少年事件を民間の立場から支援することを目的とする。交通違反をした子どもたちへの交通教室や、子どもたちを連れて都内の公園や市街地でのごみ拾い活動、高齢者施設を訪問しての一日奉仕活動、さらには、合宿などのプログラムも用意されている。いずれも、子どもの更生のために、大人や仲間どうしの交流を通じて他人と関わりながら犯した過ちに対する反省を深め、これからの人生を立て直していくことをサポートするという目的のもとにプログラムが提供されている。「少年友の会連絡会」も二〇一〇（平成二十二）年に設立されている。

「熊本少年友の会」は、当時の熊本家庭裁判所長が熊本家庭裁判所調停協会に設立の話を持ち掛けたことがきっかけとなり、一九九八（平成十）年に全国で二七番目の少年友の会として設立された。設立当初の会員は二二三名であったが、二〇一六（平成二十八）年十月現在、会員数は六九九名に上っている。若干の寄付金はあるものの、会費収入（個人会員年額三千円、団体会員年額五千円）で会の予算（年間三百万円）が賄われている。会の活動は、①少年や保護者に働きかける活動、②職親《しょくおや》の会の活動、③地域に働きかける活動、④会員に働きかける活動、⑤裁判所の友の会への理解や相互の意思疎通を継続する活動、⑥弁護士会との連携を強化する活動、からなる。

そのうち、少年や保護者に働きかける活動の中心は付添人活動に置かれている。少年に保護者がいないか、または遺棄もしくは放任の状態に置かれている少年等のために、会内の研修を経て付添人に登録した会員が家庭裁判所の許可を得て「友の会付添人」になる。家裁が友の会付添人の必要を感じたとき、友の会へ推薦依頼をするのが主だが、弁護士付添人がその必要を感じて家裁に友の会付添人選任の上申をするパターンもあるという。

友の会付添人については、弁護士会側から、少年の適正な権利保障の観点から付添人には弁護士があたるべきであり、一般民間ボランティアでは権利保障に欠けるところがあるのではないかとの懸念が示されたこともあった。だが付添人の活動においては少年の更生のための教育的福祉的な措置（保護的措置）が大きな要素を占めることから、経験豊かな一般民間人である友の会付添人が少年と同じ目線に立ちながら、少年の更生に寄与することは極めて重要な意義があることが見直され、熊本では会設立後、早期の段階から友の会付添人と弁護士付添人との協働が実現されている。

弁護士付添人と友の会付添人の役割分担については、あらかじめルールがあるわけではなく、事件の内容により双方が話し合いのうえで分担を決定している。一般的には人権保障の観点から非行事実の確認、任意の供述がなされているかどうかなどの法的な面、被害者への被害弁償の交渉などは主として弁護士が担当する。一方、少年に反省や被害者に対する謝罪の気持ちを十分持たせるなどの対応、少年の家族関係の調整、少年の保護者の心理的サポート、健全な社会人としての説諭、家裁に対する働きかけ、審判後の就職先等の準備などは主として友の会付添人の担当とされることが多い。活動結果はその都度互いに報告をすることで、双方の付添人が全体の動きを把握し、その後の対策を考え、家裁で行われる中間カンファレンスなどに生かし、最終的には最終審判において、弁護士付添人が統一的に意見書を作成して提出することが多いという。

こうした弁護士付添人の活動も社会モデルに立ったものといえよう。この活動が全国的に知られるようになり、全国各地で取組みが広がり始めている。

友の会では補導委託先の開拓も行っており、現在、熊本家裁管内の大半の補導委託先（果樹園、農業、スーパーマーケットなど、さらに短期補導委託先として特別養護老人ホーム、乳児院など九件）は熊本少年友の会が開拓してきたもので、その開拓状況は全国でも特筆すべきものと評価されているという。友の会が補導委託先を家裁に推薦をし、家裁が調査の上で補導委託先に選定することになっている。

補導委託に付される少年の場合、家庭的に恵まれていない少年が多く、日用の生活用品すら自分で準備できない少年がいるため、会では、それらの少年に国語辞書・便箋・筆記用具・トレーナー・下着類など、リュックサックと合わせてほぼ一万円相当の日用品等を持たせている。友の会の会員が付添人となった少年だけではなく、熊本家庭裁判所で補導委託の審判がなされた少年全員に支給している。補導委託少年が委託先に迷惑をかけるような事故が発生したときは、然るべき金額の見舞金を支給することも行っている。

家庭裁判所が少年に短期補導委託で社会奉仕活動をさせるという決定をした場合、その施設への同行支援、傷害保険費用の援助やその社会奉仕活動に必要な物品（エプロン、名札など）の支給などを行う。少年鑑別所入所中の少年がまったく小遣銭を持っていない場合、少年が被害者や父母等への手紙を出す際の切手、便箋、封筒などの購入費用に充てるために、一人二千円程度の金銭支援も行っている。少年の父母が少年鑑別所や家庭裁判所に出頭したくとも交通費がないようなときには、出頭支援を行っている。少年が少年院に入所している際に父母が少年の面会に行く費用がないときにも同様に支援するケースもあるという。

最終審判において少年の社会内処遇の選択が予想できる場合、友の会ではあらかじめその住み込み先・就労先の確保ならびに当面の生活費の援助なども実施している。この活動は少年の更生のために重要で、熊本少年友の会ではそのような少年を引き受けてもらえる職親の制度を設けている。

友の会には全国的に珍しいといわれる学生ボランティア（学ボラ）部もあり、熊本大学教育学部心理学教室の学生が学生ボランティア会員（会費は無料）として登録している。学ボラ部では、学生会員による少年への友達活動や学習援助（無料の家庭教師など）、熊本城の清掃奉仕活動（学生会員および裁判所調査官ならびに少年友の会の会員が一体となって、家裁に近接した熊本城内で、主として審判不開始あるいは不処分予定の少年とその保護者を集めて実施。雨の日は使用済みの切手収集・整理を行う）、スペシャルオリンピックスへのボランティア参加（一般のボランティアと一緒に知的発達障害を持つアスリートの競技運営に直接関与する、いわゆる開放型の活動）等が行われており、少年に対し極めて効果的な影響を与えているという。[9]

熊本職親の会

前述したように、熊本少年友の会では「職親《しょくおや》の会」も設けられている。二〇〇四（平成十六）年秋、家庭裁判所と熊本少年友の会との懇談会の席上、出席者のある家裁調査官から、少年の更生にとってきちんとした就職先を確保しておくことが極めて有意義であるとして、職親の会の結成が提案されたことがきっかけとなった。この提案を受けて、関係者に限り公開可能な職親の名簿作りが熊本少年の会と熊本県弁護士会の双方で始まった。熊本で法律扶助制度を利用した少年付添人制度を中心になって始めた青山定聖《じょうしょう》弁護士が、ここでも中心になった。その結果、十数社が職親に登録された。

当初は職親の利用はあまりなく、職親同士も個別に活動するだけで、横のつながりはない状態であった。そこで、職親の会を組織して職親同士の情報交換を密にしてつながりを作り、関係者にも周知するため、二〇一二（平成二十四）年八月二十二日に「熊本少年友の会　職親の会」が結成されることになった。個々の職親や職親の会を熊本少年友の会全体で支えるために、職親の会は少年友の会内の組織とされた。二〇一六（平成二十八）年十月現在、職親への登録は二七件で、職親は全員が熊本少年友の会の会員である。

職親は、友の会会員との個人的なつながりを前提として成立している。まず、その会員が職親候補者へ説明をし、職親への一応の理解と登録への内諾を得る。次に、職親の会の担当者が、その紹介者と一緒に職親のもとへ登録のための面会に行き、仕事の様子などを聞き取ったり、職親の役割などを説明したりして職親登録の了解を得たうえで、職親の名簿に登録する。名簿は弁護士付添人も含んだ付添人の共有財産となるものだが、その職親のもとに非行に走った少年が雇用されていることが他の従業員や世間に知れた場合、微妙な問題が生じるために、その取扱いは要注意とされている。

付添人は、少年にとって適当な理解のある就職先が見つからない場合など、職親の必要を感じたときは、職親の会の名簿から少年とマッチしそうな職親を少年と協議のうえで選択し、決まれば、その紹介者に連絡し、職親に連絡をとってもらう。その後、付添人は少年側と職親を面会させる。この際、紹介者が立ち会った方がよければ立ち会う。そうして雇用が成立しそうになれば家庭裁判所に報告し、その職親自身の審判立会などの段取りをするという。

職親は少年の就職先を確保し、更生の足がかりを作るうえで有効な資源となっている。職親としての需要は住み込みが多いので、一部の職親に負担がかかりすぎる傾向にある。また、雇用条件面での少年の希望（正社員など）や少年の自覚不足で、雇用不成立や雇用が成立しても長続きしないケースもある。ただ、そうしたケースでも、その過程で少年に成長が見られることがある。この制度は少年の勤労支援活動としてきわめて効果が高く、さらに職種や件数を増やす必要があるだろう。

「職親」制度は熊本の会が全国に先駆けて始めたもので、全国の少年友の会の関心を集めているものの、他県の取組みはこれからのようである。[10] 全国に拡がることが望まれる。

子どもの司法と精神保健・福祉を考える会（熊本）

熊本で「子どもの司法と精神保健・福祉を考える会（熊本）」が発足したのは二〇一三（平成二十五）年十二月十四日のことである。発起人になったのは熊本大学法学部教授（刑事法専攻）、医療法人松本会希望が丘病院（精神科・神経内科・心療内科）院長、同病院顧問（児童精神医療の鑑定人を務める児童精神科医）、同病院地域連携室長（精神保健福祉士）、医療法人横田会向陽台病院（精神科・児童精神科のクリニック）理事長、熊本県弁護士会子どもの人権委員会委員長、同委員会委員（元裁判官）、同委員会委員の各氏である。

会の発足にあたって発起人から出された趣意書は概要、次のようなものであった。[11]

最近、児童精神科の臨床現場では、発達障害、不登校、うつ状態、攻撃・暴力行為、虐待等の問題で受診される子どもらが多くなっています。また、外で遊ぶよりも、室内でのゲーム、スマートフォン、パソコンなどの機械と関わる時間が増えたために、ソーシャルスキルの未熟さなど、社会性（生きる術）の低下が指摘されるようになりました。

最近では、少年事件に、司法関係者だけでなく、医療・福祉関係者が多く関わるようになりました。そして、児童思春期医療の現場では、種々の非行事例で、その対応や処遇について苦慮しており、司法関係者も、事件を起こしてしまった子どもの理解や処遇、指導等で悩んでおります。子ども達は成長して行きますし、その間の見守りと指導が重要であり、多くの機関の方々の共通理解に裏打ちされた支援が必要です。

司法と精神科医療・福祉の関係者との連携の必要性から、この度、熊本に「子どもの司法と精神保健・福祉を考える会」（熊本）」を立ち上げることになりました。

多くの職種の皆さま方のご意見を頂きながら、勉強会を開催していく予定です。

以来、会では年に二回、子どもに関する司法・医療・福祉の勉強会が行われている。勉強会の一番の効果は子どもに関わる専門家同士が顔の見える関係になったことだとされる。専門家には言葉の壁があり、「司法関係者が通常使っている言葉は、医療関係者に説明が必要で、医療関係者が事例の説明で使っている専門用語も司法関係者に分かりにくいものでした。これらの言葉の壁に気付いたことも効果のひとつです。さらに、勉強会を通じて、お互いに知らなかったそれぞれの活動を知ったことも効果のひとつにあげられます。［中略］少年事件の付添人活動において、記録の中で精神科に入通院している記載がある場合は、遠慮なくその担当医に連絡すべきだと思うようになりました。［中略］お互いに協力する関係にあることが明らかになったのです。[12]」とされる。

会の課題として、連絡システムの構築が挙げられている。会員の誰かが子どもに関する何らかの事案に遭遇し、他の専門家の助けが必要と判断したとき、具体的にどの専門家に連絡するとよいかが分かるという連絡システムによって具体的事案の早期かつ妥当な対応が実現できると、この会の存在意義がさらに高まるとされる。

会の趣意書にもあるように、司法と医療、福祉の連携が成人だけではなく、子どもについても求められていることは多言を要しないであろう。ただ、こうした連携はともすれば、再犯防止という国策遂行の立場からの上からの官製の連携にもなり得る。熊本の会のように、子どもの権利の擁護という観点から、それも個別の事案に即して、専門家により連携が自主的に進められ、着実に成果を上げていることは頼もしい。

社会防衛という観点からではなく、対象者の権利擁護という観点から医療と司法が連携することの意義は大きなものがある。医療において権利擁護のための適正手続の保障を実現し得ることがその一つである。医療が国等からの不当な圧力を排除し得るというのもその一つである。司法が最新の医学的知見を利用し得るというのもその一つである。

このように社会モデルによる少年支援の取組みは各地で成果を挙げつつある。次の課題は、この動きを拡げていくことである。そのためにも、諸外国の例に見られるように、国・自治体による財政的な援助が望まれる。

3　医療的治療の必要な子どもたち

医療少年院

厳罰化に加えて、少年非行の「医療化」も教育的配慮の限界を補完するものとして政府などによって促進されている。非行少年・犯罪少年のなかには医療的対応が必要な者も少なからず存在する。これらの少年に必要な医療的配慮を提供することは誰しも異論のないところであろう。問題はその根拠と提供される医療の内容である。医療は医療として固有の役割と意義を持つ。教育の補完物では決してない。教育の補完物とすることは医療を矮小化することになる。

二〇一三（平成二十五）年五月十四日付矯正局長依命通達「矯正教育課程に関する訓令の運用について」により、各種類の少年院における矯正教育課程の指定が行われ、①短期義務教育課程（SE）、②短期社会適応課程（SA）、③義務教育課程（E1、E2）、④社会適応課程Ⅰ（A1）、Ⅱ（A2）、Ⅲ（A3）Ⅳ（A4）、Ⅴ（A5）、⑤支援教育課程Ⅰ（N1）、Ⅱ（N2）、Ⅲ（N3）、Ⅳ（N4）、Ⅴ（N5）、⑥医療措置課程（D）、⑦受刑在院者課程（J）、に分別され、一六の課程が設けられている。

このうち、Eは、小中学校の教育課程の履修により、学力の向上を図るもの。Aは、社会生活に適応するための能力の向上を図るもの。Nは、障害等を有するため社会生活に必要となる基本的な生活習慣・生活技術を身につける等のもの。数字が多くなれば犯罪傾向が進んでいることから、犯罪傾向の改善を強く計画するものである。本課程ごとに重点的に実施すべき指導内容の細目が定められており、教育に施設ごとのバラつきや不均等が生じないよう配慮されている。

問題は、⑥である。矯正統計年報により少年院在院者の障害をみると、知的障害は多少の増減があるもののおおむね横ばいであるが、その他の障害（発達障害等）は二〇〇〇（平成十二）年以降急増している。法に触れた少年が利用する医療のうち大きな部分を占めているのは精神科医療である。この知的障害、発達障害、統合失調症、アスペルガー等の医療的治療が必要な子どもたちに少年院の精神科医療は適切な対応ができているのだろうか。

刑事施設や少年院などには常勤医師（矯正医官）が配置されており、医療刑務所長や医務部長などに就いている。常勤の精神科医師も矯正医官として置かれている。このほか、非常勤医師なども配置されている。通常の刑事施設や少年院などで対応できない専門的な検査や治療が必要な場合には、医療刑務所や医療少年院に移送したり、外部の医療機関に入院させるなどして対応する。

医療少年院とは、「心身に著しい障害」（少年院法第四条第三号）がある一二歳以上二六歳未満の者を収容する少年院である。心身の著しい障害とは、身体的・精神的なケガや病気はもちろん、身体障がい者や知的障がい者、精神的な情緒不安定者も含まれる。比較的通常な少年との混合収容による弊害を排除するために設けられている。医療少年院では、そういった少年に専門的治療を施しながら、健全な社会生活に再適応・社会復帰させるための特別な矯正教育が実施される。専門医による医療的処置と並んで、生活指導・職業指導など、通常の少年院で行われる教育や、養護学校などと同様な特殊教育も行われる。医療少年院は全国に四か所しかなく、東日本では関東医療少年院（東京都府中市）と神奈川医療少年院（神奈川県相模原市）、西日本は宮川医療少年院（三重県伊勢市）と京都医療少年院（京都府宇治市）が設置されている。そのほか、中津少年学院（大分県中津市）も医療少年院の設備を持っている。

医療少年院には、手術や専門的治療など医療措置が必要な少年（身体疾患者や身体障がい者、精神障がい者など）を収容する医療法上の「病院」としての医療少年院（少年院法の「医療少年院」）と、「病院」としての医療少年院には該当せず、知的障害や発達障害があったり、情緒的未成熟などの理由により通常の少年院での教育が難しい少年の収容に対応するための「治療的教育」を行う特殊教育課程を有する医療少年院（少年院法の「医療少年院」には該当しない）とがある。

関東医療少年院と京都医療少年院は前者で、精神科・内科・外科・整形外科・産婦人科・泌尿器科・眼科・耳鼻科などのすべての科が備わっており、国内でも精神医療分野のトップレベルの医師がそろっているとされる。少年院であるとともに、身体疾患・身体障害・精神障害などの心身に欠陥や病気のある少年を治療するための病院でもある。神奈川医療少年院と宮川医療少年院は後者にあたる。専門的な治療的教育が必要とされるものの、著しい障害のない少年が収容されている。

少年院施設視察委員会

二〇〇九（平成二十一）年四月に発覚した広島少年院での法務教官による収容少年に対する暴行事件を受けて、二〇一五（平成二十七）年に少年院法と少年鑑別所法が改正された。「再非行防止に向けた処遇の充実強化」「在院（所）者の権利義務関係等の明確化」「社会に開かれた施設運営の推進」が主な内容とされた。

①矯正教育の基本的制度の法定化（現行の少年院の種類及び処遇課程の見直し・再編）
②計画的・体系的な矯正教育の実施の確保（少年院教育課程、個人別教育計画、段階処遇、集団編成等）
③矯正教育の目的・内容の明示（生活指導、職業指導、教科指導、体育指導、特別活動指導等）
④円滑な社会復帰のための支援の実施等（保護観察所との連携の下に帰住先確保・就労等の支援、出院者やそ

の保護者等からの交友関係・進路選択等の相談に応じることができる制度の導入）
⑤少年鑑別所の機能の強化（少年の健全育成に配慮した観護処遇の実施、適切な鑑別の実施の確保、地域社会における非行及び犯罪の防止に寄与するための少年・保護者等に対する必要な援助の実施）、からなっている。

在院（所）者の権利義務関係等の明確化は、在院（所）者の権利義務・職員の権限の明確化と不服申立制度の整備とからなる。前者は、

①物品の給貸与、自弁物品の使用及び書籍等の閲覧の範囲・要件を明確化する。
②面会及び信書の発受について、許可要件を明確化するとともに、一定の範囲で保障する。
③所定の条件の下で電話による通信を許容する。
④適切な保健衛生及び医療上の措置を講ずることを明文化する。
⑤規律秩序の維持のための措置（身体検査、手錠の使用、保護室への収容等）の要件の明確化する。

後者は、

①自己に対する処遇全般について法務大臣に対する救済の申出等の制度を創設する。
②在院（所）者の相談に応じる相談員を指名する、などからなる。

社会に開かれた施設運営の推進とは施設運営の透明性の確保であり、少年院視察委員会・少年鑑別所視察委員会の設置である。

二〇一五（平成二十七）年度に全国五二の少年院視察委員会で会議が一九七回開催され、提出された意見は四〇四件である。同年度に全国七七の刑事施設視察委員会で開催された会議が四七五回で、提出された意見が五七八件と比べると、意見が多いことが分かる。そのうち、保健衛生及び医療に関する意見は五七件（一四％）で、入浴の機会の増大に関するものが一六件（措置を講じたもの又は講じる予定のあるものは七件）、

診療等に関するものが一四件（同一〇件）である。被収容者の医療の充実、運動・衛生面の改善などに関する意見が多く見られた。

ただ、委員会は施設の運営に関して意見を述べる（少年院法第八条二項、少年鑑別所法第七条二項）だけで、個別事案について判定したり、是正勧告をしたりする組織ではない。改善意見が提出されても、予算その他のために、改善が実現されていないのが現状である。

矯正医学

元城野（現・北九州）医療刑務所長で、『矯正医学』（矯正協会、一九九二年）などを著した糸井孝吉は、二〇〇三（平成十五）年十一月二十一日に社会福祉法人福智の里障害者支援施設「鷹取学園」で行った「精神症状を伴う知的障害者に対し私が考え、してきたこと」と題された講演（当時、糸井は同精神科嘱託医）のなかで、次のように説いている。

作業訓練と集団生活による指導がなされ、その過程では悪い事は必ず注意し、改まるまで執念深く指導してもらい、これが有効だと思えば、帰省させないとか好きな訓練や遊びを一時的に禁止するといった罰を加えることもあります。かつて学校教育では、運動会のかけっこで順位をつけるのが不平等だといって廃止し、通知表の段階的評価を「差別だ」といって不明瞭化するなど、個人の資質や努力と無関係に結果としての平等が求められていた時代がありましたが、これは間違った平等観であって、子供の成長をむしろ阻害していると私は長年考えてきました。「個性を尊重する」という美名の元に身勝手でわがままな行動までが容認され、何が良くて何が悪いかを教えられない教育的雰囲気というのは間違っていると思います。

規律を何よりも重視し、精神科の患者の治療にあたってもそれを求めるというのが糸井の基本的なスタンスである。糸井の見解は「個人モデル」に依った「矯正医学」の伝統的な見解を示しているともいえる。

近時は変化も起こっている。そのような見解は対象者の人権との間で緊張を引き起こし、人権侵害問題を発生させかねないからである。それでも、矯正医学に基づく考え方はまだまだ根強い。

看者の権利法

医療に社会防衛の機能を担わせることは、医療の発展を逆戻りさせることに等しい。近代における医療の発展とは医療から社会防衛という機能を削ぎ落す営みの連続した過程であったといえるからである。

世界医師会は、一九四七（昭和二十二）年六月のニュルンベルク綱領や一九六四（昭和四十一）年六月のヘルシンキ宣言の発展線上に、一九八一（昭和五十六）年九―十月、ポルトガルの首都リスボンで開催された第三十四回総会において、「患者の権利に関する世界医師会（WMA）リスボン宣言」を採択した。前文を[13]踏まえて、リスボン宣言は、①良質の医療を受ける権利、②選択の自由、③自己決定権、④意識喪失患者、⑤法的無能力者、⑥患者の意思に反する処置・治療、⑦情報に関する権利、⑧秘密保持に関する権利、⑨健康教育を受ける権利、⑩尊厳性への権利、⑪宗教的支援を受ける権利、について原則を定めている。リスボン宣言では、「患者の尊厳」も患者の権利の一つとされている。

一九九二（平成四）年にフィンランドで患者の地位・権利法が成立してから今日に至るまでの間に、ヨーロッパの多くの国では「患者の権利法」が立法化されてきた。現在、議会で審議中、準備中の国を含めると、ヨーロッパの主要国のほとんどは、何らかの形で患者の権利に関する法的措置をとっていると言ってよい。フィンランドをはじめとする北欧諸国のほか、オランダやフランス、ベルギーなどでも包括的な独立した患者の権利法が成立している。[14] 独立した患者の権利法をもつ代わりに、患者の権利を一括して規定するため、他の医療関連法の中に特別な章や条項を置いた国も複数存在する。スウェーデンやイギリスは、独立した包括的な患者の権利法をもたないが、スウェーデンは、保健医療サービス法（インフォームド・コンセント等）、イギリスは病院苦情処理法（苦情申立て権）や保健記録アクセス法（記録アクセス権）というように、患者の権利の中の一部だけに特化した法律を複数制定している。

医療は治安維持に奉仕するものであってはならない。患者の尊厳、不可侵性及び自律性の確保という観点から、患者の自己決定権などを尊重する形で、提供される医療の内容が決められなければならない。医療を社会防衛に従属せしめた場合、その医療は一般の医療から分離され、孤立する結果、自己完結的・自己充足的な体制の構築が求められることになる。しかし、そのような構築はおよそ不可能で、いずれ破綻することになる。

非行少年・犯罪少年に提供される医療も、リスボン宣言や患者の権利法に沿ったものでなければならない。そのことによって、法に触れた少年の立ち直りに大きく寄与し得る医療に脱皮することになろう。少年が精神科医療に対して求めているのも、患者の尊厳、不可侵性及び自律性の確保に貢献する治療であって、社会防衛のための強制入院、強制隔離ではない。

刑務所・少年院の医療の社会化

国際的に見ると、刑事施設の医療を社会化するための改革が推進されている。社会化のための刑務所医療の厚生労働省への移管も、フランス、イギリス、ノルウェー、オーストラリアのニュー・サウス・ウェールズ州で実現している。

この移管により、フランスでは、「医療が保安から独立した結果、刑事施設は、原則として最寄りの公立病院との間に協定を交わし、その病院が、個々の刑事施設の内に病院の一部局としての診療院（unité de consultations et de soins ambulatoires）を設置し、一般医療のほか、歯科治療や専門的診断を行うことになる。医療職員と施設の保安職員が協働するが、保安職員には治療に加わることも、薬剤を配布することも認められてはいない。彼らの職務は、もっぱら医療職員および診療院の安全確保に限られる」[15]ことになったという。これまで司法省が行ってきたことの問題点・改善点が改革によって明らかになった。全体として被収容者の処遇の質が向上したと高く自己評価していると報告されている。[16]

しかし、日本では、刑務所医療は社会化どころか、国の定めた基準さえも満たしていない。法務省が発表した資料によっても、二〇一二（平成二十四）年四月一日現在、矯正施設における常勤医師は、定員三三二名のところ現員二六〇名（充足率七八・三％）、そのうち、刑事施設においても定員二二七名のところ現員一七八名（充足率七八・四％）となっていた。そこで、法務省は、二〇一四（平成二十六）年六月二十七日付で、「矯正施設の医療に関する御支援と御協力のお願いについて（依頼）」と題した矯正局長名の文書を、都道府県医療関係部（局）長宛及び厚生労働省医政局長宛に発出した。にもかかわらず、むしろ、医師数は減少傾向をたどっている。

毎日新聞二〇一七（平成二十九）年二月九日夕刊（大阪）でも、刑務所や少年院などの矯正施設で働く医師「矯正医官」の配置が定められている全国一五六施設のうち、約一五％にあたる二三施設で常勤医師のいないことが、毎日新聞の全国八矯正管区に対する聞き取り調査で分かった、受刑者の高齢化に伴って医療の需要が増すなか、法務省は二〇一五（平成二十七）年十二月から矯正医官の兼業を可能にするなどてこ入れを図るが、医師不足は解消されていないと報じられている。

このままでは、矯正医療は立ち行かなくなってしまう危機にあるといわれている。社会化は急務だといえよう。

当事者会・自助グループ・家族会

日本の精神科医療は、すでに一九六〇年代に国連から改革を求められたにもかかわらず、それから半世紀以上たっても、なお依然として強制入院を中心とする強制治療体制を墨守し続けている。社会防衛色を薄める自主的な改革の動きもきわめて弱い。少年院・刑務所の医療と同様、精神科医療も孤立している。少年院を退院した子どもたちが受ける治療も、この孤立した精神科医療ということになる。

そのために、日本の場合、矯正医療を社会化すれば、問題を解決したということにはならない。孤立した者同士を結びつけても、問題の解決にならないからである。残念ながら、精神科医療は法に触れた少年の立ち直りに寄与し得ていない。多くを専門家ではなく当事者組織、自助グループ、家族会等に頼っているのが現状である。

当事者組織には、全国組織、都道府県ごと、病院付属、地域を基盤とした会、同じ理念のもとに結集した会、その他さまざまな当事者会がある。人権擁護、生活環境の改善、法制度改革への意見提案など、国・自治体などに対し各種の要請行動も行っている。同じ心の病を体験した仲間が同じ体験をしている仲間の相談にのったり、生活を助けたりすることで困難を乗り越えることがある。このような活動をピア・サポート（ピア・グループ、ピア・カウンセリング）という。このピア・サポートも仲間同士だからできる貴重な支援で、当事者組織にとっては重要な活動だといえる。ただ、ピア・サポートに取り組んでいる当事者組織・団体はまだ数少ない。

自助グループとは、アルコールの問題や薬物依存の問題、病的賭博、摂食障害、ひきこもりの問題などを抱えた人たちが同じ問題を抱えた人と自発的に当事者の意志でつながり、結びついた集団のことをいう。一人で自分の問題から脱却することはむずかしいが、グループメンバーと体験を共有し分かちあい、自分の抱える問題や悩みをしっかりと直視して自分を変化させていくことができる。このような観点から、アルコール・薬物依存症、摂食障害、ひきこもり、アダルト・チルドレンなど問題別にさまざまな自助グループが結成されている。

家族会とは、精神障がい者を家族にもつ人たちが悩みを分かちあい、共有し、連携することでお互いに支えあう会である。支えあいを通して、地域で安心して生活できるための活動を行っている。家族会にもいくつか種類がある。病院を基盤とした「病院家族会」、保健所が事業として行っている「保健所家族会・家族教室」、地域ごとに結成されている「地域家族会」、さらに全国や都道府県ごとの連合会などがある。月一回や年数回など、定期的に家族会を催しているところが大半で、家族同士の交流を主眼に家族としての困りごとを話し合ったり、専門家を呼んで病気や薬物治療、社会資源、福祉制度などの勉強会をしたり、普及啓発活動としてフォーラムやシンポジウムを企画したりしている。精神保健福祉関連の講演会などにも取り組んでいる。行政などへの要望・働きかけなどの社会的な活動も精力的に行っている。[17]

問題は、公助、それも対象者の権利擁護に立った活動が、民間レベルで見られるかどうかである。国の誤った強制隔離政策に由来する精神障がい者に対する差別・偏見がまだまだ根強いためか、このような活動はいまだ脆弱だといえる。

救いはNPO法人「大阪精神医療人権センター」（代表理事・位田浩弁護士）などの活動である。精神障がい者の権利擁護を謳い、安心してかかれる精神医療の実現を目指して、厳しい財政事情にもかかわらず、多彩な活動を展開している。

①「声をきく（精神科病院に入院中の方の立場に立った権利擁護活動を実践する）」
②「扉をひらく（精神科病院を開かれたものにする）」
③「社会をかえる（安心してかかれる精神医療を実現する）」

がセンターの活動の三本柱である。少年院出院者等もその対象とされている。

特筆されるのは、年間八百件以上の相談に対応している点である。相談内容によっては病院に行って患者に面会する。場合によっては診察に同席する。担当看護師やケースワーカーと情報交換を重ねる。まさに精神医療における付添人活動といってもよい。各地での同種運動の拡大が望まれる。

1　改正された障害者基本法について、この点が次のように解説されている。内閣府『平成24年版　障害者白書』のうち「改正障害者基本法の概要」等を参照。

「改正前において、障害者が日常生活等において受ける制限は、本人が有する心身の機能の障害に起因するものとしてとらえ、障害者の定義を「障害があるため、継続的に日常生活又は社会生活に相当な制限を受ける者」としていたところであるが、今回の改正では、障害者が受ける制限は機能障害のみに起因するものではなく、社会におけるさまざまな障壁と相対することによって生ずるとするいわゆる「社会モデル」の考え方を踏まえ、障害者の定義を見直し「障害がある者であって、障害及び社会的障壁により継続的に日常生活又は社会生活に相当な制限を受ける状態にあるもの」とした（二条一号）。その際、「障害」の範囲について、改正前は「身体障害、知的障害又は精神障害」を「障害」と総称していたところであるが、発達障害や難病等に起因する障害が含まれることを明確化する観点から、「身体障害、知的障害、精神障害（発達障害を含む。）その他の心身の機能の障害」を「障害」とした。」

2　この「社会的障壁」の除去に関して次のように規定している。

第五条　行政機関等及び事業者は、社会的障壁の除去の実施についての必要かつ合理的な配慮を的確に行うため、自ら設置する施設の構造の改善及び設備の整備、関係職員に対する研修その他の必要な環境の整備に努めなければならない。

第七条第二項　行政機関等は、その事務又は事業を行うに当たり、障害者から現に社会的障壁の除去を必要としている旨の意思の表明があった場合において、その実施に伴う負担が過重でないときは、障害者の権利利益を侵害することとならないよう、当該障害者の性別、年齢及び障害の状態に応じて、社会的障壁の除去の実施について必要かつ合理的な配慮をしなければならない。

第八条第二項　事業者は、その事業を行うに当たり、障害者から現に社会的障壁の除去を必要としている旨の意思の表明があった場合において、その実施に伴う負担が過重でないときは、障害者の権利利益を侵害することとならないよう、当該障害者の性別、年齢及び障害の状態に応じて、社会的障壁の除去の実施について必要かつ合理的な配慮をするように努めなければならない。

3　「ルール・慣行の柔軟な変更の具体例」では、①学校、社会教育施設、スポーツ施設、文化施設等において、障害者が立って列に並んで順番を待っている場合に、周囲の理解を得た上で、当該障害者の順番が来るまで別室や席を用意すること、②スクリーンや板書等がよく見えるように、スクリーン等に近い席を確保すること、③他人との接触、多人数の中にいることによる緊張により、不随意の発声等がある場合、緊張を緩和するため、当該障害者に説明のうえ、施設の状況に応じて別室を準備すること、④点字を使用して学習する児童生徒等のために、授業で使用する資料等を点訳したり、テキストデータを事前に渡したりすること、⑤聞こえにくさのある児童生徒等の外国語のヒアリングの際に、音質・音量を調整したり、文字による代替問題を用意したりすること、⑥知的発達の遅れにより学習内容の習得が困難な児童生徒等に対し、理解の程度に応じて、視覚的に分かりやすい教材を用意すること、⑦肢体不自由のある児童生徒等の体育の際に、上・下肢の機能に応じてボール運動におけるボールの大きさや投げる距離を変えたり、走運動における走る距離を短くしたりすること、⑧慢性的な病気等のために他の児童生徒等と同じように運動できない児童生徒等に対し、体育の実技ではなく、同じ場で実施可能な別の課題を与えること、その他の項目が掲げられている。
4　同条例は前文の中で、あらためて、「障がいのある人に対する障がいを理由とする差別及び偏見並びに障がいのある人に対する支援及び理解の不足により、障がいのある人が自らの意思により選択することを妨げられ、将来の夢や希望を諦めざるを得なかったり、その家族、特に障がいのある子の親が子を残して先に死ぬことはできないと切実に思い悩む等障がいのある人やその家族が社会の中で暮らすことに困難を感じ苦しんでいる状況が存在する。」と指摘している。
5　岡田行雄編著『非行少年のためにつながろう！　少年事件における連携を考える』（現代人文社、二〇一七年）一〇頁以下を参照。
6　知名健太郎定信《さだのぶ》「付添人による就労支援と事業者との連携の課題」前掲・岡田編著、二四頁以下を参照。
7　たとえば、原田和明「発達障害のある少年を中心とした福祉と刑事司法の連携」浜井浩一・村井敏邦『発達障害と司法』（現代人文社、二〇一〇年）二〇〇頁以下など。
8　大杉光子「『司法と福祉の連携』における弁護士の立ち位置――目的は、再犯防止ではなく、社会における生活再建である」『季刊刑事弁護』八五号（二〇一六年）七二頁以下などを参照。
9　熊本少年友の会会長・青山定聖「熊本少年友の会の活動」などを参照（ＨＰ）。熊本少年友の会は会員数が多数に上り、地域の力で子どもの成長を支えるという大きな理想を持って活動している。熊本県弁護士会にとどまらず、もっと幅広く地域社会で子どもの成長・発達に関わっている大人たちの集まりの「少年非行を考える民間連絡会」を設置して、「少年の立ち直りをいかに支えるか」という共通の想いを持った大人たちが一堂に会し、自らの経験や活動を語りあう会を年に一、二回開催しているという。
「裁判所の友の会への理解や相互の意思疎通を継続する活動」として、友の会と家庭裁判所との懇談会・懇親会が友の会設立当初から年一回開催されている。「弁護士会との連携を強化する活動」も年一回開催されており、出席者は弁護士会側から会長ほか二〇名程度、友の会側から会長ほか三〇名程度が参加し、双方の付添人同士の個人的な信頼感を深める場ともなっている。弁護士会の新入会員に対しては、必ず熊本少年友の会に関する研修の場を設けているという。
10　松村尚美「熊本職親の会の活動を通した非行少年の就労事例と就労における課題」前掲・岡田編著、四一頁以下のほか、前掲・青山定聖「熊本少年友の会の活動」などを参照。

松村によると、職親側の課題として、少年からのニーズに対応できていない、職親の活用方法を関係者に周知できていない、という二つの課題があるという。少年からのニーズに対応できていないのは、職種と住環境の問題で、業種が多様化してきたといってもまだ土建業が中心であることは否めず、少年が選択できる職種が限られてしまう。女子や体力のない男子などは適当な職を見つけてもらえないことが多々ある。最近は発達障害や軽度の知的障害を抱えている少年が相当数いることもわかってきた。職親としても、少年の多様な特性に対応できるよう、今後もっと職種を増やしていく必要がある。少年の住まいの問題も課題で、社員寮付きや住み込みができる職場という要請はとても多いが、それには対応できていないのが現状である。しかし、職親にさらに住まいまで用意せよというのは酷な話で、本来は自立援助ホーム等の建設、里親制度の活用などといった形で社会が対応すべき部分ではないかという。

11　古田哲郎「「子どもの司法と精神保健・福祉を考える会（熊本）」について」（前掲・岡田編著）一一七頁以下などを参照。

12　同右、一一九―一二〇頁。

13　前文は、「医師、患者、社会一般という三者間の関係は近年著しく変化している。医師は、常に自己の良心に従い、患者の最善の利益のために行動すべきであると同時に、患者の自律と公正な処遇を保障するためにも同等の努力を払うべきである。本宣言は医療従事者が是認し、推進すべき患者の主要な権利のいくつかを列挙したものである。医師およびその他の医療に従事する者・機関はこれらの権利を認容し擁護する共同の責任を有する。法律や政府の措置、あるいはその他いかなる機関や組織であろうとも患者の権利を否定する際には、医師はその権利の保障あるいは回復のため適切な手段を講じねばならない。」と謳っている。

14　興味深いのはアイスランド「患者の権利に関する法律（一九九七年第七四号）」がその第一条の「目的」規定において、「この法律は、患者に一般的な人権及び人間の尊厳に基づく特別な権利の存在を保障し、かつ保健サービスに関する彼らの法的地位を強化し、患者と保健従事者の間に存在すべき信頼関係を支援することを目的とする。患者を性、信仰、信条、国籍、人種、肌の色、経済的地位、家族関係又はその他の立場の違いによって差別することは禁止される。」と規定している点である。同旨の規定は、デンマーク「患者の権利に関する法律（一九九八年第四八二号）」にもみられる。その第一条は「この法律は、患者の尊厳、不可侵性及び自律性の確保に貢献しなければならない。この法律は、さらに、患者と保健従事者との関係の信頼及び秘密の保持に貢献しなければならない。」と規定している。

15　赤池一将「刑事施設における医療——日仏における改革の比較をとおして」菊田幸一・海渡雄一編『刑務所改革——刑務所システム再構築への指針』（日本評論社、二〇〇七年）一二〇頁。

16　行刑改革会議第七回会議（平成十五年十一月十七日）別添資料一「行刑改革会議海外視察結果報告書」六一頁等を参照。

17　どのような家族会が設置されているかについては、精神保健福祉センター・保健所・市町村などが連絡先、入会方法、活動内容などの具体的情報を提供している。

第十章　真の修復的司法

1　犯罪被害者等の保護・支援

犯罪被害者等基本法の制定

「犯罪被害者等の多くは、これまでその権利が尊重されてきたとは言い難いばかりか、十分な支援を受けられず、社会において孤立することを余儀なくされてきた。さらに、犯罪等による直接的な被害にとどまらず、その後も副次的な被害に苦しめられることも少なくなかった」（基本法前文）との認識の下、「国民の誰もが犯罪被害者等となる可能性が高まっている今こそ、犯罪被害者等の視点に立った施策を講じ、その権利利益の保護が図られる社会の実現に向けた新たな一歩を踏み出さなければならない」（同）として、二〇〇四（平成十六）年に犯罪被害者等基本法（同年法律第一六一号）が、犯罪被害者等（犯罪及びこれに準ずる心身に有害な影響を及ぼす行為の被害者、その家族及び遺族）の権利・利益を保護することを目的に制定された。

同法では、犯罪被害者等のための施策に関する基本理念が規定された。

①犯罪被害者等は個人の尊厳が尊重され、その尊厳にふさわしい処遇を保障される権利を有する。
②被害の状況及び原因、犯罪被害者等が置かれている状況等の事情に応じた適切な施策を講じる。
③再び平穏な生活を営めるまでの間、途切れることなく支援を行う。

④国民の総意を形成しながら展開される、ことなどが基本理念とされた。

国、地方公共団体、国民の責務のほか、施策の基本事項についても規定され、総合的かつ計画的に推進し、関係団体も含めた連携協力等を図ることとされた。国等の基本的施策は、

①相談及び情報の提供等（第十一条）
②損害賠償の請求についての援助等（第十二条）
③給付金の支給に係る制度の充実等（第十三条）
④保健医療サービス及び福祉サービスの提供（第十四条）
⑤犯罪被害者等の再被害防止及び安全確保（第十五条）
⑥居住及び雇用の安定（第十六―十七条）
⑦刑事に関する手続への参加の機会を拡充するための制度の整備等（第十八条）
⑧保護、捜査、公判等の過程における配慮等（第十九条）
⑨国民の理解の増進（第二十条）
⑩調査研究の推進等（第二十一条）
⑪民間の団体に対する援助（第二十二条）
⑫意見の反映及び透明性の確保（第二十三条）、である。

基本法の制定を受けて、二〇〇五（平成十七）年十二月二十七日に犯罪被害者等基本計画（第一次基本計画）、二〇一一（平成二十三）年三月二十五日には第二次基本計画が閣議決定され、日本の犯罪被害者等施策は大きく進展した。

例えば、重点課題の一つである「損害回復・経済的支援等への取組」に関しては、第一次基本計画下にお

いて犯罪被害給付制度の拡充や損害賠償命令制度の創設等が図られ、第二次基本計画下では犯罪被害給付制度のさらなる拡充が行われた。

また、「支援等のための体制整備への取組」に関しては、地方公共団体における犯罪被害者等支援体制の整備が促進され、第一次基本計画下ですべての都道府県に犯罪被害者等のための総合的対応窓口が整備された。第二次基本計画下では市区町村においても窓口の設置が促進され、二〇一五（平成二十七）年四月現在、約九〇％の市区町村に総合的対応窓口が整備された。

「内閣の重要政策に関する総合調整等に関する機能の強化のための国家行政組織法等の一部を改正する法律」（平成二十七年法律第六六号）が二〇一六（平成二十八）年四月一日から施行されたのに伴い、それまで内閣府が担ってきた犯罪被害者等施策が国家公安委員会（警察庁）に移管されることになった。第二次基本計画の計画期間が二〇一五（平成二十七）年度末で終了することから、国家公安委員会によって策定された第三次基本計画が二〇一六（平成二十八）年四月一日に閣議決定された。その期間は二〇一六（平成二十八）年四月一日から二〇二一（平成三十三）年度末までの五か年とされた。第三次基本計画でも、

①損害回復・経済的支援等への取組
②精神的・身体的被害の回復・防止への取組
③刑事手続への関与拡充への取組
④支援等のための体制整備への取組
⑤国民の理解の増進と配慮・協力の確保への取組、が五つの重点課題とされた。

そのうち、③は、「犯罪被害者等にとって事件の正当な解決は、その回復にとって不可欠であり、また、解決に至る過程に関与することは、その精神的被害の回復に資する面もある。もとより、刑事に関する手続

や少年保護事件に関する手続は国家及び社会の秩序維持、個人の人権の保障、少年の健全育成等の考量困難な種々の要請に応えるものでなければならないが、そのことを前提としつつ、「事件の当事者」である犯罪被害者等がこうした手続に適切に関与できるよう、その機会を拡充する取組を行わなければならない」というものである。

犯罪被害者も孤立する

それでも、犯罪被害者等がいかに今でも厳しい状況に置かれているか、現実は私たちの想像を超えるものがある。加害者のみならず被害者も排除しているというのが、私たちの社会の今の現実だからである。中世の仇討に見られるように被害者が加害者に反転する。反転を強いられている。その背景に国及び社会の被害者政策の貧困がある。「犯罪者」（被疑者・被告人・受刑者・元受刑者・犯罪少年など）の人権を語る刑事法研究者にとって、犯罪被害者の人権をいかに守るかは絶対に回避できない問題である。しかし、ここでも二者択一的な議論しかなされていないのが現状である。この議論によって「犯罪者」の人権も犯罪被害者の人権も「安全・安心社会の実現」という日本版刑罰国家の国策の枠内に封じ込められている。弟を殺された原田正治さんは、事件後に心に張り付いたイメージをある新聞記事のなかで次のように語っている。

高いがけの下に加害者の手で突き落とされた［中略］被害者家族がいる。全身傷だらけだ。がけの上では、司法関係者やマスコミや世間の人が「かわいそうに」と言って、加害者やその家族を突き落とそうとしている。が、誰一人として「上に引き上げてやるぞ」と原田さんに手を差し伸べてくれない。高みの見物の人々は、がけの上から加害者を突き落とすことに夢中だから…。[1]

原田さんは、弟さんを殺して死刑が確定した人のことを「長谷川君」と呼ぶ。その長谷川君の死刑が確定してまもなく、長谷川君の息子が自殺した。二〇歳という若さだった。その数年前には長谷川君の姉も自殺している。いずれも遺書は残されていなかったが、父であり弟である長谷川君のことで思い悩んだ末のことと原田さんは受け止めている。原田さん自身は一九九八（平成十）年に脳出血で倒れ、しばらく車椅子の生活を送った。今も後遺症を抱えている。妻とは離婚し、住み慣れた町を離れてひとり暮らしをしている。「事件」があったから病気や離婚があったとは言い切れない。しかし、多くの人の人生が暗転した遠因であることには間違いないのではないか。

長谷川君の家族もまた被害者だと原田さんは言う。

一番悪いのは、長谷川君や共犯者です。だけどそれだけじゃない。今の社会には「排除の構造」があり、いったん事件が起きると被害者も加害者も社会から排除されてしまう。そういう意味では加害者側の家族や親族も被害者だと思うのです。

被害者も排除されるというのは理解されにくいかもしれませんね。実際に、親族が殺された人が職を失うこともあります。「殺される理由があったんじゃないか」などと言われたりして居づらくなるのです。悲しんでいれば「いいかげんに気持ちを切り替えろ」と言われるし、笑っていれば「もう忘れたのか」と言われる。被害者も孤立させられるのです。[2]

最高検察庁刑事政策推進室の設置

国の犯罪被害者等施策の中でも抜き出ているのは刑事手続への関与拡充の取組みである。二〇一六（平成二十八）年六月、最高検察庁に刑事政策推進室が設置された。

同推進室では、警察庁をはじめとする犯罪被害者等の保護・支援に携わる関係機関と緊密な情報交換を行っているほか、専門家からの助言を受けるなどして、犯罪被害者等の保護・支援にとって有用かつ最新の情報を収集し、それらを各地の検察庁に随時発信するなどの活動を行っている。「私たち検察庁は、これからも、犯罪被害者等の方々の置かれた立場に対する理解を深めるとともに、その気持ちに寄り添いながら、犯罪被害者等の方々に必要な支援を提供することを心がけていきたい。」とある。

この刑事手続への関与拡充が、少年非行・少年犯罪の分野においても、少年法の一部改正による、少年審判手続の刑事手続化の促進、保護処分の刑事処分化、重大事件の原則逆送化、重大少年事件の死刑を含む重罰化などのほか、少年年齢の引き下げなどを推進するうえで大きな理由とされていることは六章で紹介した。

2 修復的司法の提唱

修復的司法とは

論者によると、修復的司法は「被害者・加害者・コミュニティの癒し、回復、再生」を課題とするもので、犯罪を「人々やその関係に対する侵害・害悪」であると捉え、犯罪はこの害悪を修復すべき義務を生み出し、司法システムは被害者、加害者、及びコミュニティの関与のもと、回復や和解を進めるべきとされる。そのため、司法システムには、まず被害者の被った害悪を明らかにして、被害者のニーズを把握し、加害者に対して害悪の修復を要請することが求められる。被害者及び加害者が望む場合には話し合い（感情の表明、被害状況の説明、謝罪、和解等の場）の機会が提供される。その結果を刑事司法機関にフィードバックするなどと説かれる。[3]

日本では、「少年対話会」や「被害者心情伝達制度」などがあるだけで、海外で導入されているような修復的司法の理念を直接反映したような公式の制度は設けられていない。このうち、少年対話会は、警察の捜査の段階で少年が自分の行った軽微な非行や更生について保護者や被害者などとともに相談することができる機会を与える制度である。他方、被害者心情伝達制度というのは、執行猶予や仮釈放、仮退院などに伴う保護観察において被害者等から被害に関する心情、被害者等の置かれている状況または保護観察対象者の生活もしくは行動に関する意見の伝達の申出があったときは、保護観察所の長が当該心情等を聴取し、保護観察対象者に伝達する制度である。刑や処分が確定された受刑者や少年に対しては被害者の受けた損害の本当の大きさや内容を理解させることが再犯防止や更生に効果があるとの期待から、刑事施設や少年院で被害者の視点を取り入れた処遇プログラムが導入されている。

修復的司法については、それを通じた加害者の内面への国家の介入や、被害者が許していないことを理由にした加害者に対する永久的な監視・管理の許容などといった原理的な問題のほか、日本では被害者側に加害者と会うことへの拒否感が強いケースが多いこと等の問題も指摘されている。被害者と加害者との対話を支援する目的で設立されたＮＰＯが解散に追い込まれるという事態も生じている。

岡山仲裁センターの実践例

理由は一様ではないが、修復的司法はとりわけ少年司法の分野において議論されることが多い。修復的司法の実践も世界的に見ると成人事件よりも少年事件において先行しており、日本の場合は修復的司法の公的な実践例は少年の犯罪・非行事件にのみ見られる。「岡山仲裁センター」もその実践例の一つである。

岡山仲裁センターは、岡山弁護士会により、仲裁人を交えて解決を図る裁判外紛争解決手続（ADR）を扱う機関として一九九七（平成九）年三月に設立された。同センターが少年犯罪事件を扱うに至ったのは、同センター所属の弁護士がADRの手法によって刑事事件の被害者が加害者と直接対面し、反省と謝罪を要求したり、真に知りたい情報を入手したり、被害の実情や心情を伝えることができるのではないかと考えたことによる。対話は被害者・加害者のいずれからも申し立てることができ、当事者の年齢や被害の程度を問わない。事件が刑事訴訟・民事訴訟に係属中かどうかも問わない。当事者の合意があれば両者の家族、勤務先の上司、保護司等も参加できる。申立て手数料として申立人・相手方にそれぞれ一万円、期日手数料（仲裁期日ごとの支払い）としてそれぞれ五千円が課される。

仲裁人にはセンターの運営委員会又は当事者双方の意思により原則として弁護士が選任される。事前準備として仲裁人は加害者・被害者に別々に会い、手続を説明し、主張・心情を聞く。この事前準備は被害者にとっては対話に臨むかどうかの判断の機会としての意義がある。いずれかが対話を望まない場合には手続を打ち切る。加害者が無罪を主張する場合や当事者の主張が著しく異なる場合には仲裁人の判断で手続を打ち切ることもある。被害者が代理人弁護士を選任していない場合、仲裁センターが無償で被害者支援弁護士を選任する。対話は弁護士会館の仲裁室等において行い、原則として三回の対話を目標とする。対話の結果、何らかの合意に達した場合で当事者双方の希望がある場合には、これを文書により確認する。[4]

同センターが扱った仲裁の事例として、一九九五（平成七）年に当時中学三年生の五人の少年が高校一年生の被害者に暴行を加えた傷害事件の仲裁の事例が紹介されている。

被害者の両親は加害少年及びその親を相手方として慰謝料の支払いを求める調停を申し立てたが、調停が不成立となったので、別の裁判所に対し加害少年等を被告として慰謝料の支払いを求めて訴訟を提起した。そこで加害少年等の代理人の弁護士が被害者等を相手方として話合いによる円満な解決を求めて仲裁センターに仲裁を申し立てた。同センターは弁護士と臨床心理士を共同仲裁人として選任した。仲裁は二度行われ、最初の仲裁は被害者、加害者と個別面接をし、二度目は被害者と加害者が同席した。同席しての話合いは感情的なやりとりもあったが、加害者側からの謝罪もあり、和解案として加害者が被害者に謝罪する、加害者が被害者に損害賠償をする、被害者は損害賠償請求事件の訴えを取り下げること等の内容を確認して当事者全員が調印したとされる。[5]

修復的司法の活用類型と実現可能性

向井紀子、大月昌代の研究によると、修復的司法の現行手続への活用の類型として、①家庭裁判所送致前の段階、②試験観察の段階、③少年審判の段階、④矯正の段階、⑤保護観察の段階、があり得るとされ、その実現可能性などが各検討されている。[6]

①については、ダイバージョン的な効果を持つので、現行少年法の下で直ちに実現することはできず、ダイバージョンの前提である選別・措置制度が不可欠になる。

②についても、罪を認めることを前提とするのであれば、推定無罪の原則に抵触しないかどうか検討の余地があり、また少年の教育的効果を重視すると事案によっては修復的司法の内容が過大となり得るという問

題がある。

③についても、犯罪が被害者に与える影響は人によって異なり得るため、合意事項は当事者によって結果が大きく左右され、結果の公平性を担保できない可能性がある。調停の結果に不服がある場合に通常の審判手続に移行する方法を採用するとすれば、調停手続を刑事司法手続から区別して独自性を主張すること自体の存在意義が問われるという問題に加えて、審判の結果が出る前に修復的司法に参加することは犯罪少年が犯罪を行ったことを前提にすることになり、推定無罪の原則への抵触が問題となる。

④については、仮退院の時期は自分を客観視することのできる時期であること、また、被害者側でも加害少年の改善が進むことは許しの気持ちを強める契機でもあり、加害少年が被害者への慰謝の行動に出ることは社会にとっても犯人の社会復帰を受け入れる気持ちを強める契機となる。さらに、すでに犯罪事実の認定がなされ、処分も決定された段階であるため、少年審判手続への影響や適正手続の保障といった問題は生じない。

⑤についても、外国の実証研究では、少年を対象とした修復的司法に一定の再犯防止効果が認められている。また、矯正段階と同様に、少年審判手続への影響や適正手続の保障といった問題は生じず、修復的司法の効果として期間短縮措置（犯罪者予防更生法第三十三条第四項）を採り得る。

修復的司法の実現可能性についての検討は、次のように締めくくられている。

現段階でどのような方法が実現可能かを判断することは難しい問題であるが、すでに犯罪事実の認定がなされ、少年の処分が決定された後の矯正、保護観察の段階において、被害者との間で対話等を行うのであれば法的問題は少ないと考えられる。その場合であっても、公平・公正な手続の保障、過大な責任の回避、二次被害の防止のために、具体的なルール・基準の設定、運用における十分な経験・訓練が不可欠であると考える。[7]

民間による修復的司法は日本の場合、活用が低迷しており、大阪府でも被害者と加害者との対話を支援する目的で設立されたＮＰＯが解散に追い込まれたと報じられている。

少年院では、神戸児童連続殺傷事件を受けて一部改正された矯正局長依命通知「少年院の運営について」が発出・実施された一九九七（平成九）年九月九日から、被害者の視点を取り入れた教育が矯正教育の一環として開始されている。[8] これは従来、生活指導の一部として行われていた非行の反省を深め、再非行を防止する働きかけを発展させ、命の大切さについて考えさせるとともに、被害者に対する償いはどのようにすべきかを考えさせるものである。刑務所でも、名古屋刑務所事件に端を発する行刑改革として監獄法を全面改正して「刑事収容施設及び被収容者等の処遇に関する法律」（平成十七年五月二十五日法律第五〇号）が施行された二〇〇六（平成十八）年五月二十四日から、こうした教育が開始されている。

3　死刑について

修復的司法の問題点

修復的司法については原理的な問題点の存在も指摘されている。アリーゴ（Bruce A. Arrigo）による批判は有名で、従来の修復的司法の理論および実践が有する欠点をまとめる作業のなかで、ハリス（M.K. Harris）

による修復的司法の批判を次のように整理している。[9]

修復的司法の問題点の第一は、犯罪に関する事柄を私事化することにより、加害者と被害者の対話（VOM　Victim Offender Mediation）の仕事を、特定のコミュニティ内部で平和裏に加害者と被害者を和解させるための方法を決定するための闘いにおける間に合わせ的な努力に過ぎないものにしてしまうことである。問題点の第二は、VOMの焦点を極端に狭いものにし、その結果として、犯罪行為を発生させるに至らしめた文化的、政治的、経済的等の構造的な諸要因から目をそらさせてしまうことである。問題点の第三は、VOMにおいて強制的言説がどのように作用しているかを検証するのを怠っていることである。

アリーゴは、このようなハリスらの批判をさらに発展させ、修復的司法の欠点を、第一に階層的な表象の特権化であり、第二に秩序を前提とすることであり、第三に理想的発話行為及び理想的合意形成力学の称賛であり、第四に他の言説を犠牲にしての法的言説の継続的な侵犯であり、第五にマクロ的な領域とミクロ的な領域とを結合させた戦略の欠如である、とまとめている。[10]

犯罪被害者・遺族の苦しみを知ることによって、加害者に自己の犯した罪の重さを体感させ、反省を促す一助にする。他方、加害者の反省を犯罪被害者・遺族の癒しの一助にする。こうした関係を作ることは現実に可能であろうか。きわめて難しいといえよう。

犯罪被害者・遺族がその苦衷《くちゅう》を他者に、なかでも加害者に語り得るかというと、ことは簡単ではない。それが「第二次被害」にならないようにするためには格段の配慮が必要となるが、このような配慮は用意されていないのが一般だからである。加害者についても格段の配慮が必要となるが、これもまた用意されていないのが一般である。このような状況の下では、修復的司法は反対の結果を招きかねない。

「死刑は待ってほしい」

修復的司法を考える上で重要なのは犯罪被害者・遺族の想いである。重罰、なかでも死刑を望んでいるかどうかである。犯罪被害者は厳罰を望む、ときには極刑を望むこともあると語られる。しかし、果たして本当だろうか。前述の原田正治さんは、この点についても次のように語っておられる。

死刑制度を肯定する人たちは、よく「被害者の感情を考えれば、死刑も必要だ」と言います。確かに僕も一時は死刑を望みました。だけど怒りや混乱のなかで、死刑や死刑制度がどういうものなのかも考えたことも知識もなく、感情的になっていたのです。長谷川君と交流するうちに、彼から直接謝罪を受けることが何よりの癒しになることに気づいたから「死刑にするのは待ってほしい」と何度も法務省に申し入れたのですが聞き入られませんでした。裁判所や法務省は死刑判決や死刑執行の際に「被害者感情を鑑みて」と言います。だけど「死刑は待ってほしい」と主張しても執行するなら、被害者感情など考慮していないということではないでしょうか。少なくとも僕はそう感じています。

死刑が執行されてもされなくても、僕の苦しんできたことは消えませんし、弟が生き返るわけでもありません。長谷川君がしたことへの怒りもなくなることはありません。「被害者感情」とは、そんな単純なものではないのです。［中略］だけど死刑制度を支持する人は、「悪いことをしたんだから死刑でいい」「被害者の気持ちを考えれば死刑しかない」と言います。それで被害者の苦しみも解決すると思っている。僕が違うことを感じたり、死刑廃止の運動をすると、「被害者のくせして」「被害者なのに」と非難する人も多いです。被害者はひたすら加害者を憎み続け、死刑を支持し、執行されたら気持ちを切り替えなければいけないのでしょうか。僕を非難する人に問いたい。「じゃああなたは僕が困っている時に手を差し伸べてくれましたか」「被害者の気持ちがわかるなら、その人たちのためにできることを考え、奔走しているんですか」と。[11]

原田さんが指摘されるように、日本の社会は、犯罪の被害者や遺族自らが語り出したくなるような、そんな開かれた場を果たして持っているのだろうか。その語りをしっかりと受けとめようとする姿勢を持っているのだろうか。犯罪の被害者や遺族、そして死刑囚の家族を黙らせてしまっているのはほかならぬ私たちではないだろうか。

原田さんが事件後、死刑や死刑制度について考えるようになり、長谷川君の上告審の弁護を担当した弁護士を訪ね、アドバイスを受けたうえで「(今は)死刑を望まない」と書いた上申書を最高裁に郵送したことは救いである。一般論としての死刑廃止ではなく、長谷川君の減刑でもなく、僕が納得するまで彼と会わせてほしい、そのために死刑はまだ執行しないでほしいという気持ちからだったという。原田さんはその後、何度も死刑停止を求める嘆願書を法務省に提出した。二〇〇一(平成十三)年には当時の高村正彦法務大臣と直接会って上申書を渡した。しかし、大臣と会った数か月後に長谷川君の死刑が執行された。国は被害者と加害者から対話の機会を永遠に奪った。

アメリカ合衆国における死刑廃止

アメリカでは、ニューメキシコ州（二〇〇九年）、イリノイ州（二〇一一年）、コネチカット州（二〇一二年）、メリーランド州（二〇一三年）というように死刑廃止に踏み切る州が増えている。死刑執行を停止した州も、コロラド州（二〇一一年に州知事が死刑囚一人の刑の執行を無期限に延期）、オレゴン州（同年、州知事が死刑執行停止を表明）、ワシントン州（二〇一四年、州知事が死刑執行停止を表明）というように拡大している。その結果、二〇一八年一月現在、死刑を廃止した州が一七州、死刑は憲法違反であるとされた州が三州、一九七六年以降死刑を執行していない州が三州となっており、合わせると二三州に達している。

その推進力になっているのが原田さんのような犯罪被害者の人たちである、日本でも原田さんたちがまいた一粒の種が芽を出し、社会を動かしていくことを願いたい。そうすれば、希望への道も開かれることになろう。少年司法改革においても、弁護士付添人と並んで、その果たす役割は大きい。この希望への道を塞いでいる厚い壁をどうすれば打ち砕くことができるのか。犯罪被害者・遺族の方々に対する支援も社会モデルの対象とされなければならない。

1　毎日新聞二〇〇七（平成十九）年七月二十三日夕刊を参照。
2　人権情報ネットワーク「ふらっと」ＨＰ内で読むことができる。
3　高橋則夫『修復的司法の探求』（成文堂、二〇〇三年）などを参照。
4　高原勝哉「岡山仲裁センターにおける犯罪被害者と加害者の対話の試み」所一彦他編『犯罪の被害とその修復　西村春夫先生古希祝賀』（敬文堂、二〇〇四年）二七四頁以下。向井紀子・大月晶代「修復的司法　少年司法との関係を中心に」『レファレンス』十月号（二〇〇五年）八五頁以下などを参照。
5　同右、高原、三一八頁以下、向井・大月、八六頁などを参照。
6　ダイバージョンとは、犯罪事件を刑事手続で処理することを回避し、他の非刑罰的方法に回して処理することをいう。アメリカでは一九六〇年代後半から犯罪が増加し、刑事司法機関の負担を軽減するため、軽微な事件や交通事件、青少年犯罪などについてこのダイバージョンが試みられた。日本でも、道路交通法違反に対する反則金制度などが導入されている。自動車（重被牽引車を含む）または原動機付自転車の運転について軽微な交通違反（「反則行為」）の事実を警察官または交通巡視員により認められた者が警視総監又は道府県警察本部長から通告のあった反則金を一定期間内に納付した場合、その違反行為について公訴を提起されず、又は家庭裁判所の審判に付されないものとする制度である。自動車交通の増大に伴い、道路交通法違反事件の件数が飛躍的に増大し、検察庁・裁判所の活動を著しく圧迫するに至ったので、その負担を軽減すべく、一九六八（昭和四十三）年に制度化された。刑事手続内部における微罪処分（微罪でとくに処罰の必要のない者に対してなされる検察官による不起訴処分）や起訴猶予処分などもダイバージョンの一態様に含められることがある。

7　前掲・向井・大月、八八頁以下などを参照。

8　この点で注目されるのは、二〇〇四（平成十六）年三月十一日に内閣府によって設立が認証された千葉県松戸市の「NPO法人対話の会」（山田由紀子理事長・弁護士）である。定款によると、「この法人は、修復的司法の理念に基づき、少年犯罪の被害者と加害少年、いじめられた子どもといじめた子どもなど、対立的問題をかかえる当事者およびそれぞれの家族や地域の人々が被害回復と立ち直りなど問題の修復を目指して話し合う「対話の会」を実施する事業その他の修復的司法を実践し広める事業を行うことを目的とする。」とされる。

平成二十八年度の事業報告書によると、「八街少年院での「被害者の視点を取り入れた教育グループワーク」は、標準生について月二回開催とした。今後、到達度の検討を進めていく。平成二十九年四月現在は、長期生月一回の授業を行っている。」「平成二十八年十月二十九日、法務省矯正局主催の再犯防止シンポジウムにて、理事長がパネリストとして参加した。」とある。少年についての修復的司法を法務省矯正局、少年院と連携して実践しているのが特徴である。

9　Bruce A. Arrigo, Postmodernism's challenges to restorative justice in Dennis Sullivan & Larry Tifft editors, *Handbook of Restorative justice: A Global Respective* (London, New York: Routledge, 2006) P138. 宿谷晃弘「修復的正義における批判と実践——Arrigo の修復的正義論の検討」『比較法学』四一巻二号（二〇〇八年）一六三頁以下などを参照。

10　同右 p477. 宿谷、一七〇頁などを参照。

11　本章・註 2 のＨＰ内を参照。

第十一章　当事者が世界を変える

1　自傷と他傷

閉ざされた空間

日本の家庭は今や閉ざされた空間になっている。地域社会と家庭の関係が希薄になっており、核家族化が進んで「単身世帯」も出現している。子どものいる世帯も全世帯の二三・四％（平成二十八年）に過ぎない。その子育て家庭も、閉ざされた空間による孤立感などから不安や負担を抱えやすい状態に陥っている。

少年非行の背景にもその影響が濃厚である。三章で挙げた『重大少年事件の実証的研究』によると、単独で重大事件を犯した少年の家族関係の特徴について、親自身に余裕がない、「しつけ」と「虐待」のはき違え、親の期待の強さ、両親はそろっているがコミュニケーションが乏しい、夫婦の絆の弱さ、少年を過大視する親、母親や母親に代わる者への基本的な信頼感のなさ、「よい子」「理想の姿」だけを求めている、母をサポートできず男性モデルにならない父、祖父母の陰に隠れる父母、などの特徴が挙げられている。これらの特徴は今や子育て家庭全体に認められるようになっている。

そのためか、日本の若者は外国と比べて、親からの愛情に対する意識に大きな差はないものの、家族というときの充実感や家庭生活の満足度は相対的に低い。諸外国と比べて自己を肯定的に捉えている若者の割合が低い。悲しい、ゆううつだと感じている者の割合が高い。うまくいくかがわからないことに対し意欲的に取り組むという意識が低く、つまらない、やる気が出ないと感じる若者が多い。自分の将来に明るい希望を持っていない。日本の若者の意識は、諸外国と比べて社会問題への関与や自身の社会参加について相対的に低いとされる。[1]

『重大少年事件の実証的研究』では、単独で重大事件を犯した少年たちに共通してみられる特徴についても、追い詰められた心理、現実的問題解決能力の乏しさ、自分の気持ちすら分からない感覚、自己イメージの悪さ、歪んだ男性性へのあこがれ、などが挙げられている。

このうち、追い詰められた心理を端的に示すものとして、自殺未遂又は自殺願望などが考えられる。同研究では一〇例中七事例において、重大事件を犯す前に実際に自殺を試みたり、自殺を考えたり、周囲に自殺を相談したりしたことが認められるという。

自殺願望は非行少年に限られない。子どもたちが自ら命を絶つ悲劇が繰り返されている。警察庁の統計によると、二〇一六（平成二十八）年に自殺で亡くなった小中高校生は三二〇人（小学生一二人、中学生九三人、高校生二一五人）で、その三分の二は男子だった。小中高校生の自殺者はこの一〇年、年間三百人前後で推移し、三五〇人を超えた年もあった。厚生労働省によると、一五―一九歳では自殺が死因の一位、一〇―一四歳では二位だとされる。

二〇一六（平成二十八）年の小中高生の自殺の原因を警察庁の統計でみると、「学業不振」など学校問題が最も多く、三六・三％で、次いで「親子関係の不和」など家庭問題が二三・四％を占めている。第三位は「うつ病」などの健康問題で、一九・七％となっている。学業、親子関係が子どもたちに与えている不安、負担の大きさをうかがい知れよう。家庭と同様に学校も子どもたちにとっては閉ざされた空間となっている。

出来の良い子、出来の悪い子

親がいかに自分の子どもに対し「出来の良い子」を期待し望んでいるかを痛感させられる投稿が読売新聞の掲示板サイト「発言小町」に寄せられた。「出来ない子の親　愚痴です」と題されたその内容は次のようなものであった。[2]

勉強も運動も友達付き合いも何一つ飛び抜けたところが無い我が子。
学校行事もタイミング悪い怪我や病気で休みがち。
参加出来ても順位はいつも下から数えた方が早いくらい。
参加することに意義があると自分に言い聞かせてきたけれど、世間並に親として
ワクワク期待しながら楽しんでみたかったたな。
友人間のトラブルも多々、話下手、断り下手を見抜かれて辛い立場ばかり経験して、
母の私はストレスから体調を崩す有様。
本人は本人なりに楽しく、のんびり過ごしているからそれでいいのだと
己に言い聞かせ我慢我慢の日々。
同じ年でもあなた達の子のように優秀じゃないのです。
出来ない子を持つ親の気持ちなんて分かるはずもない。
フォローや指導はしているけれど全然足りない。望むべき水準には届かない。
時々悔しくて辛くて泣いてしまう。

子に罪は無いのに、もう少し優秀なら良かったのに…そう考えてしまう自分も嫌。
出来ないことが多くても飛び抜けて優秀ではなくても元気で健やかならそれで良いのに。
他者が絡むとそれだけでは成り立たないことが多くて時々とても辛くやりきれなくなるのです…

Sion

この「出来の良い子」と「出来の悪い子」という、学校や家庭で頻用されている選別基準も子どもたちを悩ませ、苦しめている。とくに定義があるわけではないが、出来の良い子とは、学校の勉強ができる子、スポーツの得意な子、手間のかからない子、素直な子、教師や親の言うことを聞く子、教師や親の話を静かに聞ける子、教師や親から叱られたら素直にごめんなさいがいえる子、などといわれ、出来の悪い子とは、学校の勉強ができない子、スポーツの苦手な子、素直でない子、手間のかかる子、教師や親の言うことを聞かない子、教師や親の話を静かに聞けない子、教師や親から叱られても素直にごめんなさいと言えない子、などといわれている。

このように、ほとんどの場合、「出来る」か「出来ない」かは、子どもの立場からではなく、教師の立場・親の立場から決定されている。この決定に基づいて、出来の良い子は肯定的に、出来の悪い子は否定的に評価されているといってよい。子どもを大人の思いどおりに扱おうとするもので、それに従えない子を出来の悪い子と一方的に烙印を押しているに過ぎない。

しかし、たとえば「教師や親の言いなりになる子」に育てることは、「子どもの権利条約」が謳う子どもの成長発達権を保障したことになるのだろうか。人格の形成には自主性・自律性の発達が必要不可欠であるが、それと「教師や親の言いなりになる子」の育成は矛盾する場合がある。言いなりになる子に育てた結果、自主性・自律性のない子になってしまったという例もみられる。

親が「こうしなさい」、「あれはダメ」と言うのを無条件に受け入れる子は、一見「良い子」に感じられる反面、「自分はこうしたい」、「自分はこうだ」という自我が育ちにくくなってしまうため、大人になったときに自分の進むべき道を自分で見つけることが難しい。それに対し、親の言うことを全然聞かない子は、一見「悪い子」に感じられるが、逆に「自分はこうしたい」、「自分はこうだ」という自我が芽生えやすくなるため、自分の進みたい道を明確に見つけることができ、大人になってから大成する率が非常に高くなるという人も少なくない。

「学校の勉強ができる子」についても同様に、そのような基準の押し付けは創造的精神、あるいは批判的精神の芽を子どもたちから摘み取ってしまうことにもなりかねない。逆説的だが、「子どもの権利条約」から見た場合、教師・親に反抗する子、いたずらをする子、けんかをする子、おふざけをする子こそが子どもの成長に必要な「子ども期」を享有しているといえるかもしれない。

佐世保女子高生殺害事件

二〇一四（平成二十六）年七月二十六日、長崎県佐世保市で女子高生殺害事件が発生した。被害者は佐世保市内の公立高校に通う女子生徒（当時一五歳）で、遺体が発見されたマンションに住む同級生の女子生徒（当時一五歳）が殺人容疑で緊急逮捕された。

女子生徒は幼い頃から学業が優秀で、スポーツにも積極的で、中学では放送部に所属しており、NHKのアナウンサーが夢だったという。検事になって弁護士の父や弁護士志願者である兄と闘いたいという夢を語ったこともあるとされる。冬季スポーツ種目で国体に出場しており、地元でも知られた存在であった。女子生徒の父親は学生時代はスピードスケートの国体選手で、早稲田大学政経学部を卒業し、県内最大手の法律事務所を経営するなど、佐世保では著名な弁護士であった。実母も東京大学を卒業し、地元の放送局に勤務した後、市の教育委員を務めるなど、教育活動に熱心で、子育てサークルや女性と育児に関するＮＰＯ法人を立ち上げ、出版や講演活動にも勤しんでいた。

しかし、二〇一三（平成二十五）年十月にこの実母が亡くなった後、女子生徒の不登校が続くようになった。翌年三月には寝ている父親の頭を金属バットで殴り負傷させている。中学校を卒業し、高校に入学した同年四月からは市内のマンションで一人暮らしを始めたが、高校にも一学期、わずか三日間しか出席しなかった。その後、五月に父親が再婚した。事件に先立つ六月十日、加害者の女子生徒の診察を以前から担当していた精神科医は父親と協議し、佐世保こども・女性・障害者支援センター（児童相談所）に、女子生徒は精神状態が不安定で人を殺しかねないといった内容の電話連絡を行っていたが、書類決済にとどめられ、対策がとられることはなかった。事件直前の七月二十三日にも加害者は継母に人を殺したいと打ち明けたという。

検察官から女子生徒の送致を受けた長崎家庭裁判所は、二〇一五（平成二十七）年七月十三日、女子生徒に対し医療少年院送致とする保護処分の決定を言い渡した。裁判長は、ＡＳＤ（自閉症スペクトラム障害）が見られるもののそれが犯行に直結したわけではなく、環境的要因の影響もあった旨を述べたと報道されている。[3] 父親は事件から約二か月後の十月五日、自宅で首を吊って死亡しているのを発見された。自殺とみられた。

事件の要因については、母親の死がきっかけとか、生活環境の変化が原因とか、父親の再婚の早さが原因とか、さまざまな見解が発表されている。それ以前からの問題や女子生徒の性癖に注目する見解もみられる。

殺害行為がなぜ、父親にではなく被害女子生徒に向かったかも気になる。女子生徒がどのような本を読んでいたのか、不登校になった理由なども、できれば知りたいところである。[4]

軽々に結論を下すことは厳に慎まれなければならないが、親子の間に大きなボタンの掛け違いがあったことだけは確かであろう。この家庭だけが特別ということではもちろんない。日本では少年非行の多くは自傷行為で、自傷行為が他害行為に転じるのは稀である。殺害行為に至るのは例外中の例外ということになる。[5]

2 対話の回復

審理過程でも重視される親子の相互理解

少年の立ち直りにとって、親子の相互理解は欠かせない。少年が検挙された段階、家庭裁判所送致前と送致後、処遇過程、少年院出院後、それぞれの段階において真摯な対話に基づく相互理解が求められる。

なかでも親子の相互理解が重要なのは少年の身柄拘束に関してである。たとえば、窃盗未遂保護事件の「みなし観護措置」に対する異議申立て事件（札幌家裁平成十五年八月二十八日決定、家庭裁判月報五六巻一号）では、みなし観護措置で少年鑑別所に入所中の少年の異議申立てが受け入れられ、みなし観護措置が取り消された。「みなし観護措置」とは、逮捕され検察官に送致されたときに勾留（一事件につき最大二〇日間）または勾留に代わる観護措置（最大一〇日間）によって身柄を拘束されていた少年は家庭裁判所に送致する際は観護措置の決定がされたとみなされることをいう。

取消しの理由とされたのは、すでに本件非行の全容が明らかになっていること、少年の生活態度にも大きな問題は認められないこと、両親の監督も期待できること、少年がすでに長期間の身柄拘束を受け反省の念を示していること、身柄拘束の継続によって少年がこうむる可能性のある不利益を考慮すると、身柄を拘束してまで心身を鑑別する必要性はないという点であった。

親子の相互理解は処遇決定に当たっても重要である。たとえば、毒物及び劇物取締法違反保護事件の保護処分決定に対する抗告事件（東京高裁平成十四年四月五日判決、家庭裁判月報五六巻九号）では、中等少年院送致決定に対する少年側からの抗告を棄却したが、一般短期処遇によるのが相当であるとの意見を付し、かつ、その旨を裁判所書記官から少年院長に対して通知した。その理由とされたのは、両親との関係が良好でないため不良交友に走ること、保護観察中であるにもかかわらず暴力団組員と交友していることからすると社会内処遇は困難であるが、勤労意欲が認められること、毒物劇物による検挙歴がないこと、常習性まで認められないこと、少年が両親との関係を改善する意欲を表明していることから一般短期処遇課程による教育が相当という点であった。

一方で同じ毒物及び劇物取締法違反に恐喝も加わっている保護事件の保護処分決定に対する抗告事件（東京高裁平成十五年三月十一日決定、家庭裁判月報五五巻九号）では、中等少年院送致決定に対する少年側からの抗告を受けて、原決定が取り消され、原審に差し戻された。その理由とされたのは、非行性に関わる問題点が深いとはいえず、父母が示談を成立させ少年に対する観護の意欲を示していることからすれば、原決定の処分は、一般短期処遇を勧告しているとはいえ、非行事実・要保護性との均衡を著しく欠くもので著しく不当であるという点であった。

他方、窃盗保護事件（さいたま家裁平成十四年十二月四日決定、家庭裁判月報五五巻七号）では、前歴がなく手口も単純で被害金額もさほど多額ではない事案について、要保護性の高さから中等少年院に送致するとともに、保護観察所長に対して親子関係の改善、住居の調整等の環境調整に関する措置が命じられた。アルバイト先の更衣室で従業員の財布から一万五千円を窃取したという事案で、非行事実自体からうかがえる要保護性はさほどでもないが、前歴はないものの過去にも同様の窃取事件を起こしていること、少年は父親に暴力をふるい、その後も収まらないため別居に至っていること、家族は少年に対して住所を教えておらず現状では引取りをできないと拒絶していること、他者に対して感情の制御ができないことなどをもって再非行の危険性は高いと認定された。付添人がついておらず、親との間の環境調整が図られなかったことが影響した。

もっとも、ある触法保護事件（東京家裁平成十四年二月十八日決定、家庭裁判月報五四巻七号）では、一二歳の少年が上級生にからかわれた不快感を紛らわそうとして現住建造物に放火の結果、建造物が全焼し住人一名が死亡したという重大な結果が出た事案について、両親は養育に関心があるものの少年をかばいがちで内省を求める姿勢に乏しいとされたにもかかわらず、合議体で審理し、鑑定結果及び在宅試験観察の結果をふまえて児童相談所に送致されている。調査官主導で在宅試験観察としたうえ、その期間中に調査官の働きかけにより少年の通う学校・児童相談所において指導する態勢が整ったことが影響したものといえる。鑑定人も今後の関与に積極的のようであり、付添人はついていなかったが、調査官・鑑定人と社会資源に恵まれたことが大きかったといえる。[6]

少年院による保護者への働きかけ

佐世保女子高生殺害事件のケースの場合は父親の自殺によりその機会が永遠に失われてしまったが、少年院では収容少年の保護者に対する働きかけが「保護者に対する措置」として実施されるようになった。少年院法（昭和二十三年七月十五日法律一六九号）の二〇〇七（平成十九）年の一部改正により、「少年院の長は、必要があると認めるときは、少年［中略］である在院者の保護者［中略］に対し、その在院者の監護に関する責任を自覚させ、矯正教育の実効を上げるため、指導、助言その他の適当な措置をとることができる。」（第十二条の二）という規定が新たに挿入された。

また、同一部改正を受けて、少年院処遇規則（昭和二十四年九月十二日法務府令第六〇号）も一部改正された。少年院におけるこれまでの積み重ねが明文化されたものである。

少年院では、従来も少年が入院すると、保護者に対して入院通知を出して矯正教育への理解と協力を求めつつ、これまでの養育上の問題や今後の課題等についての意見を聴き、新入生保護者会や中間期・出院準備期における保護者会において、それぞれの段階において少年自身の問題や矯正教育の目標や課題等についての話題で担当者等と話し合うほか、随時面会に来院する保護者と面談し、また随時の教育行事等に参加・出席を求めるなどして親子の交流を深めるなどの活動を行ってきた。

少年院法などの改正の前後から、各施設ではそれぞれが編集した「保護者手帳」という冊子を配布して一層の理解と教育参加への助けとしている。保護者講話や親子で学ぶワークショップなどを開催する施設も増えてきている。保護者に対する働きかけの根拠規定が設けられたことを弾みとして、少年院は、「少年が変わる」施設から「少年も保護者も学び、変わる」学習の場へと、その教育活動を充実させる取り組みに力を入れている。

こうした保護者に対する措置の実施状況と課題などについても、矯正協会付属中央研究所の調査研究によると、概要、次のように分析されている。

「八割以上の保護者に個別的処遇計画について説明していることが明らかとなった。説明が実施されていない理由を見ると、六割以上は保護環境が悪いことに起因すると考えられるものである。これらについては説明の実施が困難であると推察される。これらを除けば、多くの保護者には比較的高い割合で個別的処遇計画についての説明がなされたと言える。ほぼすべての施設で、個別的処遇計画の制度概要だけでなく、個人別教育目標や段階別到達目標などが保護者に伝えられている状況にあることが明らかとなった。教育内容や方法、教育の予定期間についても大半の施設が保護者に説明しており、個別的処遇計画について保護者とほぼ十分共有されていると言えるだろう。

個別的処遇計画における保護者の意向の参酌《さんしゃく》については、三分の二以上の施設が必ず参酌している、もしくは必要に応じて参酌しているとしたものの、四分の一の施設でほとんど参酌していないとしており、施設間で対応に差があることが明らかとなった。[7]

問題は、この「保護者に対する措置」によって保護者にみられる「出来の良い子、出来の悪い子」観などが改善されているかであり、親の自信喪失や脱力感などが癒されているかである。改善されていないとすれば親子のボタンの掛け違いは依然として残ることになり、癒されていないとすれば少年は立ち直りのための最大の社会資源をなくすことになりかねない。保護者に対する措置のさらなる充実が期待される。

立ち直りを支える

「特定非営利活動法人　非行克服支援センター」（所在地・東京都新宿区百人町）が二〇〇二（平成十四）年四月に設立され、同年十二月に法人の認証を受けた。

非行に悩む親を支援し、本人の立ち直りを支えていく活動を中心に子どもの健全育成を進めるための学習、交流、非行相談、立ち直り支援等を日常的に行うとともに、子どもの健全育成にかかわる関係諸施設、機関や関係者との連携・交流を進め、子どもの豊かな成長、非行からの立ち直りに寄与することを目的としている。センターの活動は、子どもの健全育成を進めるための学習・交流・支援者養成事業と、非行問題の専門家、少年司法関係者、経験のある親などが相談員となり共に解決方法を探る非行専門相談からなる。

前者の活動として、全国各地に非行と向き合う親たちの会（自助組織）を組織し、親が安心して悩みを語り合える場を作っている。「非行」を考える全国交流集会（二〇〇〇年から開催）を実務者や研究者・保護者も交えて年に一度開催している。その他、「思春期の子どもと向き合う」（新宿区との協働事業）などをテーマとした連続講座やシンポジウムの開催、「青少年立ち直り体験交流会」（埼玉県の委託事業）の開催、非行問題ボランティア養成のための養成講座の開催などを行っている。また、定期発行誌『ざ　ゆーす』では、関係者が縦割りでなく広く交流し、問題を掘り下げ学び合える場を提供している。

同センターによると、親・少年への支援の経験を踏まえて、事件後の親子の相互理解について興味深い研究が発表されている。二〇一二年度文部科学省一般研究助成最終報告書「非行に走った少年をめぐる諸問題とそこからの立ち直りに関する調査研究」（研究代表者（特定非営利活動法人非行克服支援センター・理事・理事長）能重《のうじゅう》真作）がそれである。立ち直った少年（青年）に対するインタビューに基づいて、立ち直りと親・家族について、概要、次のように分析されている。[8]

立ち直りへのエピソードでは、親との関係について、①自分のことを受け止めてくれる親の存在、②親の悲しむ姿を見て自分のしたことへの気づき、③親の存在そのもの、④親との距離をとれるようになった、などが語られた。

逮捕され勾留されたり、少年院に入ったりすることが、面会に来てくれたり、手紙を書いたりしてくれる親の存在を大きくクローズアップさせる機会になっていることがうかがわれた。［中略］

「親父から、もう勝手にしろ、って言われれば、俺も上等だよってなってたかもしれないけど、やっぱり、しつこいくらい見捨てないでいてくれたので、だから、保っていると思います」という言葉に代表されるように、何があろうと、自分を愛してくれる、支えてくれる、受けとめてくれる家族の存在についての語りがたくさんあった。［中略］そういう親・家族に感謝しているという声も多くあった。［中略］親・家族の存在そのものが自分にとって大きかったということが振り返ってわかるという話も出てきた。

一方、親もいろいろな問題を抱える中で、子ども自身が自分から親との距離をとれるようになっていったという話もあった。自分自身が成長し、客観的に親を見ることができるようになるということが重要であると思われた。

事件を契機とする親と子どもの成長がこのような相互理解をもたらしたといえようか。

親の会

この「立ち直りに関する調査研究」によると、「親の会」の役割の重要性についても、次のようにまとめられている。

親と子が良い距離感を保てるようになるには、思春期に大人と子どもの間を大きく揺れ動いている子どもの成長を親が認め、少し距離を置いて子どもと向き合えるようにすることが近道のように思われる。しかしながら、このような関係を持てるようになるには、親も苦しく険しい道を乗り越えていく必要がある。アンケートでは、自助グループである親の会などで先輩の親たちから、経験談を聞くことや同じ苦しみを抱える親同士が分かち合いをすることなどで救われたという声が多かった。親の会の存在は非常に重要と言えよう。

親の会の活動が全国に広がり出しているのも心強い。非行の子を持つ親や元教師の能重真作さん、元家裁調査官の浅川道雄さんたちが中心となって、東京で「「非行」と向き合う親たちの会」（あめあがりの会）が結成されたのは一九九六（平成八）年である。二〇〇六（平成十八）年三月には、全国に広がる非行と向き合う活動を交流し、励まし合いたいと「「非行」と向き合う全国ネット」が結成された。ネットは日本で最初に結成された「あめあがりの会」が呼びかけ、準備を進めてきたもので、事務所を「非行克服支援センター」内に置き、活動を進めている。

福岡でも「ふくおか「非行」と向き合う親たちの会（ははこぐさの会）」が立ち上げられている。会のホームページでは、代表（能登原裕子）の次のようなメッセージが掲載されている。

度重なる長男の非行に悩み、地域や親族からも白い目で見られ、「あなたの子育てが間違っている」「子どもを甘やかすからだ」と周りから責められ、「私の育て方が悪かった」と自分を責める日々が続きました。そんな時、東京にかけた一本の電話が私を救ってくれました。「お母さん、辛かったね」初めて私を責めることのない言葉でした。気持ちが落ち着いた私は、長男に向き合う元気をもらいました。この経験から、福岡でも、安心して本音で話し合える場があったらと二〇〇三年十一月に、ふくおか「非行」と向き合う親たちの会（ははこぐさの会）を立ち上げました。〃いつも想う〃という花言葉を持つ「ははこぐさ」を会の名前にし、毎月第一土曜日に北九州、第二土曜日に福岡で例会を開いています。

ここにくれば、話せる場所がある、相談できる仲間がいる、参加する親たちの心の支えになる、そんな会運営を心掛けています。

親の会の重要性については誰しも異論がないだろう。ただ、親側の自助努力だけで問題がすべて解決し得るかというと、決してそうではない。非行問題の背景には親子だけではなく、学校や友だちをはじめ、地域社会、政治経済、メディアや世相その他、さまざまな要因が複雑にからみ合っている。学校や友だちの要因も大きいことに鑑みると、学校のサポートなども強く望まれ、それが仕組みとして位置づけられていく制度づくりが必要であろう。

3　更生を支援する元非行少年たち

人生はやり直せる

各地で元非行少年自身による更生支援組織が設立されている。本書の「はじめに」で紹介した「NPO再非行防止サポートセンター愛知」もその一つである。少年院出院者のための全国サポートネットワークの「NPO法人セカンドチャンス！」も元法務教官の大学教員と少年院出院者、法務省矯正局・保護局等のOB、弁護士等によって二〇〇九（平成二十一）年に立ち上げられた。翌年十一月十二日に法人の認証を受けている。定款に記載された目的によると、「この法人は、少年院から出院した者の支援活動及び出院者の支援にかかる啓発活動に関する事業を行い、誰もが活き活きと生活できる社会の実現を図り、もって広く公益に寄与することを目的とする」とされている。

設立に中心的な役割を果たした津富宏（法務省矯正局調査係係長、浪速少年院教育部門統括専門官、矯正研修所教官、国際連合アジア極東犯罪防止研修所教官などを経て、設立当時は静岡県立大学国際関係学部准教授）は、設立にかけた元法務教官としての思いを次のように語っている。[9]

出院者にとって有益なのは、僕ではなかった。有益なのは、少年院を経験した先輩だ。こんな単純なことに気付かなかったから、僕は（大学教員になってから——引用者）七年間も戸惑っていたのだ。法務教官（少年院の教官）は、出院者と接してはならないと教えられている。また、出院者同士の交流は、再犯につながるので避けるように、在院している少年にも教えている。一方、セカンドチャンス！を始めてから、少年院の院長を始め、多くの法務教官から応援の声をいただいている。少年院を経験した先輩による、出院者に対する支援は、少年院の教官がやり残してきた大きな宿題なのだと思う。だからこそ、僕たちは、この宿題を説かなくてはならない。大変でも、正解がなくても。

林和治（当時・法務省矯正研修所長）も、当事者こそが世界を変えるとして、この活動に大きな期待を寄せている。

現在でも、セカンドチャンス！は、

①少年院での講話や行事への参加（少年院を訪問し、出院後の体験談を話すとともに、運動会などの院内の催しに参加し、院生等との交流を深める）

②各地での交流会（居場所活動）の開催（東京、大阪、名古屋、福岡など全国各地で、月一回程度、出院生との

交流会を開き、日常の生活や困りごとなどについて、思いや意見を分かち合う
③社会一般での啓発活動（少年院出院者の実際を知ってもらうために、少年院の教官や一般の人々に講演をする）
④当事者や支援者の思いを綴った書籍の出版その他、さまざまな活動に取り組んでいる。

当事者が世界を変えていくためには、当事者の直接の体験にもとづくさまざまな異なる思いを対立するかたちにではなく、総合化するかたちに調整していくことが必要になる。この総合化によって当事者の運動はより大きな力をもつことができる。この調整は専門家の役割だといってよい。

もうひとつ必要なことは支援の輪である。この輪の拡がりによって当事者の運動は社会に受け入れられるようになるからである。ただ、この支援はパターナリズムになってはならない。そうならないためには、当事者の抱える問題を自己の問題として内在化することが求められる。多くの当事者運動が大きな壁にあたっているのも、この総合化と支援の不足のためである。

「セカンドチャンス！」の当事者たち

現在、セカンドチャンス！の理事長を務めているのは才門辰史さんである。才門さんは、別件の暴走族の件で書類送検中に傷害事件を起こしたことなどで中等少年院送致を言い渡され、難波少年院に入院した。出院後、東京で生活するようになり、通信高校（フリースクール）を卒業した。その後、学園長の勧めで、フリースクールで勤めながら、東洋大学の夜間に社会人推薦で入学した。同大学の授業で津富准教授（当時）に出会い、津富の誘いを受けてセカンドチャンス！に参加した。

その体験を踏まえて、才門さんは出会いをつなげることが自分の使命だと述べている。[10]

少年院を出た人間の再犯率は二割だか三割だというのを、少年院に入っているときに聞いた。でも、自分の周りでは、自分も含めてほとんどの場合、失敗をしてしまっている。少年院を出てきて、真面目になろうとしたが、何かウソをついている感じがした。そして孤独になっていく。やっぱり自分を分かってくれるのは不良仲間しかいない。そう思い、元の居場所に戻っていく。自分の場合は大阪から東京に引っ越していたので、それが幸いした。

自分はいつも出会いに助けられた。津富先生に出会えたこと、セカンドチャンス！を通じてサポーターの皆さんに出会えたこと（こんなに非行少年のことを考えてくれている大人がいるんだ。社会って捨てたモンじゃない）。そして少年院出院者の仲間に出会えたこと。（一人じゃない。自分と同じ経験をした仲間がいる）。少年院を出てきた若者に、セカンドチャンス！の話をして、

「少年院で働いていた人が代表をやってるんやで！　紹介するよ！」

「少年院出てきて、牧師になった人がいるんやで！　紹介するよ！」

「少年院出てきて、そのままブラジル行った人がいるんやで！　紹介するよ！」

「少年院出てきて、ダルクの職員している人がいるんやで！　紹介するよ！」

と、声をかけたい。オレらでも人生はやり直せるんだと。そして若者と、セカンドチャンス！のメンバーを、どんどん出会わせられたらなと思っている。それが、出会いに助けられた自分の使命なんだと信じている。

少年院出院者たちが自分を隠さずに更生の悩みと意欲などを語り合える居場所作りは何よりも重要である。元の不良仲間とつきあわないようにというだけでは問題は解決しない。他人に何も語らず、自分の過去・現

在・未来を自分に胸のなかだけにしまい続けながら生きていけるほど、人は強くない。

元非行少年が後輩たちを支援する思いとはどのようなものだろうか。支援に寄せる思いはいろいろだと推察される。

元暴走族の牧師

十代で暴走族に所属。窃盗及び暴力行為等で数度少年鑑別所に入り、一九歳の時には少年院送致となる。獄中で聖書に出会い、クリスチャンになる。出院後、牧師を志し、生駒聖書学院に学ぶ。二〇〇〇（平成十二）年、東大阪市にアドラムキリスト教会を開設。そして、現在、更生支援団体「チェンジングホーム」代表、依存症更生施設「ティーンチャレンジ・インターナショナル・ジャパン」理事、少年院出院者の自助グループ「セカンドチャンス！」監事の野田詠さんは、その著書の中で、少年院送致決定を言い渡されたときのお母さんのことについて、次のように記している[11]。


「私の育て方が悪かったんです。私を代わりに刑務所に入れてください。」

あの日、家庭裁判所の審判廷で、母は泣き叫んだ。

非行に走り、罪を犯したのは、私自身に責任がある。それを選択したのは私だ。でも母は、親の自分に責任があると、恥も外聞も捨てて泣き叫んだ。

私はあの時、なぜ突然、母が取り乱したのか、一瞬、わけがわからなかった。しかし、次第に、母の泣き叫ぶ声は、

「私には母親として足りないことがあったけど、あなたを大切に思っている。私を赦してほしい。」

そんなメッセージに感じた。思わず出てしまった、心の絶叫だったと思う。親でも間違うことはある。そんな時、親は謝ることで、子への「親の威厳」を失うのだろうか。いや、そうではない。かえって、その親の潔さに「謝ることの大切さ」を教えられる。

（中略）

私は、あの時の審判廷で、母に愛されていると実感できたのだと思う。あの時の母の言葉は、私の人生にたくさんの大切なことを教えてくれた。母へのわだかまりや傷も、その時、すべて何事もなかったように消え去った。

その野田さんも、後輩たちを支援する思いを概要、次のように表現している。[12]

私は、悪さの世界でしか、人から認められたことがなかった。腕力が強いとか、ビビらずに悪いことをするとか、度胸があるとか。警察に捕まってもチンコロ（仲間の名前を密告）しないとか。そんなことで、悪さの世界では、同じ仲間から評価を受ける。そんな狭い社会の中でも評価が、かつての私にとってはすべてだった。しかし、今の私は、「更生を果たして、今度は他人の更生を支えるモデル的人物」と評されて市民権を得たように勘違いをし、良い気分になることもある。でも、自分の本当の心を知っている私は、真実で誠実な人間とは言えないこともよくわかっている。また、更生支援という、こんなに裏切られることが少なくない活動は、しんどいからやめようと思うことも時にはある。どこからも予算がつかず、持ち出しばかりの活動の大変さに、やっぱり自分にはこんな活動は向いていないと思うこともある。それでも、昌人のような少年を助けたい、協力してあげたいと思うのも本音だ。結局、私に力があるからできている活動ではない。私に情熱があるから、愛があるから、そんな英雄的な要素などない。ただ、自分が少年院の中で、聖書のおかげで、天を恐れて生きることを知ったから。虚しい罪を犯していても幸せにはなれない、と知ったから。だから、地元の仲間や、同じような境遇の人たちに、一緒に悪さをやめようと本気で声を大にしただけだ。不完全で弱く足りないからこそ、私に与えられている使命だと感じるから、この活動をさせてもらっている。こんな自分でも変われたから、変われる、やり直せると言いたい。

少年院を出てたって、頑張って生きてる

出院者が自らの思いを隠さずに、率直に語れる場所を提供しているのもセカンドチャンス！などの大きな意義である。中村すえこさんもこのことについて概要、次のように語っている。[13]

「君を中等少年院送致とする」夢から目を覚ました私は、となりで寝ている息子の寝顔を見て安心した。現在、私は三十四歳。四人の子どもの母となることができたが、振り返ってみると社会に出てからいろいろなことがあった。人それぞれいろんな道があるけど、私の歩いてきた道は自慢できることではない。結婚し、母となり、時間が経ったことで自分の過去を忘れようとしていたけど、自分がしてきたことは消しゴムで消せるほど簡単なことじゃないんだ。

当時、私はレディースの総長だった。レディース総長という肩書きと、少年院を出たという過去はずっとついてまわってきている。それらは決して栄光ではなくその逆。隠して生きていかなくてはいけな

い、そう思っていた自分の過去だ。レディース総長だったから、少年院を出ているから…そういう目で見られることがとても怖かった。それは、現在でも少しある。非行歴がある自分は、社会で認めてもらえないかもしれないって思ってしまう。自業自得と思うしかないのかな。でも、でも、私は、そんなのが嫌。全ての人に自分をわかってもらうのは難しいかもしれない。絶対に自分をわかってくれない人もいるだろうと思う。でも、私はこれからを一生懸命に生きるって決めたんだ。恥ずかしくない人間になるって決めたんだ。私、もっと強くなりたい。もっと自信の持てる自分になりたい。レディース総長だったって、少年院を出てたって、頑張って生きてる、幸せになりたいと思って生きていると、わかってもらいたい！

いま、私には仲間ができました。口先だけじゃなくて本当に自分をわかってくれる仲間。セカンドチャンス！で知り合った仲間から学んだこと、それは「ひとりじゃない」ってこと。自分はひとりじゃないんだ。

中村さんは、講話に行った少年院の院生から手紙を受けとったそうである。「その手紙には、私と同じ思いが詰まっていた。そう、書かれている内容は十八年前の私と一緒の気持ち。年齢も違う、育った環境も違う、だけどもあの子たちの気持ちと、私は変わらない。」「手紙を読んで、「あぁ、私はこの子たちとつながれたんだな」、そう感じた。こうやって互いに励まし合うことが、これからを一生懸命生きる力になっていくのだと実感した。この手紙は一番心に響いたラブレターになったよ。ひとりでは変えられないことも、みんなの気持ちが集まれば変わることができる。私はそう思っている」と中村さんは述べている。[14]

みんなの気持ちが集まれば変わることができる。この思いは今の日本社会にとってもっとも重要なもののひとつではないだろうか。

海外の先進例――北欧の「クリス」

セカンドチャンス！では、海外の先進例に学ぼうとして、二〇〇九（平成二十一）年八月から九月まで、サンフランシスコとニューヨークを回り、十団体（十一か所）を訪れたという。北欧視察も行われており、翌二〇一〇年三月七日から十五日まで、「クリス」（元犯罪者の当事者支援団体）、スウェーデンの犯罪予防委員会、ストックホルム市内の保護観察所、ケラバ少年刑務所、クリッツファウンデーションを訪問している。主な訪問先であるクリスの活動が次のように報告されている。[15]

クリスは、一九九七年、三十年間刑務所に入っていたクリステル・カールソン氏が出所後の更生支援の必要性を考え、その理念に賛同する人たちとともに立ち上げた。発祥地はスウェーデンのストックホルムで、現在は国内に二九の支部を持つ。会員は五千五百人。二〇〇四年五月からは、一三歳から二七歳までの青少年を対象にした若者向けのクリス（ウンガ・クリス）が十四か所の支部に併設されている。

クリスは刑務所への訪問、居場所作り、個別の住宅・就労支援、機関誌の発行などの活動を行っている。入会については広報せず、全国の刑務所に当事者が年間二千回も出向き、私も刑務所に入っていたと明らかにし、私があなたの側にいることについて話すというやり方で入会者を拡げている。警察から協力を求められることもあるが、構成員がクリスに対する信用を失わないように、過度にかかわることは避けているという。運営資金は会費、企業からの寄付、プロジェクトによる収入、ＮＰＯに対して一律に支給される金銭、などで賄われており、会費は当事者会員が年間百クローネ（千三百円程度）、賛助会員が二百クローネ。会費納入は必須とされているが、スウェーデンの場合、刑務所を出た者に対し生活保護のために金銭が給付されているために、会費は払えない額ではないとされる。他国からの申し出に応じて外国で講演したり集会を開催したりして、外国にクリス組織を作るよう支援もする。講演依頼は世界各地からくるという。フィンランド、デンマーク、ノルウェー、ロシア、ベラルーシなどに支部ができている。

クリスは青年のための居住施設「ライフスタイル　ハウス」も運営しており、ハウスはストックホルムの中心から離れた誘惑の届かない場所に置かれている。二名のスタッフはクリスの職員。入所対象者は刑務所などの施設出所者に限らず、本人が自ら問題があると考えた者で、一八歳から二六歳まで。定員は八名で、プログラムは犯罪的価値観、犯罪グループへの忠誠心を考え直すことを目的とする。ハウスでは自己の意思が重要とされ、ハウスから逃げ出そうとする者に対しても、職員は「いいのか」と声をかけるだけ。多くはそれで戻ってくるという。居室はすべて個室で、設備も整っている。

報告によると、セカンドチャンス！からの訪問者に対し、ハウス職員から、社会で一人がギャングになり犯罪を行った場合の経費はこの施設に若者を入れる十倍以上かかるので、更生を志す者を入居させることは貯金をしているようなものだとの説明があったという。

フィンランドでもクリスが立ち上げられており、現在、一〇の組織があり、メンバーは千人。①麻薬、アルコールを使用しないこと、②嘘をつかないこと（犯罪がないこと、オープンだということ）、③コミューン的な責任をもって活動に参加すること（一緒にいろんなことをすること）、④他人の経歴にとらわれずに人として尊敬すること、がクリスの「四つの約束」とされる。タンペレ市のクリスでは、二〇〇九年は七五〇回刑務所で面接したという。刑務所からの一時休暇の際に本人を送り迎えして刑務所に戻すことや、一時休暇中の仕事の申請の手助けなどをしている。出所者に仕事や学校を探すというプロジェクトも三年間の予定で始まっているが、出所直後の一五分間がその後の人生に大きな影響を与えるというのがクリスの基本的な発想だという。

クリスのデイセンターには出所者がいつでも出入りできる広いリビングルームがあり、犯罪をやめること、薬物をやめることを話し合ったりできる。さまざまな活動もできる。社会適応のための訓練もする。二〇〇九年は仕事や教育に関するトレーニングやケアをして三〇人くらいを救うことができたという。電話相談も二四時間受付けている。国からの補助金のほか、自分たちで活動して得た収益もフィンランドのクリスの経済基盤となっている。フィンランドでは刑の執行は国が行い、釈放された受刑者の生活支援は自治体が行うが、友人として支援に関わるクリスのサービスを国、自治体が買うという形になっている。寄付金は個人からも企業からも受付けている。クリスの会員の年会費は一ユーロだが、スウェーデンと異なり、支払わなくても会員でいられるという。

クリスの活動に対し、国から補助金が出ているほか、例えば、フィンランドの場合、国・自治体がクリスのサービスを買うという形で支払った収益がクリスの活動費になっている点が注目される。いくら少年院出院者らによる自主的な活動だからといっても活動にはかなりの活動費用が必要で、活動が充実すればするほど、また支援の対象者が増加すればするほど、この活動費用は膨らんでいき、当事者の努力だけではいかんともし難い。元法務教官、非行少年の更生問題にかかわる弁護士、研究者たちからの経済的な支援にも限界がある。企業などからの寄付も日本の場合、多くを期待することは難しい。国・自治体による財政的な援助が望まれる。

1　内閣府編『平成26年版　子ども・若者白書』（日経印刷、二〇一四年）収載の「特集　今を生きる若者の意識――国際比較から見えてくるもの」などを参照。

2「YOMIURI ONLINE」発言小町、二〇一四年十二月三日掲載。

3 毎日新聞二〇一五（平成二十七）年七月十三日朝刊等を参照

4 識者によると、二〇一〇（平成二十二）年の異物混入事件（二人の児童の給食に五回にわたって異物を混入）や二〇一四（平成二十六）年三月の家庭内暴力事件（寝ている父親の頭部を金属バットで殴打）の時点で加害者が要保護児童（児童福祉法第六条の三）に該当することは明白であり、周囲の人が児童福祉法に沿った適切な対応（児童相談所への通告など）をとっていれば事件自体が防げたであろうとされたうえで、当該地区の教育委員会がまとめた資料に基づいて、加害者の父親がこれらの事件を秘密にするよう関係者に強く迫ったことが通告の妨げとなったことが示唆されている。毛利甚八『「家栽の人」から君への遺言 佐世保高一同級生殺害事件と少年法』（講談社、二〇一五年）などを参照。

なお、少年（事件本人の女子生徒）の捜査、審理の過程での付添人をはじめ、家庭裁判所調査官、鑑別技官、鑑定にかかわった医師や病院スタッフ、そして審判での被害者遺族の心情を聴くなどの種々の関わりのなかで、少年に変化が生まれた。信頼感を感じ取り始めた。他者との関わりを通じて、自らを振り返り始めているという（第二七回付添人全国交流集会報告書（二〇一七年）等を参照）。人とのかかわりによって安堵と信頼感を育み、他者にはじめて自分の「思い」を伝えたり、「相談」できるようになったりする。親子はその関係づくりの原点でもある。

5『平成29年　警察白書』によると、二〇一六（平成二十八）年において殺人を犯した犯罪少年は五一名（一四歳が六名、一五歳が八名、一六歳が九名、一七歳が六名、一八歳が一二名、一九歳が一〇名）、触法少年（一四歳未満）は三名で、計五四名である。これに対し、厚生労働省「自殺の統計：各年の状況」によると、同年の少年の自殺者数は五二〇名である。

6 以上の事例については、古賀克重法律事務所「少年非行事件の審判例と分析——審判の窓」などを参照。

7 佐藤良彦・谷村昌昭「少年院在院者の保護者に対する措置等に関する研究」矯正協会中央研究所編『中央研究所紀要』一八号（二〇〇八年）九七頁以下などを参照。

8 非行克服支援センター調査研究プロジェクト『何が非行に追い立て、何が立ち直る力となるか——「非行」に走った少年をめぐる諸問題とそこからの立ち直りに関する調査研究』（新科学出版社、二〇一四年）。

親の孤立とサポートの必要についても、右の調査研究は、次のように指摘している。「子どもが荒れているときには、多くの家庭で、親子の会話の頻度が減るとともに、お互いに相手の話を聞かなくなり、また相手の気持ちや考えが理解できなくなる傾向があると考えられる。」「子どもが荒れているときには、親はその対応のために精神的に疲弊しやすく、うつ病になるなど精神的に調子を崩してしまうこともある。」「さらに『死にたいと思うことがある』という項目についても、『ときどきある』『いつもある』と回答した人の合計が六〇%を超えていた。」「こうした状態の親に対しては、責めることは何のプラスの効果はなく、どのように援助していくべきかを考える必要があろう。」「子どもが荒れ始めの時期こそ、最も親が藁をもつかむ思いで周囲からのサポートを求めているにもかかわらず、親は孤立しがちである。最も身近な相談機関になり得る学校も、子どもを排除するのではなく、親子ともども受け入れる度量があれば、救われるケースも多いのではないかと考えられるが、残念ながら、学校には、その度量がない場合が現実には多い。［中略］個々の教師の善意と信念によって行われている取り組みが、学校という組織の中にはっきりと位置づけられていく必要がある。」

9　特定非営利法人セカンドチャンス！編『セカンドチャンス！——人生が変わった少年院出院者たち』（新科学出版社、二〇一一年）一六頁以下。
10　同右、四〇—四一頁。
11　野田詠『私を代わりに刑務所に入れてください　非行少年から更生支援者へ』（いのちのことば社、二〇一五年）一二二頁以下。
12　同右、九六—九七頁。
13　前掲『セカンドチャンス！』八三—八四頁。
14　同右、九九—一〇〇頁。
15　同右、二八八頁以下。

終章　なぜ人間の尊厳を法で保障するのか

1　弱い人間も、悪い人間も

人間の尊厳の尊重・保護は国家の義務

法はさまざまな法概念の上に成り立っている。これらの法概念のほとんどはギリシャ・ローマ時代に生み出されたものである。人々はこれらの法概念に新しい意味づけを与え続け、新しい役割を果たさせてきた。ここで取り上げる「人間の尊厳」という概念も例外ではない。古くて新しい概念だと言える。

人間の尊厳の概念は第二次世界大戦後、国際的に再評価され、実定法上の概念となり、新たな意味づけを与えられることになった。人間の尊厳をなぜ法的に保障する必要があったのか。それは、残念ながら、人間の尊厳が侵害された歴史があったからである。人類が犯した最大の誤りの一つは戦争である。二十世紀、人類は世界大戦を二度も行った。第二次世界大戦における兵士の被害者数は、捕虜としての死者数も含めて二〇〇〇万人から二五〇〇万人とされる。民間人の犠牲者はそれを上回り、三八〇〇万人から五五〇〇万人とされる。当時の世界の人口の二・五％以上の人が犠牲者となった。人類の未来を担う子どもたちも犠牲者となった。人間の尊厳をはじめ基本的人権が保障されるのは、世界戦争を二度と起こさないためである。

一九四五（昭和二十）年六月二十六日にサンフランシスコにおいて調印され、十月二十四日に発効された国連憲章は、その前文の中で、「基本的人権と人間の尊厳及び価値と男女及び大小各国の同権利とに関する信念をあらためて確認し」などと謳った。

一九四八（昭和二十三）年十二月に採択された世界人権宣言も、その前文で、「国際連合の諸国民は、国際連合憲章において、基本的人権、人間の尊厳及び価値並びに男女の同権についての信念を再確認し、かつ、一層大きな自由のうちで社会的進歩と生活水準の向上とを促進することを決意したので」などと謳った。

一九六六（昭和四十一）年十二月に採択され、一九七六（昭和五十一）年三月に発効した「市民的及び政治的権利に関する国際規約」及び「経済的、社会的及び文化的権利に関する国際規約」も共にその前文で、「人類社会のすべての構成員の固有の尊厳及び平等の、かつ奪い得ない権利を認めることが世界における自由、正義及び平和の基礎をなすものであることを考慮し」などと謳った。人間の尊厳及び平等のうえに観念される基本的人権が世界における自由、正義及び平和の基礎をなすとされ、この考え方を遵守することが加盟国に義務づけられている。

「人間の尊厳」概念の法規範化は国内法のレベルでも見られる。各国の中で戦後初めて「人間の尊厳」という文言を権利章典に採用したのは一九四五年七月のスペイン「国民の権利章典」であった。

一九四九年に西ドイツでボン基本法として制定され、その後、東ドイツの西ドイツへの編入による再統一によりドイツ連邦共和国の憲法と位置づけられることになった「ドイツ連邦共和国基本法」も、その第一条で、「人間の尊厳は不可侵である。これを尊重し、および保護することは、すべての国家権力の義務である。」「ドイツ国民は、それゆえに、侵すことのできない、かつ譲り渡すことのできない人権を、世界のあらゆる人間社会、平和および正義の基礎として認める。」「以下の基本権は、直接に妥当する法として、立法、執行権および司法を拘束する。」と規定した。

ここでは、「人間の尊厳」は不可侵なものとして、しかも、国家権力によって尊重・保護されるべきものとして位置づけられている。この人間の尊厳の理念は戦後ドイツの重要な精神的支柱となっている。

日本の「個人の尊重」とドイツの「人間の尊厳」

日本国憲法は第十三条で、「すべて国民は、個人として尊重される。生命、自由及び幸福追求に対する国民の権利については、公共の福祉に反しない限り、立法その他の国政の上で、最大の尊重を必要とする。」と規定し、「個人の尊重」及び「幸福追求権」を保障している。

問題は、この「個人の尊重」と「人間の尊厳」との関係である。日本の憲法学の通説的見解によると、ボン基本法第一条の規定は日本国憲法第十三条と同じ趣旨であるとされる。判例も憲法第十三条が「個人の尊重と人格の尊厳とを宣言したものであることは勿論である」（最大判昭和二十三年三月二十四日、裁判所時報九号八頁）と判示している。

しかし、人間の尊厳についてのドイツの議論をみると、日本で憲法十三条に関して扱われている問題と相当に異なっていることが分かる。憲法十三条で扱われる自己決定権や幸福追求権は、ドイツでは基本法第二条の規定する「自らの人格の自由な発展を求める権利」に根拠が求められている。ドイツで「人間の尊厳」に反する最大のものは国家による生命の剝奪、すなわち、死刑である。フランスも憲法を改正して明文で死刑廃止を書き入れた。死刑に次いで問題とされているのは拷問である。ヨーロッパでは死刑に次いで拷問も「人間の尊厳」に反すると考えられている。しかし、日本では、死刑が憲法第十三条に違反するという見解はあまり聞かれない。

「個人の尊重」という場合、その主体として想定されているのは、自由意思によって自己決定を行う個人、国家によるパターナリズムを排しても自己を実現しようとする「強い個人」ではなかろうか。最近の日本国憲法十三条解釈はとりわけその傾向が強くなっているように思われる。

自己の幸福追求権を自己決定・自己責任にのっとり実現し得る「一級市民」と実現し得ない「二級市民」との選別が進むなか、医療、福祉その他、さまざまな領域で国家による介入が大きな問題となっている。国家の介入の正当化は、「人間の尊厳」という観点からは比較的容易だが、「個人の尊重」から正当化することは難しいために、近時の日本の憲法学では「法的パターナリズム」にこれを求める見解が支配的になりつつある。

これに対してドイツの「人間の尊厳」が想定しているのは、自由を求める強い自立した個人ではなく、弱い人間や一人前でない人間、場合によっては「悪い人間」である。そのような人間であっても、「人間である以上、人間らしく扱われるべきだ」ということが要求内容となっている。このように考えると両者は重なり合わず対立する場面も出てくる。[1]

「生存権」の保障は具体的な権利を付与する

日本国憲法はその第二十五条で、「すべて国民は、健康で文化的な最低限度の生活を営む権利を有する。」「国は、すべての生活部面について、社会福祉、社会保障及び公衆衛生の向上及び増進に努めなければならない。」と規定している。この生存権規定のなかに人間の尊厳の理念を見出す見解もみられる。同二十五条はドイツのワイマール憲法第百五十一条第一項の「人間に値する生存」という理念などを継承したものであるが、ここでいう「人間に値する生存」は「人間の尊厳に値する生存」を意味する。その意味で、二十五条第一項にいう「健康で文化的な最低限度の生活を営む権利」も「人間に値する生存」、すなわち「人間の尊厳に値する生存」を意味すると説かれる。

とりわけ社会福祉や医療などの領域では「人間の尊厳」概念が重要な意味を持つと考えられる。意義の一つ目は、パターナリズムによらない社会福祉や医療などの標榜である。意義の二つ目は、社会福祉や医療などにみられる国・自治体—福祉従事者—福祉対象者という三角関係において、個人の尊重ないし自己決定権ではこの三角関係を規律することは難しいのに対して、人間の尊厳によると、この三角関係を比較的規律しやすいことである。

かりに日本国憲法第二十五条第一項の生存権保障規定の中に人間の尊厳の理念を認め得るとしても、ドイツ基本法第一条の運用と日本国憲法第二十五条第一項の運用とは大きく異なるという点に注意しなければならない。

朝日訴訟に関する一九六七（昭和四十二）年五月二十四日の最高裁大法廷判決は、「憲法二十五条一項はすべての国民が健康で文化的な最低限度の生活を営み得るように国政を運営すべきことを国の責務として宣言したにとどまり、直接個々の国民に具体的権利を賦与したものではない」とし、「何が健康で文化的な最低限度の生活であるかの認定判断は、厚生大臣の合目的な裁量に委されて」と判示した。

これに対し、一九九〇年五月二十九日のドイツ連邦憲法裁判所の決定は、最低限度の生活の保障をドイツ基本法第二十条第一項と結びついた同基本法第一条第一項から導き出したうえで、児童手当法第十条第二項（当時）の「子の最低生活費に対する課税」を定めた規定は人間の尊厳に値するとはいえないとして、違憲だとした。ドイツでは、「人間の尊厳」とはこのように個々の国民に具体的権利を付与したものとされている。

法に触れた少年にも保障される「子どもの権利」

法に触れた少年もいわゆる普通の子どもたちと同じく「子どもの権利」が保障されるべきだとする法的な根拠を提供するのも、この「人間の尊厳」の理念である。

ただ、法に触れた少年の「人間の尊厳」を保障するに当たっては固有の問題が生じる。法に触れた少年は、その追い詰められたといってもよい「自暴自棄」などのためにみずからの人間の尊厳を侵すとともに、他者の人間の尊厳をも侵した。そのために、この侵された自他の「人間の尊厳」を共にどのようにして回復するのかという問題が生じるからである。この問題の解決にあたっても規範的根拠を示すのが「人間の尊厳」である。法に触れた少年を社会から排除するのではなく包摂するなかで、その人間の尊厳の回復に努める。法に触れた少年の未来の灯となるのが「人間の尊厳」だということになる。

加えて、人間の尊厳は子どの権利の抽象的な保障にとどまらず、先の一九九〇年五月二十九日のドイツ連邦憲法裁判所の決定などに見られるように、具体的な権利を付与したものとされている。その具体性、個別性も、法に触れた少年の未来にとってきわめて重要ということになろう。

歴史に学ぶ必要

わたしたちが人間の尊厳を理解し、内在化し、これによって判断、行動していくためには何よりも人間の尊厳が侵害された歴史を学ぶ必要がある。それを通じて、わたしたちは、人間の尊厳を実現し、守ることの大切さを抽象的にではなく具体的に知ることができるからである。とりわけ次世代を担う子どもたちには、そのことが強調されなければならない。それによって人間の尊厳を実現し、守ることの大切さが、前の世代から今の世代へ、そして今の世代から次の世代へと、バトンタッチをされていくこと、人間の尊厳の内容をより充実していくことも可能となる。

なぜヨーロッパ諸国で歴史教育が重要視されているのか。その理由にもっと傾聴すべきであろう。例えば、戦後ドイツの歴史教育については、ナチの過去を次世代に伝えることが重視されており、ユダヤ人迫害をはじめとするナチ時代の加害の歴史を学ぶために十分な時間がとられている。このような現代史重視の歴史教育は、被害者に対する補償、加害者への司法訴追、ネオナチの規制などと並び、「過去の克服」の重要な取組みのひとつとなっている。ナチの過去に対する反省に立脚した現代史教育は同時に、外国人排斥や人種主義などに対抗する人権教育としての役割も期待されてきた[2]。現代の歴史教育には人間の尊厳を育むことも要請されているのである。

日本にも、広島や長崎における平和教育をはじめ、優れた歴史教育が実践されてきた過去がある。今では平和教育を従来のままで維持することは困難になっているが、それでも、平和教育の精神を受け継ぐ教育実践が教員たちによって各地で試行されている[3]。こうした教育実践から大きな成果も生まれている。この点が面になって拡がっていくことが望まれる。

ただ、これらの教育実践が法に触れた少年の未来にとってどのような役割を果たしているかというと、いまだ多くが今後の課題に残されている。両者の距離が大きいのが現状で、両者を結びつけるシステムはいまだ育っていない。法に触れた少年にとって、「人間の尊厳」の学びはいまだ自学自習の面が強い。

2 人権教育

人権教育のための国連十年

人類は文明を生み出し、次世代にバトンタッチし、進化させてきた。人間の尊厳も文明の所産の大きなものの一つである。この文明に即して考え、判断し、行動することは人間の権利であり、義務でもある。ギリシャ・ローマ時代以来、文明の幹とされてきたのは、人間の大きなコミュニケーション・ツールたる言語に関わる文学、自然現象に関わる理学、有限の人間に対し無限の神に関わる神学、病に関わる医学、そして、人間は社会的動物ということから社会および人間関係の形成に関わる法学などである。いずれも人間の生存に必要不可欠なものである。医学、法学なども専門職だけに必要なものではない。この幹から多くの枝が分岐され、文明という木を長い年月をかけて大木に成長させてきた。私たちはこの大木の傘の下で暮らしている。

とくに第二次世界大戦後、法学にも大きな変化が生じている。人間の尊厳とこれに基づく基本的人権の尊重に関する教育・研究が大きな比重を占めるようになった。第二次世界大戦を防げなかった国際連盟の反省を踏まえ、一九四五年に設立された国際連合は、はじめに「世界人権宣言」の採択に取り組んだ。世界人権宣言は、その前文で、「人権の無視及び軽侮が、人類の良心を踏みにじった野蛮行為をもたらし」たことなどの反省に鑑み、「人類社会のすべての構成員の固有の尊厳と平等で譲ることのできない権利とを承認することは、世界における自由、正義及び平和の基礎である」とし、「すべての人民とすべての国とが達成すべき共通の基準として、この世界人権宣言を公布する。」と謳った。基本的人権の尊重は「すべての国の、すべての人々」が守るべき最重要の「共通の価値」とされ、そこから人権の国際化、すなわち内容と擁護体制の国際化が図られることになった。

人権教育・啓発についても国際化が進められることになった。一九八九年の冷戦終結後の一九九四（平成六）年十二月、国連総会は、一九九五年から二〇〇四年までの十年間を「人権教育のための国連十年」とすることを決議した。そして、「人権教育のための国連十年（一九九五―二〇〇四年）行動計画」を定め、国連加盟国に対し、この行動計画に沿った「国内行動計画」の作成を求めた。

①人権と基本的自由の尊重の強化
②人格及び人格の尊厳に対する感覚の十分な発達
③すべての国家、先住民、及び人種的、民族的、種族的、宗教的及び言語的集団の間の理解、寛容、ジェンダーの平等並びに友好の促進
④すべての人が自由な社会に効果的に参加できるようにすること
⑤平和を維持するための国連の活動の促進

が人権教育の目標とされた。この目標を実現するための一般的指導原則には、次のようなものがある。

「十年」のための人権教育についての取組みは、学習する者の日常生活に関連づけた方法で行われる。また抽象的規範の表現としてではなく、自らの社会的、経済的、文化的及び政治的な状況という現実の問題として捉えるための方法及び手段についての対話に、学習する者を参加させることを目指すものとする。

民主主義、発展及び人権が相互に依存しかつ相互に補強しあうものであると認識し、「十年」の下での人権教育は、政治的、経済的、社会的及び文化的な分野での一層効果的な民主的参加を目指すこととし、また経済的及び社会的進歩と人間中心の持続可能な開発を促進する手段として活用される。

「十年」の下での人権教育は、ジェンダーに関する偏見、人種その他の要因に基づく先入観と闘うものとし、またこれらから自由なものとする。

人権教育の対象となる集団については次のように記載された。

「十年」の活動の下での人権教育活動においては、女性、子ども、高齢者、少数者、難民、先住民、極貧の人々、HIV感染者あるいはエイズ患者、並びに他の社会的弱者の人権に特に重点が置かれる。

警察官、刑務所職員、法律家、裁判官、教師及び教育課程作成者、軍人、国際公務員、開発及び平和維持に携わる人々、NGO、メディア、公務員、議会関係者、並びに人権の実現に影響を与える特別な地位にあるその他の人々に対する研修について、特別な注意が払われる。

人権教育の調整と実施の体制についても次のように記載された。

各国において人権教育のための国内の中心的機関が指定されるべきである。このような中心的機関は、関連する政府機関、ＮＧＯ、民間セクター及び教育関係者の代表を含む特別に設置された委員会で構成される。あるいはオンブズマン事務所、国内人権委員会、国内の人権についての研修・研究機関のような既存の適切な仕組みや組織が、この機能を果たすよう指定されてもよい。

各国内の中心的機関は、国内の人権教育に関わるニーズを把握し、国内行動計画を策定し、資金を集め、「十年」の目標の実現のために関与している地域的及び国際的機関との調整を行い、また「十年」の目標実現に向けたニーズ、提案、及び進展を人権高等弁務官に報告する責任を負うべきである。

日本政府も一九九五（平成七）年十二月、内閣に「人権教育のための国連十年」推進本部を設置し、一九九七（平成九）年七月に「国内行動計画」を策定した。

その後も、国連では「十年」のフォローアップがなされ、二〇〇四（平成十六）年十二月には「人権教育のための世界計画」の実施を定めた「人権教育のための世界計画決議」が国連総会で採択され、二〇一四（平成二十六）年九月には「人権教育のための世界計画　第三フェーズ行動計画採択決議」が人権理事会で採択されている。

日本でもこれに対応する取組みが要請されている。問題は、国連行動計画でもとくに注意が喚起されているように、法に触れた少年も含めて、すべての子どもたちが差別なく等しく、「子どもの権利条約」によって保障される「成長発達に必要な教育」を享受し得ているかどうかである。「人間の尊厳」の同義語ともいうべき「世界でたった一人の大切なあなたへ」というメッセージを、すべての子どもたちが教育というチャンネルでも受け取れているだろうか。

これを実現していくためには、教育においても個人モデルではなく社会モデルに立った対応が求められる。「子どもの権利条約」に社会モデルの考え方を注入していく必要がある。必要な教育の享受にとっての障壁は、子どもたちの側にではなく社会の側にあるからである。この障壁を取り除いていくことは国、社会の義務である。本書の終章で教育の問題を取り上げる所以である。最重要の課題といってよい。

人権教育に忌避感を持つ子どもたち

自己肯定感にもいろいろなものがあり得る。タテ型人間関係を支える自己肯定感もあれば、ヨコ型人間関係を支える自己肯定感もある。自己肯定感であれば何でも是認されるというものではない。支配＝服従のタテ型人間関係、そして、それに基づく自己肯定感は人間の尊厳及び基本的人権の尊重のなかでも平等権の保障に反する場合が多い。個人的な感情だからといって許されるものではない。

たとえば、ある人がその人種的優越性を理由に強い自己肯定感を抱くとした場合はいかがであろうか。男性という性自認・性志向を理由として強い自己肯定感を抱く場合はどうであろうか。健常者であるという理由で強い自己肯定感を抱く場合はどうであろうか。そのような自己肯定感は人間の尊厳に反する差別として許されないのではないか。民主主義を否定することにもつながりかねない。

支配＝服従のタテ型人間関係を支え、基礎となっているような自己肯定感は、その裏返しとして自己否定感を内包している。支配＝服従の人間関係においては、人は支配者の立場にも被支配者の立場にも立ち得る。

非行少年・犯罪少年に、そして現在では普通の子にも広くみられる自己肯定感の低さは、国連子どもの権利委員会等から是正が繰り返し勧告されている過度に競争的な学校教育がもたらす、学校空間における「生徒間序列」（スクールカースト）などの結果ではないのか。他者との比較を過不足なくバランスよく行うことによって自己肯定感が育まれるとしばしば説かれるが、机上の空論ではないか。すでに日本は中間層が解体し、勝ち組と負け組に二極分解する格差社会に急速に移行しているからである。

「児童生徒の問題行動等への対応などいわゆる消極的な生徒指導の側面について見れば、暴力行為、いじめ、不登校、中途退学などの問題は、人権侵害にもつながる問題であり、また、これらの事案の個々のケースにおいては、複数の児童生徒の人権相互間の調整を要することとなる場合も少なくない。学校においては、こうした可能性を常に念頭に置きつつ、問題解決に向けた取組を進める必要がある。とりわけ、いじめや校内暴力など他の児童生徒を傷つけるような問題が起きたときには、学校として、まずは被害者を守り抜く姿勢を示すことが重要である。さらに、問題発生の要因・背景を多面的に分析し、加害者たる児童生徒の抱える問題等への理解を深めつつも、その行った行為に対しては、これを許さず、毅然とした指導を行わなければならない。[4]」といった対応は、「良い子」の人権は尊重・擁護するが、「悪い子」の人権は制限してもよいといっているに等しいのではないか。

「悪い子」の方から見ると、学校の人権教育というのは「良い子」のためのものであって、「僕たちには無関係だ」と映るのではないか。支配＝服従のタテ型人間関係しか形成し得なかった、あるいはそもそも人間関係をほとんど形成し得なかった子どもたちにとって、教員の説く「リスペクト・アザーズ」（他者の尊重）のヨコ型人間関係の形成を基軸とする人権教育は、自己否定感をますます深めるものになるのではないか。人権教育に忌避感を持つ子どもたちが育っても不思議ではない。[5] それは杞憂ではなく、インターネット上などでの忌避感の拡がりが懸念されている。

非行少年の親からみた学校の対応

非行克服支援センターの「非行に走った少年をめぐる諸問題とそこからの立ち直りに関する調査研究」によると、非行という道を選択し、また選択せざるを得なかった子どもとその親に対して学校はどう対応したか、それを親の側からの思いとして尋ねたところ、次のような結果が出たという。[6]

荒れ始めた時の学校の対応については、「学校が、子どもを学校に入れることを拒んだ。学校から排除した」に「当てはまる」「やや当てはまる」と答えた者は、全体の五四・四％、「子どもが教師の言動に傷つけられた」には、七三・五％の答えがあった。

「学校の対応の中で子どもや自分にとって良くなかったこと」を記述式であげてもらうと、「親への対応」では、「子どもが悪い、親が悪い、何をやっているんだ！　こんなに迷惑している…というようなことを、呼び出されては一対複数の中で責められる」［中略］「生徒指導の先生から、この子の目は犯罪を犯す目、〝犯罪者の目〟をしていると言われ、すごくショックでした。」がみられた。「子どもへの対応」では、「子どもの『心の荒れ』の根本（根底）にあるものを見つけ出し、調べたり、知ろうとしてくれなかった」「トラブルがあると、すべて我が子が原因と決めつけられた。指導という名のもとに長時間何をすることもなく放置されたり、校則を写すことをさせられ、直接教師が関わる時間がなく、さらに学習についていけなくなり、ますます学校が苦痛になった」「校長先生が審判の場で、『学校で面倒見るのは難しい』と裁判官に言った」がみられた。

学校の対応に対する親の絶望感は想像を超えるものがある。

「うちの子は親でも手に負えない難しい子だが、先生には分かってほしい」という親の願いは、過大で、手前勝手なものなのだろうか。企業ではダイバーシティ（多様性）が重視され出している。多様な人材を積極的に活用しようという考え方のことで、もとは、社会的マイノリティの就業機会拡大を意図して使われることが多かったが、現在は性別や人種の違いに限らず、年齢、性格、学歴、価値観などの多様性を受け入れ、広く人材を活用することで生産性を高めようとするマネジメントについていう。今や、学校こそがダイバーシティ教育が求められているのではないか。

法に触れた少年の親が求めているのは「特別な扱い」をしてほしいということでは決してない。身体障害のために健常者のように階段では二階に上がれない人もいる。その人も健常者と同じように二階に上がれるように、エレベーターを設置してほしいと求めている。いわゆる社会モデルであり、法に触れた少年の親たちが求めているのもこれに似ている。

学校から排除された子どもたちが向かう先は何処か。そのことについて学校は考えなくてよいのだろうか。想定外の事態ではない。少年院は「悪い子」のためのもの、学校は「良い子」のためのもの――教育の意義から離れた、便宜的で政策的な棲み分けを続け、固定化してよいのだろうか。

人権の「闘士たち」による出張授業

子どもの権利を考える場合、学校などにおけるいじめは最も深刻な問題の一つである。先の「毅然とした指導」（三五三頁）の一環として、学校などでのいじめを犯罪として厳正に対処する動きも強まっている。警察庁、文部科学省でもすでにその方向に大きく舵を切っている。

①少年相談活動等のほか、学校等との情報共有体制の構築及びスクールサポーター（警察官ＯＢ等）の活

用による連携強化等を通じていじめ事案の早期把握を推進する、②被害少年の生命・身体の安全が現に脅かされているような重大事案及びこれに発展するおそれが高い事案については迅速に捜査等に着手する、などを内容とする通達「学校におけるいじめ問題への的確な対応について」（平成二十五年一月二十四日）が警察庁より各都道府県警察に対し発出された。

それを受けて、文部科学省も同日付で都道府県教育委員会等宛に「いじめ問題への的確な対応に向けた警察との連携について（通知）」を発出し、「学校及び教育委員会等が、警察における対応の考え方を理解し、いじめ事案に関して、警察に対し適切に連携を求めていくことは、重要なことです。」と断ったうえで、①警察との連携強化によるいじめ事案の早期把握、②警察と連携したいじめ事案への適確な対応、等を学校及び教育委員会等に求めた。

事態は警察主導のいじめ対策にすでに移行しているといっても過言ではない。この警察の監視も日本の教育が抱える大きな問題になっている。

しかし、いじめを犯罪と見做し、いじめる側に回る子どもたちを犯罪少年や触法少年などとして逮捕・勾留し、施設に収容することは、子どもの権利を保障したことにはならない。

いじめる側に回る子どもたちといじめられる側に回る子どもたちを一方は加害者、他方は被害者というように固定的にとらえることはできない。いじめられる子がいじめる子になる場合、あるいはいじめる子がいじめられる子になる場合もある。両者は流動的である。いじめる子を触法少年・犯罪少年とラベリングしたからといって、いじめられる子を守ったことにはならないのである。

東京都教育庁が二〇一三（平成二十五）年度に実施した「いじめ問題に関する研究」（二年次）をまとめた東京都教職員センター「いじめ問題に関する研究報告書」（平成二十六年二月）では、「いじめられた経験といじめた経験がどちらもない児童・生徒は、二一二五人で、全体の二二・七%であった。それ以外のほとんどの児童・生徒はいじめに関わっている。」「半数近くの児童・生徒が両方を経験している。このことから、いじめ問題を解決するためには、どちらか一方だけの指導ではなく、いじめられた子供、いじめた子供の両面での指導を適切に行っていく必要がある。」と分析されている。

　このような状況下では、両者の関係を調整し、リスペクト・アザーズの人間関係の形成に努めることこそが肝要ではないのか。非行少年・犯罪少年といえどもその人間の尊厳は等しく保障されるべきだというのが、すでに繰り返し述べたように、第二次世界大戦後の世界の「共通の価値」である。この共通の価値にのっとった人間関係の調整が学校でなされていないことが問題である。

　寂しさ、不安、怒りなどで氷のように固まった子どもたちの人権教育に対する忌避感を陽光で溶かすことができるのは、例えば部落差別、障がい者差別、ハンセン病差別、水俣病差別、アイヌ差別、等々、ひどい差別を長年にわたって受け続け、格別の人権侵害を被りながら、人権を武器に国などを相手に闘い、ついには自らの「人間回復」を果たしたマイノリティ当事者の、「命（人間の尊厳）が何より大事だ」、「人権は君たちの味方だ」という肉声である。そうした「闘士たち」が各地で人権教育の授業に呼ばれ、大きな成果を上げている。この語りを、法に触れた少年たちとの間にどのようにつないでいくのかが問われている。

3 法に触れた少年の学びの場

矯正教育

少年刑務所と少年院の存在意義は根本的に異なる。少年院は、審判の結果、家庭裁判所から保護処分として少年院送致を言い渡された少年を収容するための施設である。健全な社会復帰をさせるための「矯正教育」を少年に受けさせることが、その目的とされる。

矯正教育とは、広義には刑務所等の矯正施設において犯罪者に対してなされる教育を指すが、狭義には少年院において非行少年に対して行われる教育をいう。少年院や少年鑑別所の専門職員の官職名も「法務教官」である。

これに対し、少年刑務所は、刑罰を執行するための施設で、家庭裁判所による少年審判の結果、保護処分（保護観察や少年院送致など）よりも懲役や禁錮などの刑罰を科すことの方がふさわしいと判断され、刑事裁判にかけられ、実刑となった者を収容する。少年刑務所でも矯正教育が実施されているが、それはあくまでも刑務作業という枠内での処遇となる。少年院のように矯正教育を第一義的に掲げて処遇することはできない。

法務省矯正局によると、矯正教育は犯罪傾向の矯正、健全な心身の育成及び必要な知識等の付与であり、個々の在院者の特性に応じたものである（少年院法第二十三―四十三条）。基本とする健全育成は教育基本法に示された教育の理想像と同一のものである。少年院の処遇は段階を設け、ステップアップごとに社会の生活に近づいたものとし、在院者の自覚による自発的・自律的な発達を目指しているとされる。

少年院における矯正教育の内容は、①生活指導（善良な社会人として自立した生活を営むための知識・生活態度の習得）、②職業指導（勤労意欲の喚起、職業上有用な知識・技能の習得）、③教科指導（基礎学力の向上、義務教育、高校卒業程度認定試験の受験指導）、④体育指導（基礎体力の向上）及び特別活動指導（社会貢献活動、野外活動、音楽の実施）、からなっている。各少年院においては、設置された矯正教育課程ごとに、当該少年院における矯正教育の目標、内容、実施方法等を定める少年院矯正教育課程を編成している。これらを総合して健全育成を行うとされる。

管理統制主義化のおそれ

少年院の矯正教育についても、次のような改善の必要性が法務教官の経験者からも提起されている。

教育の観点から、これまで少年院教育は、昭和五十二年の少年院運営通達により、個別的処遇計画票の作成などの科学的手法の導入と勤労体験の習得のための職業補導が実践されてきたが、生活指導に力点がおかれた時期、資格取得に奔走した時期、高卒認定等教科に重点をおいた昨今など「揺れ」に翻弄されてきた経緯もある。

従前からの問題としては、施設内生活と社会生活の乖離、施設適応スキルと社会スキルの違いを認識すること、就労支援と実就労の格差など古くて新しい問題が依然として未解決のままである。新法（新少年院法―引用者）三十九条の院外教育、四十条の委嘱教育及び四十五条の外泊等を活用し、院内外のギャップを埋める努力が必要である。さらに、特定生活指導等の各種処遇プログラムについては、エビデンスの蓄積とデータベース化を行うとともに、プログラムの検証作業及びバージョンアップを定期的に行うことが必要であろう。これらの先進的な教育は、一般教育界との比較検討が困難なことから、年々形骸化に陥る危険性が高いことを承知しておくべきである。[7]

二〇一四（平成二十六）年の新少年院法についても、スケアード・ストレート（恐怖を実感することで、それにつながる危険行為を未然に防ぐ教育手法、または疑似刑務所）の影が随所にみられ、その採用する「権利義務関係の明確化」方策は成人矯正を模写した様相があり、一律かつ画一的な扱いが生じ、実質的に管理統制主義に陥らないかとの疑念が同じ法務教官経験者から表明されている。[8]

事態はますます管理統制主義に陥っているのが現状である。矯正教育における再犯防止のための「性格矯正」が昨今、強調されているのも気になる。

「底つき」感

矯正教育の大きな問題は、対象となる少年によってこのような矯正教育がどのように受け止められているかである。

少年院収容の決定にあたっては収容される少年の「納得」が何よりも大切だとされる。今の自分では少年院に収容されても仕方がない。このまま社会で勝手気ままな生活を送り続けると人間でなくなる。そうなりたくない。少年院に入って、やり直したい。そして、少年院を出た後は社会で人間として生きていきたい。就職もしたいし、結婚もしたい。「底をついた」というこの感覚が何よりも重要だとされる。この「底つき」感をもって少年院に入ってくる少年は、それまでとは比較にならない少年院における厳しい規律に従った生活にも自ら積極的な意義を見出し、主体的に取り組むことができるからである。少年院で信頼できる法務教官にめぐり合えた場合はこの積極性が一段と強まることになろう。

いままでまともに勉強をしてこなかった、あるいはしたくてもできなかった非行少年のなかで、勉強の面白さに目覚めて猛烈に勉強しはじめる子もいる。なかには高校受験をめざす子もいる。自分の過去・現在・未来に真摯に向き合うことによって生じる、ときには精神的なパニック症状さえも引き起こす「心の葛藤」等に対しても、教官らの支援などを得て真正面から向き合い、それをプラスに変えていくことも可能となる。

家庭裁判所における少年審判の大きな役割もこの点にある。いわば少年矯正におけるインフォームド・コンセント（説明に基づく同意）の保障にあるといってもよい。しかし、刑事裁判化した少年審判の場合、このインフォームド・コンセントを保障することはますます難しくなっている。付添人弁護士のより一層の努力が期待される。

インフォームド・コンセントのないままに少年院に送致された少年の場合、少年院における矯正教育への姿勢は「服従」になる可能性が強い。しかし、服従か自発的かは区別がなかなか難しい。それを見分け、服従の場合、それをどう変えていくのか。法務教官の力量が問われることになる。家裁の少年審判で得られなかったインフォームド・コンセントが、少年院において法務教官との「やりとり」を通して得られた少年の場合は、まだしも矯正教育を通して積極性、自主性が芽生える可能性は高い。[9] 少年たちは、少年院の集団生活の中で学校生活を取り戻し、学び直しのきっかけや機会を与えられているともいえる。[10]

少年院の社会化

矯正のための「自由制限」と「自主性」「積極性」という、一見すると相矛盾する要素をいかに両立させていくのか。矯正とは、自由の制限自体が目的ではなく、緊急避難的に一時、自由を制限するが、この制限を次第に緩和し、自由を回復させて、自由と自他の人間の尊厳とを両立し得るようにしていくところに本質がある。それだけに矯正教育には学校教育以上の難しさが本質的に内包されている。

法務教官らの優れた使命感に基づく脱帽すべき意欲的な取組みは、いくら評価しても評価しすぎるということはない。少年の自由の制限の是非については、少年院の方が学校よりも慎重に検討しているといってもよい。学校では救われなかったが、少年院で立ち直った少年は少なくない。

それにもかかわらず、少年院の矯正教育はますます難しいものとなっている。家裁少年審判の刑事裁判化、そして少年院の刑事施設化が進んでいるからである。矯正教育の内包する矛盾がますます拡大している。この矛盾を法務教官の努力だけで解消することには限界がある。

世界は、対象者の社会復帰、そして再犯防止にとっては、施設内処遇よりは社会内処遇の方がより効果的でコストの面でも割安だとして、社会内処遇を社会復帰に置き換える方向に進んでいる。このことは少年院についても妥当する。少年院についても疑似刑務所化を避け、社会内処遇に近づけていく必要がある。そのためには、少年院の矯正教育においても医療などと同様に社会化が必要になっている。その際、社会化の意味が問われるのは、医療・福祉の場合と同様である。

それでは、少年院の社会化という観点から見た場合、少年院視察委員会の設置はどう評価すべきであろうか。大きな一歩であることは間違いない。視察委員は弁護士や医師、教育関係者、地域住民ら七人以内で構成され、視察や収容少年への面接を通じて運営状況をチェックし、施設長に改善点などを提案する。法務大臣は各委員会で出た意見などを取りまとめ、毎年公表する。視察委員には少年法等に詳しい研究者や弁護士も加わっており、法務省から毎年、「各少年院視察委員会の意見に対する措置等報告一覧表」がまとめられ、公表されてもいる。

しかし、刑事施設視察委員会については、視察委員会の意見に対して当該刑事施設長が必要な手だてをとらない場合には視察委員会が矯正管区長や法務大臣に直接意見を述べることができるようにし、これに対して矯正管区長や法務大臣に応答義務を課すことなどが改善点として要望されている。[11]

その理由として、「徳島刑務所の医師が不必要な直腸指診を行うなどの不適切な医療行為を繰り返しており、徳島刑務所の受刑者から視察委員会に対して多数の医療や医師に対する苦情が寄せられ、これに基づいて視察委員会が徳島刑務所長に対して、度重なる医療や医師の改善を求めたにもかかわらず、徳島刑務所長は「今後とも、誤解を生じさせないよう、引き続き適正な医療に努めたい」という回答を繰り返すのみで、十分な説明も改善のための努力も全くしなかったために、多数の受刑者が傷害等の被害を被った。この徳島刑務所の例は、当該刑事施設長が視察委員会の意見を尊重しなかった場合には、視察委員会を設けて施設の運用等について透明性を高めて適正な処遇を実現させるという目的を全く達成できないことを明らかにした。」等が挙げられている。

この要望は、少年院視察委員会についても妥当するといえよう。問題は、矯正管区長や法務大臣に応答義務が課されたとしても、必要な是正措置が講じられなかった場合である。収容少年が自らの処遇について苦情がある場合、法相に書面を送り、救済を申し立てられる制度も、「施設側は検閲しない」「法相は必要と判断すれば職権で調査し、少年が受けた措置を取り消したり、変更したりできる」とされるが、法務大臣が取り消したり変更したりしない場合には、右と同様の問題が生じることになる。裁判に訴えるということになるが、裁判所が適切に判断し得るかについては疑問が残る。「消極司法」の下で行政庁の判断を尊重するということにもなりかねない。

訴訟に委ねるのではなく、独立の第三者機関を設けて、右のような場合に対応することも検討されなければならない。国連はかねてより日本政府に対し「パリ原則に基づく国内人権機関」の設置を求めている。少年院における矯正教育についても、このような第三者機関によるチェックが望まれる。

少年院退所者の教育不信

施設内生活と社会生活の乖離、施設適応スキルと社会スキルの違い、あるいは就労支援と実就労の格差などを埋め、矯正教育を教育基本法に示された教育の理想像に近づけるという観点からみた場合、社会内処遇が注目される。

刑務所出所者の場合と異なり、少年院退所者の二〇%強が復学・進学決定ないし進学希望であるが、通常の学校教育に戻った彼らのためには、特別なサポート・システムは用意されていない。通常の学校教育から矯正教育へ、そして、矯正教育から再び通常の学校教育へという形で移行した彼らにとっては、この「二度目」の学校教育、あるいは社会教育が少年に再び教育不信を呼び起こすとすれば、少年院の矯正教育が一定の教育成果を挙げ得たとしても、その成果は損なわれるどころか、台無しといった事態も起こりかねない。矯正教育を経験しているだけに、この不信感は絶望感に近いものとなる。国は再犯防止を最重要視しているが、この点をどう考えているのか。

前述の非行克服支援センターの調査研究では、非行・問題行動の背景にある本人に関わる課題として「依存と自立の葛藤」(非行が親の愛情を確かめる機会となっている場合など)、「他者との関わり」(思春期に不可欠な他者との関わりを求めていった結果が非行へとつながっている場合など)、「自分自身の獲得」(「認められたい」「頑張りたい」思いが非行の場で発揮されたことなど)、「自立への模索」(抑えつけようとする大人との摩擦で、枠組みを飛び出た結果が非行へとつながるなど)、「思考や対処力の未熟さ、アンバランスさ、不安定さ」を挙げたうえで、少年の立ち直りの過程について、詳しく分析している。

少年の立ち直りに大きく寄与した事柄はいずれも特別な事柄では決してない。元非行少年だけではなく、法に触れていない少年にとっても、その成長を支えていくうえで必要不可欠な事柄である。

少年の立ち直りに寄与した事柄を、かりに内的なものと外的なものに分けるとすると、内的なものとは「自分自身を振り返る力」による「視野の拡がり」、あるいは「自分自身に不足していたものへの気づき」や「自分自身の受け入れ」、そして、これらを通した「自尊感情の取戻し」と「今後への希望」などであろう。これに対し、「自分の話を否定的ではなく真剣に聞いてくれる、向き合ってくれる大人の存在」「少年院での教官との出会い」「さまざまな民間の支援組織」や「そこでの人間的出会い」「やり直しができるさまざまな制度との出会い」「自分を認めてくれる異性との出会い」「働ける場との出会い」などは外的なものに位置づけられよう。

これらの事柄が共鳴して少年の立ち直りに寄与している。この共鳴のなかで、親子の関係調整も図られ、少年が親を一人の人間として見られるようになっていく。

にもかかわらず、今の日本社会では、これらの事柄はますます稀有な存在になりつつある。公教育の場でも置き去りにされつつある。

子どもたちの「振り返る力」「自分自身を受け入れる力」「出会いを生かす力」「夢を持つ力」などが学校教育あるいは、社会教育の欠陥をカバーしているのが現状ではないか。家裁調査官や法務教官、付添人、あるいは本書ですでに紹介した人を含む多くの人たちとの出会いのなかで、少年たちは人間の尊厳を学び、血肉化しているといってよい。しかし、それでよいのだろうか。人間の尊厳を育む教育を子どもたちと家族の自己責任に委ねてよいのだろうか。大人になっても人間の尊厳の基礎をなす人間関係と自我をそもそも形成し得ない人が増えている。このままでは社会は解体しかねない。

人権意識の弱さ――教育改革は急務

名古屋市内にあるけやきの木保育園の園長を務める平松知子は、子どもたちの主体性を培う保育実践は個人を尊ぶという「憲法実践」であると説く。[12]

大人の思いどおりにさせれば早いけれど、子どもは主体性を大切にされなければ、意見を言うことをどんどん諦める。指示待ちの大人になってしまう。そこで、昨年度、園では、「人権の尊重」をテーマに、子どもの様子を記録し、職員で議論を重ね、子どもの主体性を大事にできているかを考えたという。子どもをよく観察すると、給食の前、決まった場所から椅子を動かす子どもの姿があった。そこには、「大好きな先生と一緒に給食を食べたい」という思いがあった。それこそが、「人とつながりたい」という大事な発達の姿だと気づいたという。[13]

平松らの憲法実践は貴重といえる。成果が期待される。しかし、このように訴えなくてはならないところに日本の置かれた保育・教育の状況の厳しさがある。

学校において、体育・部活動のあり方、死に到るまでの指導、不登校、道徳の教科化、子どもの権利を守る避難所、学校の全体主義などをはじめとして数多くの深刻な問題が指摘されている。

憲法実践の場は保育だけではない。初等・中等教育、高等教育、そして、社会教育や家庭教育も本来は憲法実践の場のはずである。それがさまざまな要因の複合作用によってアンチ「憲法実践」の場に堕している。その犠牲者ともいうべき子どもが非行少年・犯罪少年という名の加害者になっていく。加害者になっても被害者意識は強い。この被害者意識に真摯に向き合うことなくして真の立ち直りはない。憲法実践の場と説くだけでは答えは出てこない。早くも保育園・幼稚園の段階から出始める支配＝服従のタテ型人間関係と自尊感の欠如にどう対応するのか。

法に触れた少年の未来にとっても、学校教育、あるいは社会教育の改革は急務だといってよい。いろいろな提案が各方面からなされている。これまで国主導で教育改革が繰り返されてきた。この教育改革でもたらされたのは国の管理強化と現場の混乱、教員の疲労感だけだ。「教育改革はもう結構だ。」こんな悲鳴、拒否感が聞こえてくる。問題は教育改革のあるべき指導原理は何かということである。法に触れた少年の未来にとって必要な福祉や医療などの改革の場合と同様、ここでも、人間の尊厳が指導原理となる。

学校を人間の尊厳を育み、子どもたちの人権を擁護する場にしていくためには、学校を閉鎖空間にしないことも重要である。開かれた場にしていく必要がある。外部の専門家により人権侵害をチェックする体制を整備することも考えられなければならない。すでに一部にみられるスクール・アドヴォカシー制度[14]の導入は一考に値する。教育委員会や弁護士会の積極的な対応も期待し得る。ただ、この新たに設置される人権機関が擁護する対象が「良い子」に絞られ、「悪い子」が外されないように注意する必要がある。[15]

紛争の平和的な解決の促進やジェンダーバランスの是正などの面において果たす役割など、中等教育の重要性が世界的に注目されている。子どもたちに中等教育を保障することが国際的な課題になっている。日本政府からは、日本の場合は中等教育終了率が高いから現状で特段の問題はないと報告されることであろう。しかし、このように言い切れるのだろうか。貧困などのために高校を中途退学せざるを得ない生徒が増えている。法に触れた少年に中等教育、なかでも高等学校の教育をどう確保するのか。この点の改善も急務だといえよう。

小学校・中学校ではまがりなりにも人権教育がある程度なされているものの、高等学校では人権教育は受験勉強のために脇に追いやられ、それが高校生の人権意識の低さを招き、大学、社会でもそれが是正されないために日本人の人権意識の弱さの大きな要因の一つになっているという調査結果もある。長野県上田市・同教育委員会がまとめた「人権に関する市民意識調査報告書」(平成二十九年十二月)によると、「障害」概念についてパラダイムを転換した障害者差別解消法の認知度については、「知らない」(五九・一%)が最も高く、次いで「法律名だけ知っている」(二九・九%)で、「内容を含め知っている」は九・七%であった。人権教育も教育改革の課題の柱の一つとなっている。[16]

1 もっとも、これには「法的パターナリズム」と「人間の尊厳」とはそれほど違いがないのではないかという反論があるかもしれない。しかし、重要な違いがある。「法的パターナリズム」の場合、対象者は「保護の客体」に止まるのに対して、「人間の尊厳」の場合は対象者も含めて「権利主体性」が認められるからである。

2 川喜田敦子「ドイツにおける現代史教育――ナチの過去に関する歴史教育の変遷と展望」東京大学大学院総合文化研究科・教養学部ドイツ・ヨーロッパ研究室『ヨーロッパ研究』四号(二〇〇四年)八五頁以下。

3 広島県福山市にある盈進《えいしん》学園「盈進中学高等学校」の人権教育への取組みもその一つで、注目される。同学校ではクラブ活動としてヒューマンライツ部が設置されており、「忘れない」「寄り添う」「学び続ける」を大切にして、①平和と人権、地域や国際問題に関するボランティア活動と調査や研究、②核廃絶！ヒロシマ・中高生による署名キャンペーン(沖縄尚学、広島女学院との共同活動)、③中高生平和サミット in HIROSHIMA、in沖縄(沖縄尚学との共同活動)、④東日本大震災被災者、避難者の支援活動と交流、⑤地域の保育園、老人・障がい者施設、ハンセン病療養所などでのボランティア交流、などの活動を行っている。

ハンセン病市民学会は、ハンセン病に対する偏見や差別を解消し、ハンセン病問題における歴史の教訓をこれからの社会のあり方へと引き継ぐことを目的として二〇〇五年に設立されたが、二〇一七年五月十九日―二十日に岡山市内などで開かれた第十三回総会で、ハンセン病回復者と交流を続けてきた同クラブ部員などの中高生が差別のない社会の実現を訴え、約六百人が熱心に耳を傾けたという。同クラブは、長年にわたる人権擁護活動に対し、同大会において、同学会から神美知宏《こうみちひろ》・谺《こだま》雄二記念人権賞を授与された。

4　文部科学省内に設置された「人権教育の指導方法等に関する調査研究会議」がまとめた「人権教育の指導方法等の在り方について［第三次とりまとめ］」（平成二十年三月）の「指導等の在り方編」第二章第一節1の（3）を参照。

5　読売新聞、二〇一一（平成二十三）年二月十六日夕刊は、「情緒障害児の76％　虐待経験」、「治療施設入所前　本社調査　14年前の2倍」の見出しの下に、「全国に37か所ある情緒障害児短期治療施設（情短）の全入所者1128人（昨年11月時点）のうち853人が虐待された経験をもつことが読売新聞の調べでわかった。被虐待児の割合は約76％と一四年前に比べて倍増していた。アンケート調査への回答では約7割の施設が職員不足を訴え、被虐待児への対応に追われた職員の疲労が目立つ。専門家は「体制見直しが必要」と指摘している。」などと報じた。

施設内では児童がバットを振り回してガラスを割るような暴力事件や性的事件も起きる。情短にたどり着く子たちの生育過程の凄まじさゆえの逆反応で、職員への愛着・執着、あるいは暴力に、たいていの職員は疲れ果てて、退職を考えるといわれる。少年院に入る子どもたちも出てくる。本来、パートナーの関係にあるべき子どもたちと職員の間に過重な葛藤が生じている。職員たちを上から監督し、助言する「スーパーヴァイザー」の役割の必要性も説かれているが、マンパワーに加えて、学校教育との連携も課題だといえよう。

6　非行克服支援センター「二〇一二年度一般研究助成最終報告書」六―七頁などを参照。

7　鷲野薫「実践報告　少年院の現状と課題――少年院法の改正を受けて」早稲田大学社会安全政策研究所『紀要』第九号（二〇一六年）一一一―一一二頁。

8　同右、九七頁以下などを参照。

9　註6の調査研究によると、「家庭裁判所に送致されたことについて親の意見」を尋ねたところ、「不満を感じた」という人が42人に対して、「あまり感じなかった」「全く感じなかった」という人が78人で、比率では35対65と、批判的な回答が予想より少なかったとされる。

また、家裁の処分結果に対する親の反応は、「納得していない」が19人に対して、「納得している」が98人、比率では16対84と、ほぼ全員が処分の結果を肯定的に受け止めている。多くの処分が、いわゆる「不利益処分」にもかかわらずこのような結果が出ている点は注目に値するとされる。

「試験観察についての親の受け止め」については、81対19という比率で、圧倒的多数が試験観察という中間処分を受けたことをプラスに受け止めている。「少年院に送られないで良かった。この温情で与えられたチャンスを生かそう」という、家裁が期待する受け止めをしていることがわかるとされる。

「少年院に行って良かったと思うか」の問いに対しては、「良かった」という回答が36人、「そうは思わない」が12人で、比率にすると75対25で、親の回答は「良かった」が圧倒的であった。立ち直った当事者が語っている少年院での体験の内容と突き合わせると、少年院の教育が大いに専門性を発揮して、処分を受けた当事者たちにも、その親にも、プラスに受け止められていることがわかるとされる。

10　同右の調査結果によると、少年に少年院に求めるものとして、インタビューでは、「社会に戻るために役に立つ知識と情報の提供を求める声があった。中には少年院で教える教育が古く、社会で役に立たない、もっと実践的な事［中略］を教えてほしいという声、自立できる生活への個別生活訓練等が必要という声もあった」。ポイントは、「子どもの成長の度合いに合致した教育がなされた時、子どもは大人が思う以上に成長する姿を見せてくれる。少年院の教育にもそれはあてはまり、一人ひとりの子どもの成長に向き合った指導がなされる時、子どもも新たな生き方をみつけ出すのではないだろうか」とされている点である。「少年たちは、失った（奪われた）学校生活を、少年院で体験し直しているように思えた。」との分析も貴重であろう。

11　日本弁護士連合会「刑事施設視察委員会のあり方に関する意見書」（二〇〇九年九月十七日）などを参照。

12　川口創・平松知子『保育と憲法　個人の尊厳ってこれだ！』（一芸社、二〇一八年）等を参照。

13　西日本新聞二〇一八（平成三十）年五月三日朝刊を参照。

14　東京都稲城市では、稲城市立学校の児童・生徒の保護者からの意見、要望、不満などに関し、権利や利益を擁護する立場で早期解決を図るための相談窓口として「市立学校アドボカシー相談室」が二〇〇六（平成十八）年六月二十三日から開設されている。「学校教育の場において、不満や疑問があっても学校などに直接話すことができず、話をしても改善されないと考えている方がいます。こうした現状を解消する方策として、教育委員会から独立した相談室を設置し、早期解決を図ることで児童・生徒の保護者と学校との信頼関係を高め、一層の満足向上を目指す」というのが制度導入の目的である。相談を受けるアドボカシー相談員は、この制度を中心となって進めるべく、「教育経験が豊富な者」の中から市長が委嘱する。相談員は、相談から解決に向けた対応やアドボカシー審査会への報告・意見など、児童・生徒の保護者の権利や利益を擁護する立場で活動する。アドボカシー審査会は、アドボカシー担当から報告を受け、審査の申し出があった問題事案に対して、公正かつ中立的な立場で審査を行い、市長にその結果を提言する第三者機関であり、市長が委嘱する四人の審査委員で構成されている。

15　東京都港区教育委員会では、全国に先駆けて、二〇〇七（平成十九）年度にスクールロイヤー制度が導入された。二〇一八（平成三十）年現在では、二一人の弁護士が計四〇校ある公立幼稚園・小中学校ごとに登録されているという。校長や教員は直接、電話で弁護士に相談でき、司法の観点を踏まえて助言を受ける。当事者同士の話し合いに同席を求めることもできる。学校から弁護士に寄せられる相談は年四〇件弱で、いじめ問題や近隣家庭からの苦情、保護者の理不尽な要求などへの対応がその主な内容だとされる。大阪府教育委員会、岐阜市教育委員会でも設置されているが、稲城市の「市立学校アドボカシー相談室」とかなり性格が異なるといってよい。

16　三重県四日市市「今後の同和行政のあり方について（答申）」（平成十九年八月）は「今後は高等学校、大学あるいは企業において、さらなる教育・啓発活動が必要であり、そのための指導者の育成と、青年達が受け入れやすいカリキュラムによる、継続的な社会教育活動の取り組みが求められている」と指摘している。

おわりに

子どもたちが、自尊感と明日への希望の喪失などのために真の人間的な居場所ともいうべき相互信頼（リスペクト・アザーズ）を形成し得ず、支配＝服従の人間関係に仮の居場所を求めざるを得なくさせられる。その結果、国策に盲従する「主権者」に改ざんさせられる。自傷行為に走り、他害行為に反転する場合もごく稀だがある。「誤」報道がこれを後押しする。同じく明日への希望を失った大人たちもこれを支持する。何という理不尽な構図か。

今、私たちに求められているのは、厳罰によってこの加害者と被害者という人間関係を固定化し強固にすることではない。被害者でなくしていくことであり、加害者でなくしていくことである。

非行少年・犯罪少年だけではなく、すべての子どもたちは、自己の被害者性とともに加害者性に強い苛立ちと不安を感じている。このストレスは、人間の尊厳の尊重ではなく否定に向かわせている。真実や正義や公正さに嫌悪感すらも感じはじめている。優生思想にハマる子どもたちも少なくない。このままでは文明の終わりの始まりということになりかねない。

このジレンマから自らを解き放つ道とは何であろうか。非支配＝非服従のヨコ型人間関係を個々の生活の場で具体的、現実に築いていける力を家庭、学校、地域社会で地道に一歩ずつ着実に培っていくことではないか。この過程こそが真の「憲法」実践、「人間の尊厳」実践の場であり、「人間の子」が「人間」に育つ過程だといってもよい。

この過程において何よりも重要なことは、とりわけ大人への信頼感の醸成である。大人の中にも信頼できる人間がいるのだ、人間として扱ってくれる大人がいるのだというメッセージを子どもたちに受けとってもらうことである。信頼という名のメッセージのキャッチボールを通して、子どもだけではなく、私たち大人も人間の尊厳を取り戻していくのも目標となる。

少年事件の付添人や弁護人にとっても法に触れた少年との信頼関係を築くことがいかに難しいか、そして、この信頼関係がいかに大切かを考えさせられるエピソードを、少年事件に詳しいある弁護士から聞いたことがある。

福岡県内で発生した犬鳴峠リンチ放火殺人事件（一九八八年）の事件本人として身柄を勾留されている少年にはじめて接見したところ、少年は会うなり、「僕はソフトボールの球を時速一五〇キロメートルで投げられる」と言った。おそらく、見ず知らずの私に、虚勢を張ってでも自分のことをよく見せたかったのだろう。人間不信がありありだった。私は、「ソフトボールの球は時速一五〇キロメートルでは投げられない」と返答したうえで、「良いところも悪いところも含めて、すべてを「丸ごと」受けとめるのが弁護士の仕事だ。大丈夫。安心して包み隠さず何でも話してほしい。」こう頼んだ。

重大事件ということから、少年には私選も含めて一〇人近い弁護人がついたという。しかし、この少年と信頼関係を築けたのは、この弁護士だけであった。

みずからも荒れた家庭に育ち、街を徘徊する生活を送り、「死にたい」と願い、高校二年生で中退しながら、現在はColaboという団体を立ち上げ、中高生世代の女子を中心に、孤立・困窮状態にある青少年を支える活動を行っている仁藤夢乃さんは、次のように語っている。

問題を起こす子どもを、「困った子ども」や、指導や矯正が必要な「非行少年」としてとらえるのではなく、安心して過ごせる環境や信頼できる大人との関係性を必要とする「困っている子ども」という視点をもち、かかわり続ける大人が必要だ。

私たちの活動の目的は、何かを解決することではなく、助けを求められない状況にある少女とつながり、伴走することそのものだ。

子どもの居場所とは、「ホーム」と感じられる関係性、いつでも帰ってこれて、安心し、ほっと一息つける場所のことである。必要なのは特別な支援ではなく、当たり前の日常だ。

（木村草太編『子どもの人権を守るために』（晶文社、二〇一八年）

この「当たり前の日常」が難しいのが今の日本の現状である。非行少年・犯罪少年が映し出しているのは普通の子どもたちが崩壊しはじめている姿である。その意味では、非行少年・犯罪少年の未来は人類の未来だといってよい。人類は過ちから教訓を引き出し、この教訓を生かして未来を切り開いてきた。今、私たちに求められているのはこの英知を取り戻すことではないか。子どもたちが私たちのバトンを受け取って、次の世代に渡してくれることを願ってやまない。

これまで四五年以上、研究、教育の仕事に従事してきた。大学が多くの人たちに「広場」を提供できればと願ってきた。ハンセン病の元患者やC型肝炎の現患者の方々とその国賠訴訟を担う代理人弁護士、冤罪被害者とその弁護人、少年審判の付添人弁護士、犯罪被害者・遺族とその代理人弁護士、「いのちの授業」を実践している教員や保健室の人たち、人権問題などに関わる研究者や自治体職員、他大学や外国の学生たち、そして、その時々に生起する重大な社会問題を取材し、報道する記者、等々。これらの人たちが集い、訴え、語らい合える広場。この広場に参加し、これらの人々との交流を通じて、学生が自分のこれから歩むべき道を探る広場。そうした広場になればと願い、実践してきた。この広場から冤罪事件に取り組む弁護士、少年事件に取り組む研究者、家庭裁判所調査官や法務教官も育った。いろいろな国の米軍基地問題を詳しく取材した記者もこの広場から巣立った。先のエピソードを紹介してくれた弁護士もこの広場の常連で、学生たちが大好きな弁護士の一人であった。

「らい予防法」違憲国賠訴訟が提起されるきっかけになったのも学生が運営するこの広場であった。C型肝炎国賠訴訟を支援する学生の会が立ち上がったのもこの広場においてであった。日本で初めてハンセン病強制隔離政策は憲法違反だという論文を執筆したのもこの広場に参加した修士課程の大学院生であった。

広場は当事者運動と教育を結びつける、そして当事者運動と研究を結びつける、さらに教育と研究を結びつける場になった。当事者運動が教育・研究に活かされ、その教育・研究がまた当事者運動に活かされる。このようなサイクルの形成も広場の大きな成果の一つであった。私の研究もこの広場に負うところが大きい。

私がハンセン病の問題に取り組むようになったのもこの広場に参加したからである。ハンセン病問題を通じて、精神科医療の問題に取り組むことにもなった。法に触れた少年の未来について考えるようになったのもこの広場からである。大学教員の教育・研究をめぐる環境はとても厳しいものがあるが、法に触れた少年の未来についても、運動と教育と研究の相互作用のサイクルが各地で形成されることを願ってやまない。

これからも健康が許す限り現役として教育・研究の仕事に従事していきたい。弁護士登録をしている先輩、同僚、後輩もいるが、私は控えてきた。研究者と実務家とは一体になるのではなく、適当な距離を保って建設的な緊張関係を保つべきだ。これが恩師の教えだったからである。これからもその教えを守っていきたい。

ただ、少年事件の付添人活動、弁護人活動だけは弁護士登録してやりたいという気持ちが強い。それほど、法に触れた少年の、そして日本の子どもたちの置かれた状況は厳しいからである。私一人の力ではいかんともし難いことはよく承知している。それでも、そんな思いに駆られる毎日である。

「世界でたったひとりの大切なあなたへ」と副題された翻訳絵本（シャーリーン・コスタンゾ著・黒井健絵『12の贈り物』ポプラ社、二〇〇三年）が一〇〇万部を突破し、多くの人たちの間で共感を呼んでいるという。「たとえ、だれかがあなたをきずつけたとしても、あなた自身が大きなまちがいをおかしたとしても、けっして自分や他人をみはなすことがないように」というメッセージが心をうつ。その他方で、法に触れた少年の未来のための支援活動に日夜、取り組んでいる人たちからは、「何年たっても、支援の輪が拡がらない。」「法に触れた少年がますます生きにくい社会になっていっている。」といった悲鳴の声が聞こえてくる。この落差はどうして生じているのだろうか。

法に触れた少年の未来を考えるとき、さまざまなステージで深刻な矛盾が生じていることに気づく。子どもを想う親と親を求める子どもたち。にもかかわらず、そこに生まれている対立と葛藤。教育の場が「教育嫌い」の子どもを生み出している矛盾。子どものことを理解したいと願っているにもかかわらず、子どもたちのことが理解できなくなりつつあり、つらい思いをしている教員。教員に相談したいが相談をあきらめ、同じくつらい思いをしている子どもたち。この「すれ違い」が生み出すさまざまな矛盾。人権教育が一番必要な子どもたちが人権教育を忌避するという矛盾。医療が医療としての、福祉が福祉としての機能を果たせず、時には反対物にもなるという矛盾。対象少年のプロフィールをもっと知りたいができない家庭裁判所調査官。対象少年にもっと寄り添いたいが寄り添えない保護観察官。そして、矯正教育の内包する矛盾、等々。これらの矛盾はどうして生じているのだろうか。

国の誤った政策がもたらした矛盾という面が強い。国、社会から過大な負担を押し付けられた結果だといってもよい。それだけではなく、「自分のことだけで精いっぱいだ。とても他人のことまでかまっておられない。」といった気持ちと言動が社会に拡がっていることも大きいのではないか。

しかし、これも実は矛盾だといえよう。自分に降りかかっている深刻な問題の多くは個人的な問題というよりは他の人にも関わる社会全体の問題であり、それ故に自分一人の力だけでは解決が難しい問題だからである。法に触れた少年の問題についてもこのことが当てはまる。法に触れた少年の問題はじつは「普通の子どもたち」の問題でもあり、法に触れた少年の問題を解決することなくして「普通の子どもたち」の問題も解決し得ないからである。

自分と他人を結ぶ。この回路をいかにつむいでいくのか。そして、ときには第三者が家庭、学校、医療・福祉の場、少年院などに入っていき、当事者間の「対立」を解きほぐし、当事者と一緒になって両立可能性を探っていく。このことがますます重要になっている。

法に触れるかもしれない子どもをめぐる現状は、国が刑罰化を進め、現場は混乱を極め、組織を持つ警察が突出しつつある。官も民も、ネットワークの構築において、いかに人権や人間の尊厳を大事にする価値観を浸透させ、そのセクターと担い手に資金を付すかの設計図を描くことが求められている。

本書の執筆に当たっては、みすず書房編集部の川崎万里氏と神戸学院大学法学部の佐々木光明教授に企画や校正などに当たって大変お世話になった。記して謝意を表したい。

二〇一八年七月

内田博文

著者略歴

（うちだ・ひろふみ）

1946年大阪府生まれ．京都大学大学院法学研究科修士課程修了．現在，九州大学名誉教授，神戸学院大学法学部非常勤講師．専門は刑事法学（人権），近代刑法史研究．ハンセン病市民学会共同代表．ハンセン病問題に関する検証会議副座長を務めた．患者の権利擁護を中心とする医療基本法や，差別禁止法の法制化の問題のほか，子どもの権利問題にも取り組んでいる．主な単著に『刑法と戦争』『治安維持法の教訓』（みすず書房），『刑法学における歴史研究の意義と方法』（九州大学出版会），『ハンセン病検証会議の記録』（明石書店），『日本刑法学の歩みと課題』（日本評論社），『刑事判例の史的展開』『自白調書の信用性』『更生保護の展開と課題』（いずれも法律文化社），『治安維持法と共謀罪』（岩波新書）など．

内田博文
法に触れた少年の未来のために

2018年 9月11日 第1刷発行

発行所 株式会社 みすず書房
〒113-0033 東京都文京区本郷2丁目20-7
電話 03-3814-0131(営業) 03-3815-9181(編集)
http://www.msz.co.jp

本文組版 プログレス
本文印刷・製本所 中央精版印刷
扉・表紙・カバー印刷所 リヒトプランニング

ISBN 978-4-622-08724-3
[ほうにふれたしょうねんのみらいのために]